그코

Just Cosmian

그코 Just Cosmian

초판 1쇄 인쇄	2025년 09월 29일
초판 1쇄 발행	2025년 10월 09일

지은이	이태상
펴낸이	전승선
판형	152×225
펴낸곳	자연과인문
페이지	290
분야	에세이

출판등록	제300-2007-172호
주소	서울 강남구 영동대로 602, 6층 A76(삼성동, 삼성동 미켈란107)
전화	02)735-0407
팩스	02)6455-6488
홈페이지	http://www.jibook.net
이메일	jibooks@naver.com

ⓒ 2025 이태상

ISBN 979-11-86162-82-8 03810
값 20,000원

※ 이 책은 저작권법에 따라 보호를 받는 저작물이므로 무단복제와 무단전재를
  금하며 이 책 내용의 전부 또는 일부를 이용하려면 반드시 저작권자와 자연과
  인문의 서면동의를 받아야 함.

그코
Just Cosmian

이태상 지음

자연과
인문

서문

"헨리 데이비드 소로는 시인이었다.
그의 시는 그의 삶이었다."
Henry David Thoreau was a poet,
but his real poem was his life.

진인사盡人事만 있을 뿐, 그밖에는 대천명待天命이리라.
For Us There Is Only The Trying The Rest Is Not Our Business.
이는 세상에 언제 어디서나 어떤 일이 일어나려면
온 우주가 공모해야 한다는 뜻이리라.
For anything to happen anytime anywhere, the whole Cosmos has to conspire.

계속되는 암흑시대를 빨리 벗어나
새로운 개명천지開明天地 '코스미안 시대'를 열어보리라

2025년 가을에
이태상

목차

'케데헌' 다음은 '그코' Just Cosmian _____ 008

우주의 비밀 엿볼 수 있을까 _____ 019

진정한 자의식과 주체사상이란 무엇일까 _____ 022

개조해야 할 인류 _____ 026

코스미안으로 복낙원復樂園하리 _____ 028

어떻게 일체유심조一切唯心造일까 _____ 032

사랑으로 숨 쉴 때마다 영육일치靈肉一致되는 것이리 _____ 035

삶의 축제 The Festival of Life _____ 038

인류의 거듭남이어라 _____ 043

씨앗은 바람을 타고, 우린 매일 죽는다 _____ 047

코스미안이 된다는 것은 영원한 젊음이어라 _____ 053

무지개배 타고 코스모스바다로 항해하는 것이리 _____ 058

사랑하는 순간만 영원하리 _____ 062

가슴으로 철학하기 _____ 067

인간은 언제나 '여행 중'이라서 다 좋다 _____ 075

우주의 본질은 사랑이어라 _____ 080

반쪽이 아닌 온쪽이다 _____ 091

유쾌한 행복론 _____ 095

음악(Ⅰ) 영혼의 소리 _____ 098

음악(Ⅱ) 모두가 다 음악이어라 _____ 101

음악(Ⅲ) 자연의 소리 _____ 103

어린애가 종교가 필요한가 _____ 106

우린 모두 '어린공주' '어린왕자' _____ 110

자득명自得明 법득명法得明 _____ 113

여성인류 Womenkind가 부활하는 '코스미안 시대' _____ 116

천도天道, 코스미안의 길 _____ 119
이젠 '코스미안 시대'다 _____ 122
숙명이냐 운명이냐 _____ 127
우연도 필연도 아닌 자연이다 _____ 129
어린이가 어른의 스승이자 영웅이다 _____ 133
삶은 공평하다 _____ 136
우린 각자 다 코스모스의 화신이다 _____ 139
코스미안은 사랑의 화신이다 _____ 142
코스모스바다로 돌아갈거나 _____ 149
순간순간의 숨이 시가 되어라 _____ 160
우린 모두 살아 숨 쉬는 책이다 _____ 167
언제나 기적 이상의 일이 일어나리 _____ 176
푸른 꿈이여, 영원하리 _____ 191
해법解法은 '하나'님이다 _____ 201
데미안Demian에서 코스미안Cosmian으로 _____ 212
가슴으로 생각하기 _____ 215
춤을 추어볼거나, 다 좋으니까 _____ 222
지리地理-천리天理-우리宇理를 따르리 _____ 231
우린 같은 하나다 _____ 236
동풍에 바치는 송시 : 코스모스 같은 아이들아 _____ 243
꽃과 무지개의 화신 _____ 265
모두 다 '하나님'이어라 _____ 267
내가 나의 벗이 되리라 _____ 272
동시는 코스미안 찬가 _____ 278
우린 모두 사랑의 구도자 코스미안이어라 _____ 286

'케데헌' 다음은 '그코'
(Just Cosmian)

"오늘날 전 세계는 넷플릭스 애니메이션 'K-pop 데몬 헌터스'에 열광하고 있다. 이 영화의 인기 비결은 K-POP, 한국 신화, 무속 신앙을 결합한 독특한 소재와 뛰어난 음악, 그리고 탁월한 연출 덕분이다. 그리고 서양과 다른 한국인의 독특한 '귀신'에 대한 태도도 상당히 큰 역할을 한 것으로 보인다."며 이렇게 칼럼 글을 맺고 있다.

미주 뉴욕판 한국일보 오피니언 [미국은 지금…] 칼럼 'K-pop 데몬 헌터스는 어떻게 세계인의 마음을 사로잡았나?'에서 '시민참여센터' 대표 김동찬은 위와 같이 말하고 있다.

국내적으로는 폭염, 장마, 홍수에다 북한의 황강댐 무단 방류로 남북대화에 기반한 한반도 평화프로세스 구축이 무너진 상황이고, 이웃 나라 일본과는 8·15 75주년을 맞아 양국 정부나 국민의 인식이 한 쪽에선 '이미 사과를 했다'이고 또 한쪽에선 '진정한 사과를 하라'는 양국의 주장이 아직도 평행선을 달리고 있다. 그리고 세계적으로는 코로나바이러스 역병으로 온 인류가 '멘붕' 상태가 아닌가.

이럴 때일수록 그 해법은 큰 틀에서 찾을 수 있고, 혼돈과 암흑의 카오스 시대의 종언을 고하고, 밝고 아름다운 코스모스 시대가 열리는 우주사적인 계기와 환골탈태의 시점이 도래하였어라.

'약육강식'의 '갑과 을', '정복자와 피정복자', '가해자와 피해자', '백과 흑', '남과 여' 그리고 '만물의 영장'이라고 자부해온 오만방자한 인류와 우주 자연 사이의 임계점이 증발하고 있지 않은가 말이다.

우리 동양 선인들이 일찍부터 주장했듯이 문자 그대로 물아일체요 피아일체임을 깨달아 홍익인간과 홍익만물의 인내천 사상이 우리 모두의 상식이 되는 코스미안 시대가 열리고 있는 것이리라. 이를 어쩌면 내가 반세기 전 지난 1970년대 하나의 계시나 예시처럼 일별할 수 있었는지 모를 일이다.

내 직장 관계로 우리 가족이 런던 교외에 살 때였다. 하루는 지붕에 올라가 비가 오면 빗물이 잘 흘러내리도록 기왓고랑을 깨끗이 청소하다 내가 발견한 것이 있었다. 식물인지 광물인지 알 수 없는 딱딱하고 작은 별 모양의 물체가 고랑에 낀 흙 위에 자라고 있는 것을 보고 너무도 신기하고 신비스러워 곱게 뜯어 아이들에게 주면서 학교에 갖고 가 선생님과 친구들에게 보여주라고 했다.

그때 나는 생각을 했다. 밤낮으로 하늘을 우러러 별들을 바라보며 속삭이고 노래하다 보니 별들을 닮아 별모양이 되었으리라고. 그러면서 어렸을 때 내가 읽은 동화책 속에 나오는 페르시아의 꼽추공주 이야기를 떠올렸었다. 꼽추가 아닌 자기 동상 앞에 매일 같이 서서 등허리를 똑바로 펴보다가 제 동상처럼 허리가 펴진 몸이 되었다는 이야기를.

이것은 하나의 깨달음이었다. 이와 같은 현상은 육지 공간에서만 아니라

저 깊은 바닷물 속에서도 일어나고 있었다. 해바라기꽃이 해 모양이듯 바닷속에서 살며 별 모양을 한 극피동물棘皮動物의 하나인 불가사리 스타피쉬 starfish를 보면 말이어라.

해바라기가 햇빛을 쏘이려고 해를 향하고 있는 건 우리가 다 아는 바이지만, 그 당시엔 몰랐다가 그 후에 내가 알게 된 사실은 해가 나지 않고 구름이 뜬 날은 해바라기들이 서로를 바라보면서 서로에게서 필요한 에너지를 얻어 축 처지지 않고 똑바로 꼿꼿이 선다는 것이다. 우리 인간들도 그럴 수 있다면 얼마나 좋았으랴!

또 어릴 때부터 듣고 자란 흥부와 놀부 이야기에서처럼 새가 사람에게 복이나 화를 정말 갖다 줄 수 있는지 몰라도, 사람은 누구나 자신이 뿌리는 대로 거두게 되는 것만큼은 확실한 것 같다.

40여 년 전, 1980년대 한여름에 우리 가족이 카리브해에 있는 섬나라 바베이도스Barbados에 휴가 갔을 때 일이다. 아침 일찍 바닷가 산책하러 나갔다가 썰물에 밀려 나가지 못하고 팔딱거리고 있는 작은 열대어 한 마리를 두 손으로 받쳐 바닷물 속에 넣어 줬다.

그 다음날 아침 조금 더 일찍 일어나 같은 곳에 나가보았더니 그 전날 물 빠진 모래사장에서 미처 빠져나가지 못한 물고기를 발견했던 그 자리에 아주 크고 보기 좋은 왕소라가 하나 있었다. 그때 내가 아이들에게 말한 대로 아무리 두고두고 다시 생각해 봐도 내가 살려준 그 물고기가 고맙다고 그 좋은 선물을 갖다 준 것만 같았다. 어렸을 때 읽은 동화 속의 바다나라 용왕님께 그 물고기가 말씀드려 용왕님께서 그 소라를 보내주셨는지 모를 일이었다. 불현듯 생시인지 꿈에선지 본 것만 같은 우리 모두의 '자화상'이 떠오른다.

개구리 너는!

얼마나 놀라운 새냐,
개구리, 너는!

네가 일어설 때
너는 거의 앉지.

네가 뛸 때
너는 거의 날지.

너는 분별도 거의 없고
넌 꼬리 또한 거의 없지.

네가 앉을 때면
네가 갖고 있지 않은 것 위에
너는 앉지.

인간사에서 무엇이고 확실하다고 주장하는 것은 바보의 특권이다. 세상에 확실한 것은 아무것도 없다는 것밖에 우리가 확실하게 알 수 있는 것이 없다. 한 사람의 인생이 어떤 출발점에서 어떤 방향으로 어떻게 발전하는가를 결정해 준 것은 제 선택이 아니라 하늘의 섭리일 것이다.

독수리가 저는 독수리로 태어났다고 달팽이로 태어난 달팽이를 보고 너도 나처럼 하늘 높이 빨리 좀 날아보지 못하고 어찌 그리 느리게 땅에서만 가까스로 기어 움직이느냐고 비웃을 수 있을까. 어쩌면 너무도 독수리처럼 되고 싶었던 달팽이가 오랜 세월 죽도록 날아보려다 개구리로 진화한 것인지 모를 일 아닌가. 마치 신神이 되려던 동물이 인간으로 발전한 것 같이… 또 그 누가 독수리의 삶이 달팽이의 삶보다 낫다고 할 수 있으랴. 나는 습관처럼 자작시를 지었다.

> 그러고 보면 세상은 별일 천지다.
> 그 가운데서도 별일 중에 별일이
> 네가 있고 내가 있다는 것일 테고
> 그 더욱 한없고 끝없는 불가사의로
> 너무너무 신비롭고 경이로운 것이
> 네 가슴 내 가슴 우리 가슴 뛰는 것이리.

그러니 일찍이 영국의 한 자연파 계관시인도 독백하듯 읊었으리라. 소년 시절 내가 이 유명한 '무지개' 시를 처음 읽는 순간, 이 나 자신의 독백을 윌리엄 워즈워스란 사람이 백 오십여 년 전에 읊었다는 사실이 무척 놀랍고 반가워 그에게 친밀한 동류의식을 느꼈다.

내 가슴 뛰놀다

> 하늘에 무지개 볼 때
> 내 가슴 뛰노나니
> 어려서 그랬고
> 어른 된 지금 그렇고
> 늙어서도 그러하리라.
> 그렇지 아니 하다면
> 차라리 죽어버리리라.
> 어린애는 어른의 아버지
> 내 삶의 하루하루가
> 이 가슴 설레임으로 이어지리

하지만 나는 하늘에 선 무지개를 바라볼 뿐인 이 시에 결코 만족할 수가 없었다. 그래서 영어 사전에도 없는 단어를 내가 처음으로 만들어 쓰기 시작했다. 무지개를 바라보며 좇는 대신 그 무지개를 올라탄다는 뜻으로, '무지개' 앞에 접두사 'a'를 붙여 '어레인보우_arainbow_'라고. 따라서 이 신조어 '어레인보우_arainbow_'와 함께 우리 모두 우주 나그네란 의미로 '코스미안

Cosmian'이란 새 단어까지 태어나게 되었어라!

우린 모두 사랑이란 무지개를 타고 이 지구별을 방문해 잠시 머무는 '코스미안 어레인보우 Cosmian Arainbow of Love'로서 이제 '코스미안시대 Cosmian Age'를 열어보리라. 독일 가수 헬레네 피셔 Helene Fischer, 1984- 가 부르는 노래 '사랑의 힘 The Power of Love'를 우리 다 함께 부르면서.

One day, while clearing a blocked gutter under the edge of the roof of my house in a suburb of London in the seventies, I found something strange growing there. I couldn't tell if they were plants or mineral deposits. They were hard, in the shape of tiny stars; strange objects of curiosity, wonder and mystery.

I gave some of them to my children so that they could show them to their teachers and friends. Whatever their substance might have been, I thought, they must have come to bear an uncanny resemblance to the stars. They were singing and whispering through night and day. It recalled a fairy tale of a hunchback Persian princess who became straight and tall by stretching herself daily in front of her straight-backed statue.

I had a sudden awakening to the natural phenomena common everywhere, in the air, on land and beneath the ocean, with sunflowers and starfish serving as constant reminders. We all know that sunflowers look for the sunlight. But what I didn't know was that on a cloudy day, they looked at each other, standing high and tall. How better it would have been, if humans could have done the same!

One summer day, years ago in the eighties, my family vacationed in the Caribbean island, Barbados. Early one morning, I went out for a walk on the shore. It just so happened that I spotted a tropical fish jumping up and down, unable to return to the water after the ebb tide. I quickly scooped the fish up in my two hands formed into a bowl and let it go back to the sea.

The next morning, I found a beautiful conch shell at the same spot where I'd rescued the fish. To me, the conch shell seemed to be a 'thank-you gift' from the fish.

Suddenly, I could see our 'froglike' self-portrait. I can't recall whether I saw this lyrically unflattering and ungrammatical portrait drawn by someone, of humans from the swamplands in a dream or in my waking hours:

What a wonderful bird

The frog are!
When he stand, he sits
Almost.

When he hops
He fly almost.

He ain't got no sense hardly,
He ain't got no tail hardly,
Either.

When he sit,
He sit on what
He ain't got almost.

As someone once said, 'to be certain about anything in life was the privilege of a fool, because there was only one thing to be certain about: that there was nothing to be certain of.'

What decided how you started in life and how you developed? Was it happenstance or heavenly providence? Be that as it may, there is no denying that you are a product of birth and circumstance. If you were eagle-born, how could you laugh at a snail for being so low and slow? It might have been possible that the snail dying to be an eagle became a frog after trying so hard for so long, just as animals wishing to be godlike developed into humans.

At the same time, who's to say that an eagle's life is better than a snail's lot?

I composed a little poem, as is my wont:

So I see,
The world is full of wonders,

The most wonderful among them
Is the fact that you and I exist.
What's more miraculous and mystical
Is the reality that our hearts beat.

When I first read this famous poem "The Rainbow" (1802) as a boy, I felt my own soliloquy was voiced by a kindred spirit by the name of William Wordsworth (1770-1850), the celebrated English poet laureate, about one hundred fifty years earlier.

My Heart Leaps Up

My heart leaps up,
When I behold
A rainbow in the sky.

So was it when I was a Child,
So is it now I am a Man,

So be it when I shall grow old,
Or let me die!

The Child is Father of the Man;
And I could wish my days to be
Bound each to each
By natural piety.

Truth to tell, I wasn't satisfied with this poem, just looking up to behold a rainbow in the sky. So I created a new word 'arainbow' to be right on The Rainbow, 'upgressing,' or rather ascending on top of the rainbow, by adding a prefix 'a' in front of 'rainbow.' Hence, together with this new word 'arainbow,' another one I also coined 'Cosmian,' as we all are interstellar travelers/visitors as brief sojourners on this planet earth.

Now is the time for all of us Cosmians born arainbow of love to start a new cosmic 'Cosmian Age,' singing the song 'The Power of Love,' as sung by German singer Helene Fischer, 1984 -).

The whispers in the morning
Of lovers sleeping tight
Are rolling by like thunder now
As I look in your eyes

I hold on to your body
And feel each move you make
Your voice is warm and tender
A love that I could not forsake

'Cause I'm your lady
And you are my man
Whenever you reach for me

I'll do all that I can

Lost is how I'm feeling lying in your arms
When the world outside's too much to take
That all ends when I'm with you

Even though there may be times
It seems I'm far away
Never wonder where I am
'Cause I am always by your side

'Cause I'm your lady
And you are my man
Whenever you reach for me
I'll do all that I can

We're heading for something
Somewhere I've never been
Sometimes I am frightened
But I'm ready to learn
Of the power of love

The sound of your heart beating
Made it clear
Suddenly the feeling that I can't go on
Is light years away

'Cause I'm your lady
And you are my man
Whenever you reach for me
I'll do all I can

We're heading for something
Somewhere I've never been
Sometimes I am frightened
But I'm ready to learn
Of the power of love

The power of love
The power of love
Sometimes I am frightened
But I'm ready to learn
Of the power of love

The power of love, ooh ooh
(As I look into your eyes)
The power of love

우주의 비밀 엿볼 수 있을까

'코스모스'의 저자 칼 세이건Carl Sagan 1934-1996은 1990년 보이저 1호가 지구에서 60억 km 떨어진 명왕성 주변에서 찍은 지구 사진을 보고 '엷은 푸른 점a blue pale dot'이라고 표현했다. 과학자들은 오랫동안 대기에서 생명의 기원을 찾았다. 그러나 생명의 기원을 탐색하는 일부 우주생물학자들은 리보 핵산RNA-riboneucleic acid의 'ribo'와 효소enzyme의 'zyme'을 합성해 리보자임ribozyme이라고 불리는 분자에서 생명체가 탄생할 수 있는 바탕이 마련됐다고 본다. 이밖에도 몇 가지 학설이 있다. 생명우주기원설은 최초의 생명체가 우주 공간에서 지구로 도래했다는 생각이다.

오파린의 생명 기원설은 러시아의 생화학자 알렉산드로 이바노비치 오파린Alexandro Ivanovich Oparin 1894-1980의 화학진화chemical evolution를 통한 생명의 탄생을 다윈의 진화론으로 연관 짓는다. 자연발생설spontaneous generation theory은 생명체가 저절로 자연에서 생겼다는 생각이다. 무기적 기원설abiogenesis은 지구상에 최초의 생명체가 무기물 간의 화학반응을 통해 생겨났다는 가설이고, 지구 생명 '화성기원설'은 지구의 생명이 화성에 기원을 두고 있을지 모른다는 주장이다. 138억 년 전 빅뱅으로 우주가 탄생하고, 50억 년 전에 태양이 생겼으며 46억 년 전에 지구가 생겼고, 38억 년 전 바다가 생겼다고 한다. 그리고 바다에서 처음으로 생명체가 생겼다고 보는 것이다.

"세상에 부자연스럽거나 초자연적 현상이란 없다. 무엇이 자연적이냐 하는 우리 지식에 아주 큰 결함과 착오가 있을 따름이다. 우리는 이 무지의 공백을 메우려고 노력해야 한다." 이것은 아폴로 제14호 우주비행사로 자연에 대한 인간의 지식과 인간 정신과 혼을 더욱 개발하려고 지구와 인류의 건강과 복리를 증진시킨다는 취지와 목적을 갖고 캘리포니아주 소서리토에 예지적 지적 과학연구소를 창설한 에드가 미첼Edgar Mitchell 1930-2016의 말이다. 이 연구소의 과학자들은 이구동성으로 주장한다. '우리는 탐험가들이다'라고.

오늘날 우리가 새로 개척해야 할 이 시대의 가장 절박한 미지의 영역, 우리의 새 변경은 인간의 의식 세계이다. 우리가 추구해야 할 목표는 인류를 위한 하나의 '새 이야기' 새로운 창세기를 발견하는 것이다. 과학과 인간의 영성을 통합하여 통일체로서의 우리의 온전함을 얻고, 끊겨가는 인간과 인간 사이, 인간과 지구 간의 필수 필연적인 연관성, 그리고 그뿐만이 아니라 특히 우리 각자의 내적 자아 곧 자신의 심혼과의 관계를 맺는, 아니 그 탯줄을 잇는 일이다. 이를 동양적으로 풀이해보자면 아인슈타인도 언급한 바 있는 '우주의 법칙' 곧 '도道'를 뜻하는 것이리라. 몇 년 전 중앙일보 일간 스포츠지에 연재되던 '갓모닝' 칼럼 '예지몽 경험 있다면 당신도 영적 능력자'에서 차길진 법사는 이렇게 지적했다.

"사람의 몸은 수분이 정확히 71.5%를 차지한다. 지구도 물이 71.5%를 차지한다. 인간 몸의 경혈은 365개, 지구는 1년에 365일을 공전주기로 갖는다. 우리 몸은 하나의 작은 지구요, 우주인 셈이다. 우리 몸의 신비도 우리가 다 알지 못하듯 지구의 신비도 또한 인간이 아는 데 한계가 있다." 만물의 마음을 읽기는커녕 그 억만분의 일이라도 찰나적으로나마 엿볼 수 있는 게 '영적 능력'이라 한다면 우린 모두 영적 능력자라 할 수 있으리라. 물론 사물의 물질적인 표면에 눈이 멀지 않는다면 말이다.

흔히 우리는 매사 마음먹기에 달렸다고 한다. 하지만 마음먹는다기보다 어떤 마음心을 심느냐고 해야 하지 않을까. 왜냐하면 심는 마음이 품는 마음이 되고 품는 마음이 만물을 낳는 마음이 될 테니까. 아름다운 마음을 심고 품어야 아름다운 우주를 창조할 수 있지 않으랴. 이렇게 마음 심기, 품기, 낳기의 '기氣'는 아무런 형체도 없지만 언제 어디에서나 우주에 가득 차 있어 자유자재로 구름처럼 떠돌다가 비도 되고 바람도 되며 수많은 별들이 되는 게 아니던가. 모든 일과 모든 것을 가능케 하는, 우리가 볼 수도 들을 수도 만질 수도 없는 기氣를 숨, 생명이라고도 하고 영혼이라고도 하며 가장 아름다운 말인 '사랑'이라고 부르는 것이리라.

진정한 자의식과
주체사상이란 무엇일까

"세상이여 반갑다. 사람들이여 고맙다." 신문기자 출신 평론가 김병익 씨의 회고록 '글 뒤에 숨은 글 : 스스로를 위한 단상 (2004)'의 마지막 문구이다. 미국의 정치, 사회심리학자 월터 트루엣 앤더슨Walter Truett Anderson은 그의 저서 '현실은 전과 같지 않다Reality Isn't What It Used to Be, 1990'에서 이렇게 주장한다.

"오늘날 우리 대다수 인간은 신자라기보다 믿음의 소유자들이다. 쉽사리 또 자주 전향 개종한다. 종교적인 신앙에 있어서도 한 종교뿐 아니고 여러 종교를 통해 이것은 버리고 저것을 취하거나 또 다른 것을 제게 맞게 수정 응용한다. 과거에는 문화적인 양식과 형태를 갖춘다는 것이 신비 속에 싸여 있었으나 이제는 민주화, 개방되어 개개인마다 제각기 자신을 위해 자유롭게 저 자신의 신원身元과 현실을 만들어 내고, 현실이란 새 상품의 기업가들은 새 역사, 새 과학, 새 종교, 새 정치 등 새로운 제품을 창조, 개발하는데 마치 어린아이들이 물장난치듯 신바람이 난다."

중국 고전을 TV로 강의해 장안에 숱한 화제와 논란을 불러일으켰던 동양

철학자 도올 김용옥 씨는 2002년 '불교의 본래 모습 – 달라이라마를 만난 후'란 제목으로 행한 강연을 통해 "불교는 무신론이며 과학"이라고 역설했다. 그러자 "불교를 자기 식으로 고착화하고 과장하는 것은 부처님의 가르침을 망치는 것"이라며 팔리문화연구소장인 마성 스님이 김 씨의 저서 '달라이 라마와 도올의 만남'의 오류와 과장 등을 조목조목 지적한 글을 불교 인터넷 신문 '붓다뉴스(buddhanews.com)에 올렸었다. 그 당시 영국에 사는 친구 김원곤 씨로부터 받은 편지 내용 일부를 공개한다.

"도덕경 이야기를 하셨는데 생각나는 게 있어 몇 자 읊어볼까 합니다. 얼마 전에 '도올을 울린 여자'와 '노자를 웃긴 도올'이란 제목의 월간중앙 기사를 읽을 기회가 있었는데 참으로 통쾌한 글이었습니다. 이야기의 초점은 이름 없는 아주머니가 유명한 대학교수요 철학자인 도올을 상대로 시비를 거는 글이었습니다. 그 아주머니의 이름은 기억이 잘 나지 않습니다만 요즘 인기 절정의 도올이란 자가 TV에서 노자, 공자 강의를 하여 시끄러운데 그 내용이 아주 노자나 공자를 웃기는 것이랍니다. 도덕경 강의에는 노자가 없고 논어 강의에는 공자가 없으며 불경 강의에는 부처가 없다는 말로 도올을 정면으로 깔아뭉갰답니다."

이 편지에서 친구는 자신의 소감도 피력했다. 단지 번역의 차이에서 오는 논쟁인 것을 어느 쪽이 맞는지는 2500년 전으로 돌아가 노자한테 물어볼 수밖에 없지 않은가. 그 아주머니의 주장은 철학 강의가 지식인들의 전유물이거나 엘리트화해서는 안 된다는 것으로 마치 하버드를 나와야만 이해할 수 있는 것처럼 보인다든지 공자를 '공짱구'로 표현하고 노자를 '책략가'이고 쿵후의 달인이며 깡패와 칼잡이들의 우상이고 하는 결례는 물론 도덕경의 해석도 엉터리라는 것이었다. 공자의 태생을 천하다고 하면서 자기는 부유한 의사 집안에 태어나 온갖 부의 혜택을 다 받고 엘리트 코스만 두루 밟아 선택된 특권층이라 자랑하는 심사는 무엇인가.

이런 지식재벌, 지식귀족이 철학의 대중화를 공으로 내세우면서 성현들을 깔아뭉개는 작태가 왜 용인되어야 하는가를 묻고 있는 것이다. 물론 재미있게 강의를 하는 것은 좋지만 제대로 지식 전달을 해야 한다는 것과 개그쇼가 되어서는 안 된다는 말이었다. 과학자는 아무리 형편없는 인간성의 소유자라고 할지라도 과학의 원리만 배우고 추구한다지만 철학은 철학자의 인격과 인품을 이해하지 않고는 존재하지 않는다는 것이다. 그런데 노자, 공자를 폄하해 가면서 그는 자기만이 알 수 있고 자기만이 강의할 수 있다는 자만심에 사로잡힌 무늬만 지식인일 뿐이라는 것이었다. 아, 그래서 예부터 재인才人은 덕德이 부족하고, 학무식學無識은 구제할 수 있어도 인무식人無識은 구제할 길 없다 하는 것이리라.

우리 생각 좀 해보자. 세상에 예수, 석가모니, 공자, 노자 등 그 누구를 막론하고 다 하나뿐인 존재가 아니던가. 너와 나를 포함해서 세상에 태어난 사람 모두가 그렇지 않겠는가. 그 아무리 다른 사람한테서 배울 점, 본받을 점이 많다 해도 그 모두가 '참고사항'일 뿐이지, 그대로 전부 다 너나 나에게 꼭 들어맞을 수 없고 그대로 따르는 것이 결코 바람직하지도 않으리라. 너도나도 우리 모두가 하나같이 예수나 석가모니처럼 '히피'나 '걸인'이 될 수도 되어서도 절대로 안 될 일이 아닌가. 좀 극단적으로 비유해서 사람의 말소리와 몸짓을 흉내 낸다고 앵무새나 원숭이가 사람이 될 수 없듯이 예수나 석가모니의 말씀을 입버릇처럼 되뇌고 그들의 행적을 뒤밟아 본들 너나 내가 예수나 석가모니가 될 수는 없는 노릇 아닌가. 그래서 '부처를 만나거든 부처를 죽이고 가라' 하는 것이리라.

부모와 자식, 스승과 제자 사이라도 너는 너의 나는 나의 '고행'을 하고, 각자 각자의 '십자가'를 지며, 제각기 자신을 발견하고 자기만의 깨달음을 얻어 자아실현 자아완성을 도모해야 하지 않겠는가. 자아발견을 통해 이웃을 발견할 수 있고, 동시에 네가 나고 내가 너라는 사실을 깨닫게 되리라. 갓난아기가 눈을 뜨고 조금씩 걸음마 하며 배워가듯 나 없이 네가 있을 수 없고 너 없이 내가 있을 수 없음을 알게 되리라. 이것이 참으로 너는 너의 나는 나의 삶을 사는 참된 도리(道理)가 아니겠는가.

언젠가 한국의 결혼정보회사 '비에나래'가 전국의 20, 30대 미혼남녀를 대상으로 '결혼 후 2세가 어떤 사람과 닮기를 바라는가'에 관한 e-mail 인터넷 설문조사를 실시한 결과를 발표했다는데 설문 자체가 부적절하지 않았을까. 아무도 닮지 않은 전무후무의 유일무이한 개성과 특성을 지닌 2세가 가장 바람직할 테니까 말이다.

개조해야 할 인류

　3월 8일은 '세계 여성의 날International Women's day'로 타임(TIME, MARCH 16/ MARCH 23, 2020)지는 지난 한 세기 동안 여성의 정치적 경제적 사회적 업적을 크게 세운 대표적인 여성 100명을 '타임지 올해의 여성들(TIME 100 WOMEN OF THE YEAR A CENTURY REDEFINED 1920-2019)'을 선정해 특집을 발행하고 이들을 기렸다. 몇 년 전 '여성의 날'을 전후해 소셜네트워크서비스SNS상에서 '맨스플레인mansplain'이라는 말이 한동안 화제에 올랐었다. '남자man'와 '설명하다explain'을 결합한 것으로 2014년 호주에서 '올해의 단어'로 뽑혔고 2010년엔 뉴욕타임스가 선정한 그해의 단어 목록에도 올랐었다. 옥스퍼드 영어사전에 실린 정의에 의하면 '대체적으로 남자가 여자에게 잘난 체하며 아랫사람 대하듯 설명하는 것'을 의미한다. 한국식으로 풀어보자면 '여자인 네가 알면 얼마나 알아. 오빠가 설명해 주지'라고 할 수 있으리라.

　최근에 중국에선 '지난 아이'란 신조어가 유행하고 있단다. 이 '지난 아이'를 직역하면 '암덩어리 같은 남성 이성애자'가 된다. 중국의 온라인에 만연한 여성 차별에 대한 반감에서 고리타분한 남성우월주의를 비꼬는 신조어가 생긴 것이다. '지난 아이'란 시대착오적이고 편협한 남성 중심 사고를 보이는 사람들을 통칭하는데, 중국 포털사이트 소후에는 '지난 아이'의 특징으로 가부장적 광신적 애국주의, 항상 가득 차 있는 불만, 동성애 혐오증, 우쭐대는 성질 등이 열거돼 있다. '지난 아이'는 2015년에 처음 등장해 계속 확산되고 있는데 월스트리트 저널에 따르면 중국의 유명한 철학자 저우궈핑周國平이 "남성은 천 개의 야망을, 여성은 하나의 야망을 가져야 한다. 여성은 가사노동과 육아를 할 때 아름답다"는 성차별 발언을 한 뒤 '지난 아이'란 비판과 조롱을 받아왔다고 한다.

2015년 여성의 날에는 중국 대표 검색포털 바이두가 기념 로고 디자인으로 여성을 주체적 존재가 아닌 그저 예쁜 장난감 핑크색 옷을 입고 오르골 상자 속에 들어있는 공주 인형으로 표현했다가 '지난 아이'란 비난이 쏟아졌다고 한다. 한편 '지난 아이'란 표현을 즐겨 쓰는 여성 네티즌들은 양성평등을 지향하는데 여성 작가 에쒀에마오마오蘼雪猫猫는 중국 여성들에게 "애인이 '지난 아이'인지 잘 살펴보고 그렇다면 주저하지 말고 헤어지라. 그래야 그런 남성들은 유전자 풀에서 사라지게 될 것"이라고 주장했다는 보도다.

자, 그렇다면 이제 때는 바야흐로 '지난 아이'의 씨를 어서 완전히 제거해 전쟁과 폭력을 일삼는 남성인류mankind를 사랑과 평화를 가져오는 여성인류womankind로 개조할 때가 왔어라. 그래서 우리 모두 남녀 불문하고 '여성인류' 만세를 불러 보리라.

코스미안으로 복낙원復樂園하리

> 두 개의 진실이 서로에게 접근한다.
> 하나는 안으로부터
> 또 하나는 밖으로부터
> 둘이 만나는 곳에서
> 우리의 모습을 볼 수 있다.
>
> Two truths approach each other.
> One comes from inside,
> the other comes from outside,
> and where we have a chance
> to catch sight of ourselves.
>
> (From "Preludes")

스웨덴의 2011년 노벨문학상 수상 시인 토마스 트란스트뢰메르Tomas Transtromer 1931-2015의 시구이다. 우리의 자아란 실존인가 아니면 환상인가. 다시 말해 만들어지는 것일까 아니면 발견되는 것일까. 나라는 사람이 내가 하는 일, 직업을 만드는 것일까 아니면 내 직업이 나라는 사람을 만드는 것일까. 자의식은 찾을 수도 있고 잃을 수도 있겠지만 만들어지는 것임에 틀림없는 것 같다. 긍정적인 느낌은 긍정적인 자의식을 갖게 해주고 부정적인 감정은 부정적인 자의식을 갖게 해준다는 게 정설이 되어왔다.

그런데 최근 '감성Emotion' 저널에 발표된 연구보고서에 따르면 긍정적인 느낌 중에서도 가장 감동적인 느낌은 자연과 사물에 대해 놀라워하는 경외심이라고 한다. 이 경외심은 하는 일 직업이나 다른 사람의 나에 대한 생각과는 아무런 상관이 없고, 어린아이의 동심으로 매사에 임하는 것이란다. 음악을 듣는다가, 일출이나 일몰을 바라본다든가, 독서삼매경 또는 사랑에 빠진다든가, 모든 것 모든 일에 경이로워하는 마음이야말로 참된 자의식을 갖게 해준다는 것이다. 이런 진정한 자의식이란 실존도 환상도 아닌 우리 모두의 원초적인 본성이요 본래면목本來面目 본래성불本來成佛이리라.

청소년 시절 나는 함석헌 선생님의 '뜻으로 본 한국역사'를 너무도 감명 깊게 읽고 분통이 터졌었다. 한국역사의 흐름이 크게 잘못되기 시작한 것이 이성계의 '위화도 회군威化島 回軍'이라 본 것이다. 고려 말기 1388년(우왕 14년) 명나라 홍무제 주원장朱元璋이 철령鐵嶺 이북의 영토는 원나라 영토였다는 이유로 반환하라는 요구에 맞서 최영 장군은 팔도 도통사, 조민수를 좌군 도통사, 이성계를 우군 도통사로 삼은 요동정벌군이 압록강 하류의 위화도까지 이르렀을 때 이성계가 개경開京으로 회군한 사건 말이다.

2015년 '글씨에서 찾은 한국인의 DNA'란 책의 부제가 붙은 '어린아이 한국인'이 나왔다. 2009년 출간된 항일운동가와 친일파의 필적을 비교 분석한 책 '필적은 말한다'를 펴냈던 저자 구본진이 비석과 목간-방패-사리함 등 유물에 남아있는 글씨체에서 우리 민족성의 본질을 찾아내는 '어린아이 한국인'을 출간한 것이다. "지금 한국인의 발목에는 지식과 체면과 겉치레라는 쇠사슬이 잘가당거리지만, 이는 오랜 중국화의 역사적 산물일 뿐, 원래 한민족은 인류역사상 가장 유아기의 특징이 성년까지 남아 있는 현상을 말하는 '네오테닉neotenic'한 민족이었다"며 우리 민족은 자유분방하고 활력이 넘치면서 장난기가 가득한 '어린이 기질'을 갖고 있다는 것이 저자의 주장이다.

우리 민족의 이런 '어린이스러움'은 고려시대 이후 중국의 영향으로 경직되었으나 19세기 이후 중국의 위상이 떨어지면서 부드럽고 자유로운 한민족 고유의 품성과 글씨체가 살아난다는 것이다. 저자는 향후 연구 과제도 제시한다. 중국 만리장성 외곽에서 발견된 '홍산문화'가 우리 민족과 관련된 문화일지 모른다는 주장인데, 그 근거 역시 글씨체다. 황하문명보다 1000년 이상 앞선 홍산문화 유물에 남아 있는 글씨체가 고대 한민족의 글씨체와 유사하다면, 이야말로 세계역사를 바꿔놓을 단서임이 틀림없으리라. 어떻든 이 '아이스러움'이란 우리 한민족에 국한된 것이 아니고 세계 인류 모든 인종과 민족에게 공통된 특성이 아닐까. 우주 나그네인 우리 모든 코스미안의 타고난 본성이리라. 이 순수하고 경이롭고 신비로운 '코스미안의 마음' 동심을 갖고 우리 모두 태어나지만 타락한 어른들의 잘못된 세뇌교육과 악습으로 '아동낙원兒童樂園'을 잃는 '실락원失樂園'의 비극이 시작되었어라.

아, 그래서 나의 선친 이원규李源圭 1890-1942도 일제 강점기 초기에 손수 지으신 동요, 동시, 아동극본을 엮어 '아동낙원兒童樂園'이란 책을 500부 자비로 출판하셨는데 집에 남아 있던 단 한 권마저 6·25동란 때 분실되고 말았다. 그러다가 2024년 가을에 경주에 있는 '한국대중음악박물관에 딱 한 권 남아있던 것을 발견하고 우여곡절 끝에 재 출간하여 세상에 다시 내놓았다. 아, 또 그래서 나도 딸 셋의 이름을 해아海兒(첫 아이로 쌍둥이를 보고, 한 아이는 태양 '해아兒' 그리고 한 아이는 바다 '해아海兒'로 작명했으나 조산아들이라 한 아이는 난 지 하루 만에 세상 떠나 '해아海兒'를 지켜주는 별이 되었고), 수아秀兒, 성아星兒라는 이름을 지었다. 평생토록 젊음과 동심을 갖고 살아주길 빌고 바라는 뜻에서다. 간절히 빌고 바라건대 바다의 낭만과 하늘의 슬기와 별들의 꿈을 먹고 살라고. 이와 같은 기원祈願과 염원念願에서 아이 '아兒' 자字 돌림으로 한 것이다.

정녕코 복福이야 명命이야, 우리 모든 어른들도 어서 잃어버린 동심童心을 되찾아 '코스미안'으로 '복낙원復樂園하리.

어떻게 일체유심조─切唯心造일까

　조건을 먼저 따지는 요즘 세태에선 결혼도 직업도 사치가 되었다고 한다. 하나의 공동체인 가정을 꾸리고 자식을 낳아 제대로 키우기 위해서는 유능하고 적합한 배우자를 찾아 동업자 파트너로 삼아야 하기에 상응하는 조건을 따질 수밖에 없으리라. 세상이 바뀌어 완전고용은 보장되지 않고 원하는 직업은커녕 아무 직업 자체를 가지기가 어렵다고 한다. 어려서 어른들한테서 듣던 말이 '넌 장차 커서 뭐가 될래'란 것이었다. 그럴 때마다 나는 '사람이 될래요'라고 대답했다. 사람이 세상을 살아가면서 형편에 따라 이런 일도 저런 일도 하게 될 텐데, 어떻게 대통령이나 장군, 과학자나 사업가, 또는 작가, 시인 등이라고 하는 게 말이 안 된다고 생각했다. 자연의 경이로움을 느끼는 게 과학자라면 인생을 사는 일이 사업이고 삶 자체가 작품이며 숨 쉬는 게 '시'가 될 텐데 무슨 소리인가 의문을 품게 되었다. 직업이란 수단에 불과하지 결코 목적이 될 수 없다고.

　가령 서울에서 부산까지 간다고 하자. 기차나 버스 또는 비행기로 갈 수도 있고, 자동차나 자전거도 없으면 걸어서 가면 될 텐데, 어떻게 한 가지 방법만 고집할 수 있겠는가. 어른이 되어서는 직업이 무엇이냐는 질문을 받게 되고 외국에 나와서는 흔히 What do you do for living? 이란 말을 듣게 되었다. 1970년대 초 영국에 가 살면서 영국 사람들이 사람을 여러가지로 지칭하는 것이 이상했다. 자동차 운전자는 motorist, 자전거 타는 사람은 bicyclist/cyclist, 걷는 사람은 pedestrian, 등은 그런대로 이해가 되었으나 심지어 대화자 conversationalist란 말까지 쓰는 것을 보고 놀랐었다.

사람이 살면서 수많은 역할을 하게 되는데 이를 이토록 일일이 세밀하게 분류해야 하느냐는 회의가 생겼다. 그중에서도 '시인'이란 말이 제일 눈과 귀에 거슬렸다. 시인이라면 하루 24시간 시만 쓰고 산단 말인가. 그리고 글로 쓰는 것만 시란 말인가. 또 시 쓰는 사람이 따로 있을까. 아무나 쓸 수 있는 것이 시고, 손으로만 쓰는 게 아니라 눈과 귀, 코와 입, 온몸과 마음으로 쓰는 글이 시라고 할 수 있지 않나. 삶이 시가 되듯이 죽음조차도 시가 되지 않던가. 김소월과 윤동주가 그렇고 슈베르트와 모차르트가 그러하지 않은가. 그러니 우리 모두 시로 태어나 시로 살다가 시로 죽으리라.

우리 태양계에 얼음에 덮인 대양이 있는 게 일반적인 현상이고 그중 하나인 토성의 한 작은 달 엔셀라두스Enceladus에 있는 바닷물은 뜨겁기가 섭씨 90도 화씨로는 194도 이상 되는 것으로 측정되었다고 한 팀의 과학자들이 최근 네이처Nature 저널에 발표했다. 그리고 목성 최대 위성이자 태양계에서 가장 큰 달인 가니메데Ganymede에는 지구보다 더 많은 양의 물이 있는 것으로 확인됐다고 한다. 따라서 태양계 내 또 다른 생명체의 존재 가능성에 대해 기대감이 높아지고 있다. 정녕 우주의 축소판이 이슬방울이라면 이 우주의 양수羊水인 사랑의 이슬방울에서 코스모스 피어나고 너도나도 만물이 생겼으리라.

언제 어디에서 어떤 일이 일어나려면 온 우주가 공모하고 협조해야 한다는 뜻으로 영어로는 'For anything to happen anytime anywhere, the whole universe, Cosmos, has to conspire.'라 한다. 그러려면 뭣보다 먼저 상상의 씨부터 뿌려야 하리라. 이렇게 상상부터 하려면 또 자기최면이나 자기암시부터 걸어야 하지 않을까. 같은 한 컵의 물이라도 약이라 생각하고 마시면 약이 되지만 독이라고 믿고 마시면 독이 되리라. 사우나 한증막 찜질방에 들어가서도 '아, 시원하다'라고 생각하면 시원해지고, '어이, 뜨거워'하면 견디지 못하고 튀어나오게 되듯이 말이다. 심지어는 상상만으로도 정신을 초집중하면 성적 오르가슴이나 영적 열반지경涅槃之境의 희열을 맛볼 수 있다고 한다. 이것이 바로 불교에서 말하는 일체유심조이리라.

사랑으로 숨 쉴 때마다
영육일치靈肉一致되는 것이리

요즘 박테리아보다 10~100배 작고, 생물이라고도 무생물이라고도 할 수 없으며, 보이지 않는 신종 코로나바이러스 때문에 사회적인 거리 두기로 모든 사회활동이 정지된 상태에서 사람마다 집에 칩거蟄居 고립되다 보니 마치 무인고도에 표류된 것 같다. 그동안 바쁘게 살아오느라 물질적으로, 심리적으로, 정신적으로 쌓여온 '잡동사니'를 몽땅 다 털어 버리고 정리해 삶에 있어 정말 '뭣이 중헌디'를 깨닫게 될 전무후무의 절호의 찬스가 아니랴.

그렇지 않아도 벌써 몇 년 전부터 한국의 젊은 세대를 삼포시대 또는 오포시대라고, 연애포기, 결혼포기, 자녀포기, 직업포기, 주택포기 등 혼자 사는 사람이 많아진 것이 사실이다. 이는 한국뿐만 아니라 미국과 유럽 국가들을 포함해 세계적인 현상이 되었다. 인류가 조로증早老症에 걸려 삶을 살아보기도 전에 포기한다는 말인가. 미국 작가 허만 멜빌Herman Melville 1819-1891은 "사람의 눈을 들여다보자. 바다나 하늘을 응시하는 것보다 좋고, 신神을 앙망하기보다 낫다. Let me look into a human eye; it is better than to gaze into sea or sky; better than to gaze upon God."이라고 말했다.

프랑스 시인 장 드 라 퐁텐느Jean de La Fontaine 1621-1695도 강조했으리라. "우린 서로 도와야지; 아무렴 그렇지. 정말로, 자연의 법칙이고 말고. We must help one another; yea, it Verily is a law of nature."

영국의 자연파 계관시인 윌리엄 워즈워드William Wordsworth 1770-1850도 독백하듯 읊었으리.

내 가슴 뛰노나니/무지개

하늘에 무지개 볼 때
내 가슴 뛰노나니
어려서 그랬고
어른 된 지금 그렇고
늙어서도 그러리라.
그렇지 않으면
차라리 죽어버리리라.
어린애는 어른의 아버지
내 삶의 하루하루가
이 가슴 설렘으로 이어지리.

My Heart Leaps Up (also known as The Rainbow)

My heart leaps up,
When I behold
A Rainbow in the sky;
So was it when I was a Child
So is it now when I am a Man
So be it when I shall grow old,
Or let me die!
The Child is Father of the Man;

> And I could wish my days to be
> Bound each to each
> By natural piety.

아, 참으로 우리가 숨 쉴 때마다, 그것도 사랑으로 숨 쉴 때마다 영육일치靈肉一致되는 것이리. 우리가 땅에서도 하늘을 볼 수 있도록.

소년 시절 나는 위에 인용한 시 '무지개'를 읽으면서 '하늘에 무지개'를 보는 것으로 만족할 수 없고 성에 차지 않아, 영어 사전에도 없는 단어를 하나 만들었다. 올라탄다는 뜻으로 접두사 '어A'를 '무지개RAINBOW' 앞에 붙여 '어레인보우 ARAINBOW'를, 그리고 이어서 '우주나그네'란 뜻으로 '코스미안COSMIAN'이란 또 하나의 새로운 말을 지어냈어라.

따라서 2011년 출간된 우생의 동화童話 형식의 졸저 책 제목이 '어레인보우: 무지개를 탄 코스미안 (ARAINBOW)이고, 2013년과 2014년에 나온 에세이집 제목이 '코스미안 어레인보우'와 '무지코: 무지개를 타고 지상으로 내려온 코스미안'이 되었어라.

삶의 축제
The Festival of Life

선견지명先見之明이라도 있었을까. 얼마 전부터 미국의 청소녀, 청소년들의 유행어가 '제기랄 난 아무것도 (할) 수조차, (알) 수조차, (상상할) 수조차 없네'란 뜻으로 I can't even. I'm unable to even. I have lost my ability to even. I am so unable to even. Oh, my God. Oh, my God!'이었다. 그런데 이 말이 이젠 총체적으로 파산에 직면한 온 인류의 비명悲鳴에 가까운 넋두리가 될 줄이야!

어째서 이런 현상이 일어나고 있는 것일까. 빌 게이츠William Henry Gates III 1955 - 의 "코로나/코비드-19 바이러스가 우리에게 어떤 교훈을 주고 있는가? What is the Coroan/ Covid-19 Virus Really Teaching us?"란 메시지에서 그 해답을 찾아볼 수 있으리라. 14개 항목으로 된 글에서 그는 우리에게 상기想起시키고 있다.

— 사람은 (죽음 앞에서 그렇듯이) 우리 모두 이 바이러스 앞에서 평등하다는 것.
— 사람들 사이에 어떤 국경이나 경계도 있을 수 없고 우린 모두 연결되

어 있다는 것.
— 그동안 우리가 망각해온 건강한 삶의 중요성. (인생무상) 삶의 유한성
有限性과 허무성虛無性을 각성 인지하고, 우리 서로 도와 삶을 공유共有해
야 한다는 것.
— 우리 인류사회가 물질문명에 오염되고 불필요한 사치품에 중독되어
가장 기본적인 필수품인 물과 식료품 및 질병을 치료할 약품을 등한
시等閑視 해왔다는 것.
— 끊어지고 멀어졌던 가족 간의 긴밀한 유대를 회복하는 것.
— 우리의 진짜 직업이란 우리 각자가 하는 일이 아니고 우리가 서로를
돌보고 보살펴 서로를 이利롭게 하는 것.
— 인류가 (그 누구든) 아무리 과대망상誇大妄想에 사로잡혀 있더라도 바이
러스가 한순간에 회전하는 지구를 정지시킬 수 있다는 것.
— 우리에게는 자유의지自有意志가 있어, 상부상조相扶相助해서 상생相生의 길
아니면 사리사욕私利私慾으로 우리 모두의 자멸自滅의 길, 둘 중 양자택
일兩者擇一 선택의 자유가 있다는 것.
— (토끼가 제 방귀 소리에 놀란다고) 우리가 인류역사상 늘 당면하고 극
복해온 수많은 위기 중 하나인 이 바이러스 역병疫病에 당장 인류의 종
말終末 말세末世라도 닥친 듯 혼비백산魂飛魄散해 사태를 더욱더 악화시킬
것이 아니라 인내심을 갖고 침착하게 대응 대처할 수 있다는 것.
— 이 위기와 사태가 정말 종말終末이 될 것인지 아니면 우리가 개과천선
改過遷善함으로써 새로운 시원始原이 될 것인지는 우리 자신이 결정할 수
있다는 것.
— 우리가 우리의 자연환경, 자연과 기후를 파괴하고 오염시킴으로써 우리가 몸담고 있는 이 지구라는 별 자체가 심하게 병들었기 때문에 우리 또한 중병에 걸릴 수밖에 없다는 것.
— 해법解法 없는 문제란 없는 법. 그러니 패닉하지 말고 계절이 바뀌듯
'이 또한 지나가리라'는것.
— 많은 사람들이 이 코로나바이러스를 큰 재앙災殃으로 보지만 나는 이

를 하나의 좋은 교정기矯正機 축복祝福으로 여긴다는 것.

이상과 같은 여러 마디를 단 한마디로 내가 줄이자면 '우린 너 나 할 것 없이 다 하나'라는 것이고, 이를 또 한두 마디로 부연하자면 우리 동양의 선인들이 일찍부터 명명백백히 단순명료하게 밝힌 '피아일체彼我一體'와 '물아일체' 物我一體'라고 할 수 있다. 어떻든 우리가 현재 겪고 있는 이 절망감은 전적으로 자신감이 결여된 회의와 냉소와 혼란과 당혹감當惑感의 발로인 것 같다. 방향감각을 상실한 채 표류하면서 너무 쉽사리 좌절하고 절망하고 포기하는 오늘날의 젊은이 아니 어린이들이 부모의 과잉보호로 심약한 악골들이 되어 쉽게 겁먹고 쉽게 상처 입고 쉽게 무기력해지고 있는 게 아닐까. 몇 년 전 한국에서 있었던 '잔혹 동시' 논란에서 표출되었듯이 정신적인 폭력으로 발산하게 되는가 보다. 또는 또 몇 년 전 '천재 소녀 명문대학 허위 입학소동'에서처럼 부모의 지나친 기대와 욕심을 견디다 못해 하버드대와 스탠퍼드대에 동시 입학했다고 자기최면이라도 걸게 되는 게 아닐까.

2015년 6월 6일자 중앙일보 기획 기사 '심리학으로 소설 읽기, 장 마리 르 프랭스 드 보몽Jeanne-Marie Le Prince de Beaumont 1711-1780의 미녀와 야수Beauty and the Beast'에서 정여울 문학평론가는 이렇게 결론 짓는다.

"어떤 방어기제는 파괴와 자멸을 초래하고, 어떤 방어기제는 구원과 기적을 가져온다. 우리가 살아 있는 한 상처는 피할 수 없는 것이다. 부정하고 퇴행하고 합리화하는 것이 당장은 편안하고 빠른 해결책처럼 보이지만, 또 받아들이고 표현하고 승화하는 것이 힘들고 느리지만 궁극적인 해결책이 된다. 오랜 금언인 '정직이 최선의 전략이다 Honesty is the best policy'라는 문장에서 나는 전략policy을 치유therapy라고 고쳐 보고 싶다. 솔직함은 처세술이나 성공 전략이 아니라 자기 자신을 위한 배려로써 더욱 소중한 치유의 기술이니까. 고백하지 못한 사랑은 영원히 끝나지 않는 것처럼, 표현하지 못한 고통은 영원히 치유되지 않는다."

아, 그렇다면 일단 주사위부터 던져 볼 일 아니랴. 어차피 모든 것이 미지수인 마당에 매사가 하기 나름이고, 삶 자체도 살기 나름 아니던가. 심고 가꿔야 거두게 되고, 하늘을 봐야 별을 따게 된다고, 숨을 내쉬어야 또 들이마실 수 있다. 그러니 세상에 공짜란 있을 수 없지. 이 사실 아니 진실을 깨우치는 순간부터 삶다운 삶이 시작되는 것이리라. 이 점을 주지시키는 것이 교육의 전부라고 해야 하리라. 그렇지 않고 학교 교육이라는 것이 단지 학위나 졸업장으로 취직을 위한 스펙 쌓기나 수지타산, 계산계정에 불과한 것이라면 이야말로 인간로봇을 생산하는 공장이라 해야 하지 않을까.

사람으로 태어나 사람답게 삶을 살아본다는 것은 아무 누구와 경쟁하는 것도, 남에게 내가 얼마나 성공하고 잘 사는지를 자랑하는 것도, 얼마나 대단한 업적을 남기는가도 아니고, 내가 얼마만큼 삶을 살아보는가가 아닐까. 다시 말해 삶을 얼마만큼 사랑해 보는가이리. 숨 쉬는 것부터, 눈 뜨고 세상의 모든 아름다움을 보는 것, 온갖 경이로운 소리를 들어 보는 것, 갖가지 맛있는 음식을 먹어보는 것, 섹스를 즐겨 보는 것, 연애를 하고 실연도 당해보는 것, 결혼도 하고 또 하게 되면 이혼도 해보는 것, 이런 일도 저런 일도 다 해보는 것, 어떤 일을 도모했다가 성공도 해보고 실패도 해보는 것, 내 자식 남의 자식 가리지 않고 키워본다는 것, 젊어 보기도 하고 늙어보기도 한다는 것, 눈을 감고 잠을 자면서도 꿈까지 꾸어본다는 것, 그리고 살다가 죽어본다는 것, 이 모두가 다 얼마나 기적 같은 일들이고 더할 수 없는 축복인가. 이 외에 우리가 뭘 더 바랄 수 있단 말인가.

체코 태생으로 프랑스 파리에 거주해온 작가 밀란 쿤데라(Milan Kundera 1929-)가 어느 인터뷰에서 말했다. "유머 센스가 있는 사람은 믿을 만하다. A sense of humor was a sign that a person could be trusted."고, 그의 2013년 작 중편소설 제목도 반어법의 극치라 할 수 있는 '무의미한 축제(The Festival of Insignificance)'이다. 축제祝祭란 영원하지 않고 잠시 지속될 뿐이라면 다양한 놀이를 우리 각자 성향대로 식성대로 취향대로 내키는 대로 하고 싶은 만큼 해보기다. 백인백색百人百色이라고 음식도 다 한 가지 맛일 수 없고, 무지개도 단 한 가지 빛깔일 수 없는 법이다. 그러니 우리 각자가 좋아하는 만큼, 사랑하는 만큼, 맛보는 만큼, 꿈꾸는 만큼, 살아보는 것이 각자의 삶이 되리라. 축제의 존재 이유가 즐기라는 것 아닌가. 그렇다면 아르헨티나의 시인 안토니오 포르키아Antonia Porchia 1885-1968가 했다는 말을 우리 각자 심사숙고深思熟考해 보리라.

"내가 네게 뭘 주었는지 알지만, 네가 무얼 받았는지 난 모르겠다. I know what I have given you…I do not know what you have received."

인류의 거듭남이어라

　예부터 말이나 어떤 형상形象으로 표현되는 순간 그 내용 실체實體와 실상實相은 증발蒸發해 버리듯 사라진다고 했던가. 촛불이나 모닥불처럼, 산불의 불꽃 또는 연기처럼, 이슬방울이나 폭포수, 부서지는 파도의 포말泡沫 그리고 물안개처럼 아무 흔적痕跡도 없이.

　이는 거품문명이니, 거품경제니, 옷이 날개라는 식의 포장이나, 소리만 요란하다는 빈 수레와는 달리 속이 익고 찬 문화나 사람은 겉치장이나 겉치레로 눈가림이나 입에 발린 빈말 '립서비스lip service'를 할 필요가 없다는 말일 게다. 예수와 석가모니는 물론이고, 구약성서에 나오는 '골리앗 장수와 다윗소년David and Goliath'을 비롯해 우리나라의 이순신 장군과 전태일 열사, 그리고 모조품 같은 픽션이 아니라 진품의 실화 같은 '로미오와 줄리엣Romeo and Juliet' 같이, 말과 글 대신 그들의 행동과 삶과 그리고 죽음 자체로 인류의 사표師表가 된 수많은 경우에서 그 실례實例를 찾아볼 수 있으리라. 그건 그렇다 치고, 요즘 한국에서 미성년자 성착취물을 만들어 텔레그램에 유포한 혐의를 받는 '박사' 조주빈의 'n번방 사건'을 계기로 최대最大가 아닌 최소最小로 축소縮小해서, 말하자면 일종의 '미니멀리스트minimalist' 입장에서 한번 생각해 보자. 형이상학적形而上學的인 고차원高次元의 영적靈的이고 정신적인 '사랑'은 차치물론且置勿論하기로 하고, 형이하학적形而下學的으로 최저선最底線 bottom line인 육체적 욕정慾情의 대상으로서의 '제 눈에 안경'이란 아름다움에 대해서 말 같지 않은 말도 좀 해보리라.

 몇 년 전부터 중국에선 평평한 절벽 가슴으로 고민했던 여성들이 중국판 웨이보에서 '평면가슴 대회'를 열어 화제가 되었다. 그 후로 중국 여성들이 저마다 웨이보에 '평면가슴대회'라는 태그를 걸고 자신의 평평한 가슴을 찍은 인증샷 사진을 게재하고 있다고 중국 포털 왕이 뉴스가 전했다. 이 대회는 지난 2014년부터 중국 인터넷에서 진행되었는데 우승자를 뽑는 것이 목적이 아닌 '인증대회'라고 한다. 남성이 참여하는 것을 막기 위해 여성임을 증명할 수 있는 목선이나 입술을 함께 공개하는 규정이 있다. 많은 여성 네티즌들이 자신만 가슴이 작은 게 아니라는 점에 위로를 받았다거나 부모가 준 몸매를 자랑스럽게 생각한다고 주장한다. 한편 중국에선 여성의 외모에 대한 기준에 의문을 제기하며 이색적異色的인 '겨드랑이털 사진 콘테스트'를 개최해 또 화제가 되기도 했다. 이 행사를 주도한 중국의 여성 운동가는 '우리는 몸에 나는 털을 밀지 안 말지 선택할 자유가 있다'고 주장했고 수많은 여성들이 동참했다고 한다.

 이와는 반대라 할까 아니면 대조적이라 할까. 얼마 전 뉴욕 브루클린에선 '작은 남성 성기性器 대회'가 열린 가운데 한 남성이 우승했다. 이곳 킹스 카운티 살롱 식당에서 제3차 '작은 성기 대회' 결선이 진행되었는데 위스콘신주州에서 온 테일러 캠벨(24)이란 청년이 수백 명의 관중이 지켜보는 가운데 경쟁자들을 물리치고 상금과 함께 우승 토로피를 받았다. 그는 매력적인 여친도 있는 매력남이었다. 이 대회는 세계 어느 나라 남자도 참가가 가능하고, 작은 성기를 보여주는 비디오만 제출하면 된다. 이 대회 주최자로 알려진 제시 레빗은 이 대회는 단순히 사이즈size 작은 페니스penis를 비교해 가릴 뿐만 아니라 참가자의 자신감과 용기도 평가한다고 주장했다는데 모름지기 마땅히 '고추'의 매운맛 강도强度와 밀도密度 내지 밀도蜜度와 당도糖度의 지구력持久力이 크기 사이즈나 뭣보다 중요하다는 의미意味였으리라.

청소년 시절 내가 사춘기思春期 때, 조숙早熟했었는지 조로早老했었는지 몰라도, 일찍 맞은 사추기思秋期에 서울 동대문 밖 보문동과 창신동 사이에 있던 채석장 돌산에 올라 백운택이란 경복고등학교 친구랑 밤이 깊도록 부르던 가곡 '이별의 노래'(박목월 시 김성태 곡) 후렴 가사 그대로 '아아—아아 너도 가고 나도 가야지'인데 문득 이우걸 시인의 '기러기1'이 떠오른다.

> 죽은 아이의 옷을 태우는
> 저녁
> 머리칼 뜯으며 울던
> 어머니가 날아간다.
> 비워서 비워서 시린
> 저 하늘 한복판으로

여행기는 여행지가 아니고 여행자에 대한 것 A traveler's writings say more about the traveler than about the place traveled이라고 한다. 마찬가지로 글이나 그림도 그렇다고 할 수 있으리라. 글이고 그림이고 읽어 줄 독자나 봐 줄 사람을 위해 쓰고 그리는 것 같지만 실은 단 한 사람, 바로 자기 자신을 위한 것임에 틀림없어라. 어찌 그렇지 않을 수 있으랴. 설혹 많은 사람이 같은 글이나 그림을 읽고 본다고 해도 각기 다른 글을 읽고 다른 그림을 보게 마련이다. 그들 자신이 각자의 그리움을 각자의 글과 그림으로 그리듯이 말이다. 그러니 글을 쓰는 것도 그림을 그리는 것도 고독한 작업이고 외로운 순례의 길이리라. 우리 모두 이 세상에 혼자 왔다가 혼자 떠난다. 그 누구도 나를 대신할 수 없고 각자는 각자의 참된 자아를 발견하고 자신의 삶을 살다 우리 모두의 본향本鄕으로 돌아가는 여정旅程이리. 그것도 시간과 공간과 현상現象을 초월한 여정이리. 그러기 위해서 우리도 알껍데기를 깨고 허물을 벗어 새나 매미 또는 나비처럼 비상飛翔하는 것이리라.

그 한 예로 수명壽命이 인간과 비슷하다는 솔개의 삶을 좀 살펴보리라. 솔개는 새 중 수명이 길어 70~80년을 살지만 그러기 위해서는 반드시 거쳐야 하는 힘든 과정이 있다. 솔개가 40년 정도 살게 되면 부리는 구부러지고 발톱은 닳아서 무뎌지고 날개는 무거워져 날기도 힘들어진다. 이 시기에 솔개는 선택을 해야 한다. 그렇게 지내다가 죽느냐? 아니면 고통스러운 과정을 통해 새롭게 살 것이냐? 고통을 선택한 솔개는 바위산으로 날아가 먼저 자신의 부리로 바위를 마구 쪼아댄다. 쪼고 쪼아서 낡고 구부러진 부리가 다 닳아 없어질 때까지. 그러면 닳아 없어진 부리 자리에서 새 부리가 자란다. 그리고 새로 나온 부리로 자신의 발톱을 하나씩 뽑기 시작한다. 그렇게 낡은 발톱을 다 뽑아버려야 새 발톱이 나오기 때문이다. 그리고 나선 새 깃털이 나도록 무거워진 낡은 깃털을 하나씩 전부 다 뽑아버린다.

이렇게 고통스런 시련試鍊/試練을 극복하며 130여 일이 지나야 솔개는 새로운 40년의 삶을 살 수 있게 된다.

> 비나이다 비나이다
> 일월성신日月星辰과
> 천지신명天地神明께
> 간절히 빌고 또 비나이다.
> 현재 코로나바이러스로
> 시련을 겪고 있는 인류도
> 고차원적高次元的으로
> 승화昇華 환골탈태換骨奪胎,
> 새로운 인류 '코스미안'으로
> 거듭나기 위한 과정을
> 거치고 있는 것이기를.

씨앗은 바람을 타고,
우린 매일 죽는다

한국에선 5월 8일이 어버이날이지만 미국에서는 어머니날은 5월, 아버지날은 6월 한 주 일요일에 지켜진다. 몇 년 전 '아버지날' 선물로 딸들로부터 받은 티셔츠가 아주 내 맘에 꼭 드는 특이한 것이었다. 초록색 바탕에 새겨진 앞가슴 문구가 'KEEP CALM AND COSMOS ON'이었다. 수많은 표어가 새겨진 티셔츠 중에서 어떻게 이처럼 무지개를 타고 지상으로 내려온 코스미안의 준말로 붙여진 내 에세이집 제목 '무지코'(자연과인문 출간) 딱 걸맞은 것이 있었는지 놀랍기 짝이 없었다.

코로나바이러스가 온 인류의 생명을 위협하고 있는 올해에는 'KEEP CALM AND WE CAN SURVIVE THIS PANDEMIC CORNONA VIRUS' 란 티셔츠가 곧 출시될 법도 하지만, 이 'KEEP CALM AND GANGNAM STYLE,' 'KEEP CALM AND BTS,' 'KEEP CALM AND PARASITE,' 'KEEP CALM AND HARRY POTTER,' 'KEEP CALM AND IMAGINE,' 'KEEP CALM AND EAT A BANANA,' 'KEEP CALM AND TOKYO OLYMPICS,' 등등 수도 없이 많이 있을 'keep calm and' 시리즈의 효시嚆矢는 1939년 9월 1일 제2차 세계대전이 터진 이후 영국 런던이 독일 공군

의 공습으로 쑥대밭이 되면서 영국 국민의 사기土氣를 북돋기 위한 대표적인 국민 표어 '지금 우리가 많이 힘들지만 평정심平靜心을 되찾아 이겨내자'란 뜻의 'KEEP CALM AND CARRY ON'이라고 한다.

캐나다 태생의 뉴욕타임스 칼럼니스트 데이빗 브룩스David Brooks 1961 - 가 그의 칼럼 애독자들에게 그들 각자 인생의 목적이 무엇이며 어떻게 찾았는지를 에세이로 응모해달라고 공개 요청하자 수천 명의 독자로부터 보내온 글 내용의 일부와 그 공통점을 2015년 5월 29일자와 6월 19일자 칼럼에 기술했다. 놀랍게도 그의 예상과는 달리 그들 삶의 목적은 야심을 갖고 큰 꿈을 꾼다거나 세상을 개혁해 바꾼다는 식의 학교 졸업식 축사 같은 내용이 아니고, 그 정반대로 극히 작고 소박한 것들이란다. 그 공통된 메시지는 '우리 모두 찬란히 빛날 필요는 없다. We do not have to shine.'는 것이고, 난 언제나 이웃에게 자연스럽게 친절하고 너그러운 사람이기를 원했고 내 아이들도 그렇게 되도록 애썼다 I have always wanted to be effortlessly kind. I wanted to raise children who were kind, to be generous and kind.는 것이다.

테런스 제이 톨락슨Terence J. Tollaksen이라는 독자는 '프란치스코 교황의 자본주의' 원리에 입각해 소기업을 40년째 해오고 있단다. 또 다른 독자 한스 핏쉬Hans Pitsch는 그의 에세이에서 "나이 85세에 이르러 내 삶의 의미란 문제는 절실하다. 아직 살아있다는 데 감사한다. 나 자신과 내 주위 사람들에 대한 내 책임이 하루하루 나의 삶에 의미를 부여한다. 나는 나의 가족과 점점 숫자가 줄어드는 옛 친구들을 더 할 수 없이 소중히 여긴다. 한 가지 내가 집중하는 게 있다면 그 건 내 정원을 정성껏 가꾸는 것이다. I am thankful to be alive. I have a responsibility to myself and those around me to give meaning to my life from day to day. I enjoy my family and the shrinking number of old friends. If there is one thing that keeps me focused, it's the garden."

또 한 독자 스콧 애딩튼Scott Addington은 그의 에세이에서 다음과 같이 적고 있다.

"흔히 그렇듯이 찾기를 멈추게 되자 내 삶의 목적이 분명해졌다. 1995년 10월 11일 내 딸이 이 세상에 태어나는 바로 그 순간부터 내 삶의 목적과 의미의 근원이 무엇인지에 대해 추호의 의문도 갖지 않게 되었다. 아빠가 된다는 사실이야말로 한 남자로서 경험해볼 수 있는 이 세상에서 가장 의미 있고 보람찬 일이다. As is often the case, my purpose became clearly evident after I had stopped looking for it. On October 11, 1995, my daughter was born. Beginning with that moment, there has never been the slightest doubt regarding the purpose and source of meaning in my life. Being a father is the most meaningful and rewarding pursuit a man could ever hope to experience."

이와 같은 경험은 비단 부모의 역할뿐만 아니라 학교 교사 선생님의 경우에서도 공유되고 있음이 여러 독자의 반응에서 밝혀지고 있다. 한편 삶의 목적은 자주 상실감에서 생기고 있음이 관찰된다. 그 한 예로 뇌종양으로 21년을 같이 살아온 부인을 상처한 호주 브리스번시市에 사는 그렉 산터Greg Sunter는 미국의 교육자 파커 파머Parker Palmer 1939 - 의 저서 '숨겨진 일체감 A Hidden Wholeness: The Journey Toward An Undivided Life, 2004'에 언급된 두 가지 가슴의 상처를 이렇게 적고 있다.

"그의 저서 '숨겨진 일체감'에서 (저자) 파커 파머는 두 가지 가슴의 상처에 대해 말하고 있다. 그 하나는 우리 가슴이 산산이 깨져 부서지는 것이고 다른 하나는 우리 가슴이 찢어져 열리면서 우리 자신뿐만 아니라 세상의 모든 고통과 기쁨, 절망과 희망을 포용하게 되는 것이다. 이렇게 가슴이 찢어져 열림으로써 내 처가 세상을 떠난 이후로 온 우주를 품는 것이 내 삶의 목적이 되었다. In his book 'A Hidden Wholeness,' Parker Palmer writes about the two ways in which our hearts can be broken: the first imagining the heart shattered and scattered; the second imagining the heart broken open into new capacity, holding more of both our own and the world's suffering and joy, despair and hope. The image of the heart broken open has become the driving force of my life in the years since my wife's death. It has become the purpose to my life."

이렇게 수많은 독자들의 반응에서 도출되는 사실은 삶의 목적은 단순히 삶을 충만하게 살아본다는 것이다. 굳이 신神을 향한 것이거나 잡다한 삶의 목표들과는 상관없이 다른 사람들을 되도록 많이 도우면서 삶을 만끽해본다는 것이다. But, for many people, the purpose of life is simply to live it fully. Many people don't necessarily see their lives as pointing toward God or as defined by some mission statement. They seek to drink in life at full volume, to experience and help others richly.

내가 이를 간단히 줄이자면, 오늘날 많은 사람들에게 있어서는 삶의 목적이 더 좀 충만하게 살아본다는 것이다. 내세來世라든가 종교적인 신조信條나 정치적인 이념理念에 복종하고 추종하든 과거와는 판이하게 우리의 마음을 활짝 개방하고 우리 고향인 우주와 혼연일체渾然一體, 혼연천성渾然天成이 되는 것이리라. 문화평론가 김봉석이 페이스북에 올린 글처럼 결국은 '태도가 결정한다. 인생도, 가치도' 말이어라. 이것이 바로 2015년 6월 20일자 한국일보에 흑백사진과 함께 실린 배우한 기자의 '씨앗은 바람을 타고'가 너무도 시적詩的으로 상징하는 메시지였으리라.

"숲속의 요정 같은 민들레 씨앗이 바람에 몸을 실어 멀리 떠나고 있다. 또 다른 삶을 향한 새로운 여행의 시작이다. 민들레는 생태적으로 잎이 땅에 붙어 있어 앉은뱅이란 별명을 가졌다. 가녀린 씨앗이 바람에 날려 새 삶을 찾는 모습이 어쩌면 자유를 꿈꾸는 사람과 닮았다."

라틴어로 'cotidie morimur'는 영어로는 'We die everyday All men must die, I miss you everyday'라는 뜻으로 우리말로 하면 '우린 매일 죽는다'가 되리라. 로마의 네로황제 Roman Emperor Nero AD37-AD68 시대에 로마의 철학자 세네카 Lucius Annaeus Seneca c. 4BC-AD65 가 했다는 말이다. 세네카는 또 이런 말도 했다고 한다.

"자기 자신의 황제가 되는 것이 가장 위대한 최고의 제국을 건설하는 것이다. The greatest empire is to be emperor of oneself."

이는 하루를 더 살면 우리가 살날이 하루 줄어들어 하루 더 죽음에 가까이 가고 있으니 늘 마음의 준비를 하고 있으라는 말이고, 각자는 제 삶이라는 제국의 황제로 살라는 뜻이리라. 은하계에는 약 1,000억 개의 빛을 발하는 항성이 존재하는데 우리 눈으로 볼 수 있는 별들은 고작 6,000개뿐이고, 수명이 다한 별들은 별똥으로 마지막 빛을 발하면서 소멸해 지구상으로도 떨어지는 것을 우리가 볼 수 있다고 한다. 영국의 낭만파 시인 존 키츠 John Keats 1795-1821는 '들리는 멜로디가 감미로우나 들리지 않는 멜로디는 그 더욱 감미롭다. Heard melodies are sweet, but those unheard are sweeter 라고 했다. 강소천 1915-63이 스물한 살에 발표한 동요시로 탄생 100년을 맞아 2015년 복간된 시집 '호박꽃 초롱'에 수록되어있는 '닭'이 있다.

> 물
> 한 모금
> 입에 물고
>
> 하늘
> 한 번
> 쳐다보고

또
한 모금
입에 물고

구름
한 번
쳐다보고

이 동요시를 본 떠 우리 이렇게 읊어보리라.

모두
순간순간
죽어가고 있지만

우리도
한 모금 한 모금
우주의 생명수 입에 물고
하늘도 한 번 쳐다보고
별도 한 번 쳐다보며 살리라.

코스미안이 된다는 것은
영원한 젊음이어라

　오우가五友歌는 고산 윤선도가 자연의 다섯 가지를 벗으로 상정해 쓴 여섯 수의 연시조로, 우리말의 아름다움을 잘 나타내 시조를 절묘한 경지로 이끈 작품으로 꼽힌다. 다섯 가지란, 물水, 돌石, 소나무松, 대나무竹, 달月을 말한다. 내 벗이 몇이냐 하니, 수석과 송죽이라. 동산에 달 오르니 그 더욱 반갑구나. 두어라.

　어부사시사漁父四時詞는 보길도의 부용동에서 지은 작품으로, 어부의 사계절을 각각 10수씩 노래한 40수의 연시조이다. 여기서 어부란 생업으로서 고기를 잡는 사람이라기보다는, 세상과 떨어져 강호에 은거하는 선비 즉 윤선도 자신을 뜻한다고 볼 수 있다. 동풍이 건듯 부니 물결이 고이 인다. 돛 달아라, 돛달아라, 동호를 돌아보며 서호로 가자스라. 지국총 지국총 어사와, 앞산은 지나가고 뒷산은 나아온다.

　요즘 한낱 미생물에 정복당해 만물의 영장이란 인류가 전 세계적으로 쏟아지는 실업자와 재택 근무에, 휴교령의 재택학습으로 애 어른 할 것 없이 모두 집콕 신세가 되다 보니 코로나바이러스를 달래느라 혼술 홀짝홀짝하면서 가정폭력이 증가하고 스트레스, 우울증, 분노, 절망감, 공포심, 공황장애 등 사람들의 정신건강이 악화되고 있다. 이럴 때 자발적自發的인 자가격리自家隔離의 선구자先驅者 두 사람이 떠오른다. 위에 일부 인용한 '오우가'와 '어부사시사'의 고산孤山 윤선도尹善道 1587-1671와 미국의 철학자 시인 수필가 헨리 데이비드 소로Henry David Thoreau, 1917-1862 말이다.

소로의 저작 중 '월든Walden: the Life in the Wood, 1854'과 '시민의 불복종 Resistance to Civil Government, 1849'은 한글 번역본도 나와 있고 그는 잘 알려진 대로 대표적인 환경론자environmentalist, 사형제도 폐지론자, 노예 해방론자abolitionist, 민속인류학자ethnologist, 반反제국주의자anti-imperialist, 지구주의자globalist로 레프 톨스토이Leo Tolstoy, 1828-1910, 마하트마 간디Mahatma Gandhi, 1869-1948 그리고 마틴 루터 킹 주니어Martin Luther King, Jr., 1929-1968에게도 큰 영향을 미쳤다. 자연Nature에 전적으로 몰입沒入함으로써, 그것도 식물과 계절과 별들과 네 발이나 날개 또는 지느러미 달린 모든 피조물에게 교육을 받아 배워야 한다고 확신한 소로는 이런 말을 했다.

"우주 속으로 인간과 인간의 기구나 조직이 떼로 몰려드는 그 어떤 가치도 나는 인정할 수 없다. I do not value any view of the universe into which man and institutions of man enter very largely."

혁명은 한 번에 한 사람씩 나 자신 한 사람으로부터 시작되는 것 Revolution began at home, one person at a time 이라며 소로는 이렇게 역설한다.

"우리 모두의 성공을 다 함께 누리려면 우선 우리 각자 한 사람씩 개별적으로 성공해야 한다. We must first succeed alone that we may enjoy our success together."

한 친구에게 보낸 편지에 그는 이렇게 적었다.

"명상冥/瞑想에 침잠沈潛한 요가 수행자는 제 나름의 창조에 동참하는 것으로, 신神의 향기香氣를 들이마시고 경이驚異로운 우주의 음악 소리를 듣게 된다. 어느 정도까지는, 드문 일이지만 때때로 나 또한 그런 요가의 수행자가 된다. The yogi, absorbed in contemplation, contributes in his degree in creation; he breathes a divine perfume, he hears wonderful things. To some extent, even I am a yogi."

아, 정녕코, 고산 윤선도나 헨리 데이비드 소로는 우리보다 이 지구별에 먼저 왔다 간 코스미안들이었음에 틀림없어라. 미국 예술가 작가 주나 반스Djuna Barnes 1892-1982는 '죽음을 알게 허락받은 것이 삶 Life, the permission to know death'이라고 했다. 이 말은 언제일지는 미정未定이지만 조만간早晚間 우리 모두 죽는다는 사실을 의식함으로써 우리 삶을 더 잘 살 수 있다는 뜻이리라. 죽는다는 사실 때문에 우리가 삶을 사랑할 수 있다는 말일 게다. 삶이 유한有限하기에 소중所重하지 않은가. 소풍逍風이 끝나지 않고 계속된다고 하면 더 이상 소풍이 될 수 없지 않겠는가.

로마의 서정시인 호레이스Quintus Horatium Falccus, known as Horace 65BC-8BC도 '한밤이 우리 모두를 기다리고 있다 One night awaits us all'이라고 읊지 않았나. 그래서 '티베트의 사자死者의 서書 바르도 퇴돌The BVardo Thodol, commonly known as The Tibetan Book of the Dead' 같은 죽음의 여정을 인도하는 지침서인 죽음에 대한 안내서가 있겠지만, 알 수 없는 미지未知의 세계, 죽음에 대한 것보다 우리에게 먼저 필요한 건 삶에 대한 것 아닐까. 미국 시인 새뮤엘 울만Samuel Ullman 1840-1924의 다음과 같은 말들은 아직 살아있는 우리 모두에게 좋은 지표指標가 되리라.

사람이 사람다워진다는 것은 고귀한 위엄 있게 생각과 느낌을 말하고 행동에 옮기는 것이다. 이런 품위를 가늠하는 것은 좌절감을 느낄 때마다 얼마나 호연지기浩然之氣를 갖느냐다. Maturity is the ability to think, speak and act your feelings within the bounds of dignity. The measure of your maturity is how spiritual you become during the midst of your frustrations.

청춘靑春은 인생의 한 시기時期가 아니고 정신상태精神狀態이다. 앵두 빛 뺨이나 붉은 입술 또는 유연한 무릎이 아니고 의지意志의 발로發露이고 상상의 날개이며 감정의 열정熱情이다. 생명의 깊은 샘으로부터 치솟는 싱그러움이다. Youth is not a time of life; it is a state of mind; it is not a matter of rosy cheeks, red lips and supple knees; it is a matter of the will, a quality of the imagination, a vigor of the emotions; it is the freshness of the deep springs of life.

아무도 나이를 먹는다고 늙지 않고 이상理想을 저버릴 때 늙기 시작한다. 나이는 피부에 주름살을 만들지만 삶의 열정을 잃으면 영혼靈魂이 시든다. Nobody grows old merely by living a number of years. We grow old by deserting our ideals. Years may wrinkle the skin, but to give up enthusiasm wrinkles the soul.

너는 네가 갖는 자신감만큼 젊고 네가 갖는 공포심만큼 늙는다. 네가 갖는 희망만큼 젊어지고 네가 갖는 절망만큼 늙는다. You are as young as your self-confidence, as old as your fears; as young as your hope, as old as your despair.

모든 사람 가슴 속에는 녹음실이 있다. 세상의 모든 아름다움과 희망과 용기의 환호성歡呼聲이 전달되는 한 너는 젊다. In the central place of every heart, there is a recording chamber; so long as it receives messages of beauty, hope, cheer and courage, you are young.

삶의 의욕意欲을 다 잃고 네 가슴이 비관悲觀의 눈더미와 냉소冷笑의 얼음 덩이로 뒤덮이는 날, 그때 비로소 너는 늙어버린 것이다. When the wires are all down and your heart is covered with the snows of pessimism and the ice of cynicism, then, only then, have you grown old.

아, 그러니 코스미안이 된다는 것은 영원한 젊음이어라.

무지개배 타고
코스모스바다로 항해하는 것이리

"사랑은 동사動詞지, 네가 어떤 대상을 가리켜 지칭指稱하는 것이 아니고, 네가 하는 짓이다. Love is a verb, not something you point at; it's something you do."

최근 미국에서 출간된 '나의 운석隕石 별똥별 혹은, 무작위성無作爲性이 없다면 새로운 것이 있을 수 없다 MY METEORITE Or, Without the Random There Can Be No New Thing'의 저자로 미국의 조각가, 공연자, 비디오아티스트, 작가로 활약하는 해리 닷지Harry Dodge, 1966 - 의 말이다. 그는 이 책에서 이것저것 뒤섞어 범벅으로 만들어 놓고 이것이 내 삶이라 할 수 없는 일이라며 그가 경험하는 사소한 모든 일들이 그가 그 한 부분일 뿐인 거대한 우주적 패턴에 연결되어 있어 이런저런 우연의 일치 같은 일들을 통해 신적神的인 섭리攝理를 엿볼 수 있다고 본다.

"충돌이 모든 걸 설명한다 collisions explains everything"며 그 어떤 우주의 목적이랄까 의미를 입증할 수 있는 패턴을 그는 찾는단다. pines for "pattern, which I understand to be evidentiary of cosmological purposiveness (meaning itself)." 한 마디로, 그 어떤 것에서 튕겨짐이 없다면 우리는 존재할 수 없다는 것이다. Without "something to bounce off of, we never take shape."

헤아릴 수 없이 수많은 별 중에 그것도 아주 작은 별인 이 지구에 우리는 태어나 살고 있다. 은하수는 1,000억 개나 되는 무수한 별무리, 그런 은하수銀河水가 또 1,000억 개 있다는 우주, 그런 우주宇宙도 하나가 아니고 수없이 많다는 복複우주multiverse가 존재한다니 우리의 상상을 초월할 뿐이어라. 빛의 속도로 가도 수천, 수만 년 걸린다는 별들이 부지기수不知基數라니 우리가 밤하늘에 보는 별들도 실은 오래전 이미 사라져 없어진 것들인지 모른다고 하지 않나. 우리가 살고있는 지구를 포함한 태양계太陽系는 50억 년 전에 생성生成되었으며 50억 년 후에는 사라져 없어질 것이라고 한다.

미국의 무인 우주 탐사선 뉴호라이즌The New Horizons호가 2006년 1월 18일 발사된 후 2015년 7월 14일 태양계의 가장 외곽에 위치한 명왕성Pluto 최근접점을 통과했고, 인류가 처음 보는 신비로운 모습들을 찍어 보내오고 있으며, 2021년 4월 30일 확장 탐사를 종료했다가 만약 작동이 계속된다면 태양권 바깥을 탐사, 2029년엔 태양계를 벗어나고, 2038년 12월 탐사선이 100AU를 지나, 그때까지도 작동이 가능하다면 태양권 바깥을 탐사할 예정이라고 한다. 한편, 인류 최대의 수수께끼인 외계外界 생명체의 존재 여부를 탐사하기 위해 영국 천체물리학자 스티븐 호킹Stephen Hawking 1942-2018이 주도한 사상 최대 규모의 외계 생명체 탐사가 시작되었고 2015년 7월 20일 영국 런던 왕립학회에서 열린 기자회견에서 그는 이제 지구 너머 생명체를 찾는 일보다 더 중요한 것은 없다고 강조했다.

이것이 어디 과학자들만의 일인가. 옛날 옛적부터 사람들은 별을 보며 살아왔다. 별 하나, 나 하나 하면서 꿈을 꾸어 오지 않았나. 별 하나에 추억과 별 하나에 사랑과 별 하나에 쓸쓸함과 별 하나에 시와 별 하나에 어머니를 생각했던 시인 윤동주1917-1945처럼 누구나 별을 바라보노라면 시인이 되고 철인이 되고 다 동심童心으로 돌아가게 된다. 2015년 7월 22일자 한국일보 오피니언 페이지에 실린 사진 한 장과 왕태석 멀티미디어부 차장의 사진 설명 캡션 '하늘의 미소 채운彩雲'은 세런디피티적으로serendipitously으로 퍽이나 시사적이었다. 여름 하늘은 시시각각으로 변화무쌍變化無雙한 모습을 보여주었다. 하늘빛이 유난히 요동쳤던 7월 17일, 남산 서울N타워 인근에 '채운'이 찾아왔었다. 변종 구름 중 하나로 태양광이 구름을 직선으로 통과하지 못해 돌아 들어가며 관측되는 현상이라고 했다.

　무지개처럼 아름답고, 쉽게 볼 수 없는 희귀한 현상으로 '세상에 큰 경사가 있을 징조徵兆'라고 알려진 이 채운은 어쩌면 별구름 성운星雲에서 수많은 우주 생명체들이 보내는 별빛의 손짓이었으리라. 이상이 거시적巨視的으로 눈을 돌린 대우주大宇宙 탐사라면 이에 상응하는 미지적微視的인 소우주小宇宙 탐사探査도 있어야 하리라. 2015년 출간된 한 과학 서적에서 런던 유니버시티 칼리지 University College London의 생화학자 닉 레인Nick Lane, 1977-은 묻고 있다. 어떻게 돌과 공기와 물이 융합돼 지구상 최초의 생물로 응집될 수 있었을까. 어떻게 동물이나 식물처럼 복합적인 생명체가 이 지구 역사상 단 하나의 조상으로부터 생겨났을까. 왜 셋, 넷 또는 12가지 다른 성性이 아니고 남녀 두 가지 성별性別만 존재하는가. 왜 우리는 죽는가.

　그의 저서 '긴요한 질문: 에너지, 진화, 및 복합적인 생명체의 기원 The Vital Question: Energy, Evolution, and the Origins of Complex Life'에서 레인 박사는 이런 긴요하고 핵심적인 질문에 해답을 찾고 있다. 지구상의 다양한 생화학적 요소들을 감안하더라도 이들이 단 하나의 세포 조직 이상으로 진화하지 않았는데 어떻게 해서 다양한 생물들이 생겼는가라는 의문에 부닥친다. 뿐만 아니라 세포조차 생기기 전 생명의 기원은 어떤가. 생물학 교과서에서는 생명의 기원이 찰스 다윈Charles Darwin1809-1882의 추리대로 작고 따뜻한 웅덩이 물에서 벼락 치는 번개의 충격으로 무기물無機物

이 유기물有機物로 활성화되었거나 지구 내면으로부터 뿜어 나오는 용암鎔巖으로 해저海底에 형성된 암석에서 에너지와 적절한 온도의 배합으로 생명이 생성되었으리라고 본다. 레인 박사의 생명의 기원과 섹스 그리고 죽음에 대한 여러 가지 생물학적인 이론과 추측들은 아직 입증되지 않았지만 앞으로 계속 연구 탐사해야 할 만한 내용들이다.

스코틀랜드 작가 겸 의사 아서 코나 도일 경Sir Arthur Conan Doyle 1859-1930의 추리소설 '셜록 홈스의 모험The Adventures of Sherlock Holmes, 1892에 등장하는 주인공 셜록 홈즈가 그의 의견을 개진했듯이 '불가능하다는 것을 하나둘 제거하다 보면 남는 것이 아무리 그렇지 않을 것 같아도 진실일 수밖에 없다. When you have eliminated the impossible, then whatever remains, however impossible, must be the truth.'라고 해야 하리라.

> 이처럼 밖을 내다봐도 무궁무진無窮無盡
> 우리 안을 들여다봐도 무궁무진無窮無盡
>
> 가도 가도 끝 간 데 몰라라.
> 와도 와도 와닿는 데 없어라.
>
> 물 한 방울이 대양大洋이고
> 모래 한 알이 별星이어라.
>
> 모든 것이 망망대해茫茫大海에 떠도는
> 일엽편주一葉片舟 같다면
> 우리 모두 무지개배 타고
> 코스모스바다로 항해航海하는 것이리.

사랑하는 순간만 영원하리

　우리가 구름잡이라 할 때는 그 실체實體가 없다는 말이다. 요즘 우리가 '구름clouds'이라 할 때는 하늘에 떠다니는 구름이기보다는 '데이타 구름data clouds'이거나 '네트워크 구름 network clouds'을 말할 정도로 자연계와 기계문명의 기술계가 구분이 분명치 않게 되었다.

　지난 2015년에 출간된 저서 '경이로운 구름: 기초적인 미디어 철학에 대한 소고小考 The Marvelous Clouds: Toward a Philosophy of Elemental Media'에서 예일대 교수로 미디어와 사회이론학자인 존 디 피터스John Durham Peters, 1958 는 클라우드clouds가 우리의 새로운 환경으로 가까운 미래에 잡다한 모든 것들이 모두 구름속으로 들어가고, 인간의 몸이 단말기端末機가 되어 구름과 우리 몸 사이에 문서와 영상이 흐르는 세상이 도래할 것으로 예측한다. 우리는 매체media가 환경environments이라고 생각하지만 그 역逆도 또한 진眞이라는 주장이다.

　또 2015년에 나온 '모든 것의 진화: 어떻게 새로운 아이디어가 생성되는가The Evolution of Everything: How New Ideas Emerge'와 '붉은 여왕女王: 성性과 인간성의 진화 The Red Queen: Sex and the Evolution of Human Nature, 1994' 그리고 '유전체遺傳體 게놈Genome, 1999,' '합리주의적인 낙관주의자: 어떻게 번영이 이루어지는가 The Rational Optimist: How Prosperity Evolves, 2010 등 베스트셀러 과학명저科學名著의 저자이면서 영국의 저널리스트이자 국회의원이기도 한 매트 리들리Matt Ridley, 1958 - 는 최근 한 인터뷰에서 "과학이란 사실을 수집해 나열해 논 카탈로그가 아니고, 새롭고 더 큰 미스터리를 찾는 일Science is not a catalog of facts, but the search for new and bigger mysteries."이라고 말한다.

물질matter이 존재하지 않는다는 형이상학적形而上學的인 '비물질주의Immaterialism' 이론을 주창한 아일랜드의 철학자 조지 버클리비숍 버클리라고도 불림. George Berkeley/Bishop Berkeley 1685-1753는 "세상은 다 우리 마음속에 있다 The world is all in our minds."라고 했다는데, 이는 불교에서 말하는 '일체유심조一切唯心造'와 같은 뜻이었으리라. 우리 선인先人/仙人들은 인생이 하늘의 한 조각 뜬구름 같다고 했다. 구름이 있으면 천둥번개도 있게 마련이다.

'전쟁은 여자의 얼굴을 하지 않았다.The Unknown Face of War: An Oral History of Women in World War Ⅱ, 1985'는 벨라루시아Belarusia의 저널리스트로 2015년 노벨문학상 수상 작가인 스베틀라나 알렉시예비치 Svetlana Alexievich, 1948 - 의 대표작이다. 소설가도, 시인도 아닌 그녀는 자기만의 독특한 문학 장르를 창시했는데, '목소리 소설 Novels of Voices'이라고도 하지만 작가 자신은 '소설-코러스'라고 부른다. 프랑스에 거주하고 있는 알렉시예비치는 현재 새 책 '영원한 사냥의 아름다운 사슴'을 탈고, 그 마무리 작업 중이라는데, 다양한 세대 간 남녀 간의 사랑 이야기라며 이렇게 말한다.

"그동안은 사람들이 어떻게 서로 죽이고 죽는지에 대한 책을 써온 것 같아요. 하지만 그게 인간 삶의 전부는 아닙니다. 이제 저는 사람들이 어떻게 서로 사랑하는지 쓰고 있어요. 사랑은 우리를 세상다운 세상으로 인도합니다. 나는 사람들을 사랑하고 싶어요. 사람을 사랑하기가 점점 더 어려워지고 있지만요."

정녕 세상살이가 구름잡이처럼 그 실체가 없다 해도, 또 실체라는 것이 고체固體나 액체液體나 기체氣體로 그 형상과 형태가 변하지만, 그 원소 H2O 만큼은 변하지 않고 항상 같듯이 우주의 본질本質은 언제나 사랑이어라. 고드름 고추가 되든, 이슬방울이 되든, 숨찬 뜨거운 입김 아니 숨기운氣運이 되든, 천둥번개를 몰고 오는 사랑의 구름이어라. 르네상스 시대의 이탈리아 사상가이며 정치철학자 니콜로 마키아벨리Niccolo' Machiavelli 1469-1527도 이렇게 말했다지 않나.

"(운명/행운의 여신) 그녀는 계산적인 (마음이 늙은) 남자보단 무모한 (정열적인 젊은) 남성을 선호選好한다. She is, therefore, always, woman-like, a lover of young men, because they are less cautious, more violent, and with more audacity command her."

남녀 간의 사랑도 그렇지만 부모와 자식 간의 사랑도 매한가지로 자기를 마음에 두지 않는 짝사랑인 것 같다. 물이 아래로 흐르듯 내리사랑은 있어도 치사랑은 없다고 한다. 그렇다면 효도孝道란 자연의 섭리와 천리天理를 거슬러 치사랑을 강요하는 게 아닌가. 그 한 예가 '심청전沈淸傳'이고 그 반대는 '고려장高麗葬'이라고 할 수 있으리라. 부모와 남자의 사랑이 주는 것이라면 부모와 남자의 사랑을 받는 대상으로서의 자식과 여자는 그 사랑을 부모와 남자에게 '받아주는' 것이리라. 그 사랑을 받아서 되돌려주는 것이 '되사랑'이라면 자식이나 여자로서는 부모와 남자의 사랑을 감사히 기쁘게 받아주는 것으로 셈이 끝난다. 주고 싶은 사람의 사랑을 거절하지 않고 '받는' 것이 '주는' 일이고 주는 사람에게 주는 더 큰 선물膳物이 되리라.

1950년대 청소년 시절에 내가 즐겨 들은 미국 가수 해럴드 척 윌리스 Harold "Chuck" Willis 1926-1958의 노래가 있다. '내가 뭣 때문에 사는데, 널 위해서가 아니라면 (What am I living for if not for you?)'이 반복되는 가사가 평생토록 내 머릿속에 아니 내 가슴 속에 늘 메아리치고 있다. '널 위해서' 숨 쉰다고 할 때, 이 '너'는 내가 짝사랑하는 연인일 수도, 자식일 수도, 손자 손녀일 수도 있으리라. 다만 '널 위한다'는 구실로 상대방에게 부담감이나 고통을 준다면 이는 사랑이 아니고 제 욕심에 불과한 사랑의 정반대이리라. 이런 욕심과는 달리 순수한 열정이 있을 때 진정으로 스스로를 사랑하는 동시에 우주만물을 사랑할 수 있게 되는 것이리라. 그 좋은 예가 미국의 유명 가수 (singer-songwriter) '레이디 가가 Lady Gaga는 예명이고 본명은 Stefani Joanne Angelina Germanotta, 1986 - 가 아닐까. 얼마 전 예술과 예술교육을 장려하는 비영리 단체가 주는 상을 받는 수상 연설에서 그녀는 이렇게 말했다.

"어렸을 때 내가 커서 뭐가 될지는 몰랐지만 난 언제나 조금도 겁먹지 않고 용감하게 우주의 열정이 어떤 것인지, 그 소리가 어떤지, 그 느낌이 어떤 것인지, 내 삶을 통해 여실히 보여주고 싶었다. I suppose that I didn't know what I would become, but I always wanted to be extremely brave and I wanted to be a constant reminder to the universe of what passion looks like. What it sounds like. What it feels like."

이 말은 '호기심'과 '열정'이 '사랑'과 동의어同義語가 된다는 뜻으로 들린다. 그녀처럼 우리도 모두 자신과 자신의 삶을 자신의 최고 걸작품으로 한 가락 한 가락씩 완성해나가야 하지 않겠는가. 그러면서 내리사랑, 치사랑, 짝사랑, 되사랑, 가릴 것 없이 이 무궁무진無窮無盡하게 엄청난 우주의 에너지 열정으로 무지개처럼 신비롭고 아름다운 사랑이라는 배를 타고 코스모스 바다로 노를 저어 보리라. 생명이 있는 것은 반드시 죽는다고 생자필멸生者必滅이라 하고, 아무리 성한 사람도 반드시 쇠할 때가 있다고 성자필쇠盛者必

衰라 하며, 우리가 보통 '태어난다'고 하는 그 생生도, 그 실은 무생無生이라는 뜻으로 생즉무생生卽無生이라고 한다.

'투리토프시스 누트리쿨라turritopsis nutricula'라고 불리는 불로장생不老長生의 생명체가 해양생물학자들의 지대한 관심을 끌어모아 활발한 연구가 진행 중이라고 한다. 모든 생물이 생로병사生老病死를 면치 못하지만 이 해파릿과의 생명체만큼은 늙으면 다시 어린 시절로 돌아가 계속해서 생명을 연장해 간단다. 그야말로 불교에서 말하는 '윤회輪廻'가 이승에서 일어나고 있다는 얘기다. 이 믿기지 않는 신화神話도 동화童話도 아닌 '생물화生物話'의 기적奇蹟 같은, 아니 기적 이상의 자연현상自然現象을 과학자들은 이형분화transdifferentiation의 원리로 설명하는데, 이 현상은 하나의 세포가 또 다른 세포로의 변형을 말한다. 그 한 예로 도마뱀이 꼬리를 잘린 다음에도 그 자리에 다시 꼬리가 생기는 경우다. 그러니 태아胎兒/胎芽 상태에서 성장했다가 다시 태아로 돌아가는 생명의 영생불멸永生不滅이 아닌가. 이 신비로운 생명체는 전 세계 바다에서 발견되고 있다고 한다.

요즘 고령화高齡化 시대로 접어들어 사람이 장수長壽하는 것이 복福인지 화禍인지 모를 지경인데, 인간도 이 해파리처럼 죽지 않고, 늙으면 다시 젊어지고, 영원무궁토록 생명이 반복해서 연장된다고 상상해 보자. 영원히 늙지 않고, 영원히 죽지 않는 삶이 이어진다고 상상해 보면, 그렇다면 청춘의 아름다움도, 삶의 소중함도, 인생의 희노애락喜怒哀樂도 모르지 않겠는가. 양념이나 간이 전혀 안 된 음식을 한도 끝도 없이 먹는다고 상상해 보자. 떨어져 봐야 임이고, 떠나와 봐야 고향이다. 아무리 서로 좋아하는 사람끼리도 한시도 떨어지지 않고 하루 24시간 온몸이 꼭 붙어 있다고 상상해 보자. 그 좋은 섹스도 쉬지 않고 계속해야만 한다면, 더 이상 쾌락이 아니고 고역苦役 같은 중노동重勞動이 되고 말리라. 어둠이 없는 빛을 상상인들 할 수 있으랴. 삶도 사랑도 마찬가지 아니랴. 그렇다면 진정으로 사랑하는 순간만 영원하리.

가슴으로 철학하기

실존주의의 선구자로 불리는 덴마크의 철학자이자 신학자 쇠렌 오뷔에 키르케고르So/ren Aabye Kierkegaard Kierkegaard 1813-1855의 두 가지 사상 '개체성'과 '신앙의 도약'이 떠오른다. 지난해 출간된 평전의 제목이 이채롭다. '가슴의 철학자: 쇠렌 키르케고르의 불안한 삶 Philosopher of the Heart: The Restless Life of So/ren Kierkegaard 2019의 저자 클레어 카라일Clare Carlisle, 1977 - 은 그의 철학을 이렇게 요약한다.

"우리는 우리가 누구인지 그리고 우리 앞날이 미지인데, 이 삶 자체 속에서 우리가 어찌 살아야 할지를 알아내야 한다…마치 달리는 기차에서 내릴 수 없듯이 그 의미를 생각해 보려고 삶에서 뛰어내릴 수 없는 노릇이다. We must work out who we are, and how to live, right in the middle of life itself, with an open future ahead of us,…Just as we cannot step off the train while it is moving, so we cannot step away from life to reflect on its meaning."

'개체성이 진리고 진리가 개체성'이며, '개체성이 종교적인 문제로 의심이 신앙의 요소이고 신의 존재나 구세주의 종교적인 교리에 대해 그 어떠한 객관적인 확실성도 얻지 못하게 한다'고 본 그의 '죽음에 이르는 병(덴마크어로 Sygdommend til Do/den, 영어로는 The Sickness Unto Death, originally published in 1849'에서 '죽음에 이르는 병은 절망이지만 절망을 느낀다는 것은 자신과 신과의 관계를 이해하기 위한 고통이기 때문에 축복'이라고 주장했다.

코스미안뉴스 항간세설 칼럼 '사랑의 원형질原形質 상사병相思病'을 나는 이렇게 끝맺었다. '죽음에 이르는 병'에서 '절망은 병이며, 죽음에 이르는 병에 걸리는 것은 인간뿐이다. 인간은 동물 이상이기 때문에 절망할 수 있는 것이다. 이 병으로부터 치유되는 것이 기독교인의 행복이다'라고 주장했다지만 어쩜 그가 몰라도 한 참 모르는 소리를 한 게 아니었을까. 그가 '상사병'을 앓아보지 못한 까닭 아니었을까. 이 상사병은 '죽음에 이르는 병'이 아니고 '영생에 이르는 약'이 될 수 있어서이다. 그리고 이 쓰도록 달콤한 약藥을 통해 너도 행복하고 나도 행복하며 우리 모두 다 행복할 수 있어서다. 한없이 끝없이 서로 상相, 생각할 사思, 앓을 병病을 앓다 보면 이 '상사병相思病'이 어느 틈에 '상사약相思藥'이 되어 영세무궁토록 행복한 영생불멸永生不滅에 이르게 되리라.

어떻든 키르케고르가 현재 많은 사람들이 앓는 우울증의 성聖스러운 '환자'였었다면 현대인들의 세속적인 우울증 예방 치료 처방전을 하나 소개해 보리라. 특히 남녀 부부 사이에서 특효가 있을 법해서다. 왜냐하면 상대방의 말을 어떻게 새겨듣고 반응하는가가 가장 중요할 테니까. 남자는 여자가 복합적인 두뇌와 신체구조를 갖추고 있다는 사실을 잠시도 잊지 말아야 할 테고, 여자는 남자가 아메바처럼 단세포 동물이란 사실을 항상 명심한다면 가정폭력 같은 일 없이 만사형통하고 만세동락할 수 있을 테니까. 몇 년 전 프랑스 파리 시내 바타클랑 극장에서 벌어진 테러 사건 직후 독일 베를린시에 있는 프랑스 대사관 정문 앞 촛불과 꽃들 사이에 피아노를 한 대 갖다 놓고 한 피아니스트가 존 레논John Lennon 1940-1980의 노래 '상상해 보게Imagine'를 연주했다.

상상해 보게

하늘에 천국도 없고
땅속에 지옥도 없다고
상상 좀 해보게
어렵지 않다네.

하늘 아래 우리 모두
오늘을 산다고.

목숨을 뺏고 바쳐
죽이고 죽을
국가나 종교 또한 없다고
상상 좀 해보게
아주 쉽다네.
세상 모든 사람들이
싸우지 않고
평화롭게 사는 것을.

할 수만 있다면
아무도 아무것도
소유하지 않는다고
상상 좀 해보게
욕심부릴 것도
굶주릴 것도 없이
세상 모든 것을
우리 모두 다 같이
나눠 쓰는 것을.

공상 몽상한다고
그대는 내게 말할지 몰라도
나 혼자만이 아니라네.
언젠가 그대도
우리와 함께 손잡으면
우리 모두 한 가족
하나가 될 것이네.

Imagine

Imagine there's no heaven
It's easy if you try
No hell below us
Above us only sky

Imagine all the people
Livin' for today
Ah

Imagine there's no countries
It isn't hard to do
Nothing to kill or die for
And no religion, too

Imagine all the people
Living life in peace
You

You may say I'm a dreamer
But I'm not the only one
I hope someday you'll join us

And the world will be as one

Imagine no possessions
I wonder if you can
No need for greed or hunger
A brotherhood of man

Imagine all the people
Sharing all the world
You

You may say I'm a dreamer
But I'm not the only one
I hope someday you'll join us
And the world will live as one

　특히 "종교 또한 없다고 And no religion, too"가 더할 수 없이 절실할 뿐이다. 석가와 예수 등 모든 성인, 성자들이 사랑과 자비의 박애주의博愛主義를 몸소 친히 실천궁행實踐躬行으로 보여주었건만 어찌 이들의 이름으로 조직된 종교의 이름으로 인명을 살상하는 천하의 만행을 저지를 수 있단 말인가. 인류 역사 이래 모든 경전에 기록된 성인, 성자들의 가르침이 존 레논의 '상상해 보게Imagine' 이 노래 한 곡에 너무도 단순명쾌하게 요약되어 있지 않은가. 그 이상도 그 이하도 있을 수 없으리라. 그리스의 수학, 천문학, 철학자 탈레스Thales of Miletus c. 624/623-c. 548/545 BC가 하루는 하늘을 너무 열심히 쳐다보며 길을 걷다가 시궁창에 빠지는 것을 본 하녀가 웃음을 터뜨렸다는 일화는 잘 알려져 있다. 철학이란 이런 것이 아닐까. 그래서 철학자들이란 그 해답은 모르지만 의문을 품는 사람들이라고 하는가 보다. 사람이라면 누구나 다 철학자일 수밖에 없다면 나 또한 한두 가지 의심을 해보리라. 결코 그 정답을 알 수 없는 수많은 수수께끼 중에서 내가 어려서부터 지대한 관심을 가져온 사랑과 섹스, 성性의 진실에 대해서 말이어라.

몇 년 전 보도된 한 미혼모의 증언이 있다. "12살이던 2004년 맥시코시市에서 납치당한 후 성매매를 강요당해 아침부터 밤까지 하루 30명씩 4년간 4만 3,200번이나 강간당했다"라고 칼라 하신토(당시 24세)는 CNN에 털어놓았다. 목표를 채우지 못하거나 몸이 좋지 않아 쉬고 싶다고 하면 구타가 잇따랐고, 1년쯤 지나 13살이던 때 한 호텔에서 손님을 받고 있는데 경찰이 호텔을 급습해 손님을 쫓아낸 일이 있었다. 하신토는 자신이 지옥을 탈출할 수 있게 됐다고 생각했다. 그러나 경찰은 그녀에게 음란한 포즈를 취하게 하며 이를 비디오로 촬영했다. 미성년자인 그녀가 구해달라며 울고불고 매달려 봤지만 아무 소용이 없었다. 15살이던 2007년에는 뚜쟁이와의 사이에서 딸도 한 명 낳았으나 뚜쟁이는 딸마저도 그녀를 옥죄기 위한 수단으로 이용했다. 하신토는 2008년 멕시코 경찰의 인신매매 일소 작전으로 4년에 걸친 성매매의 악몽에서 벗어날 수 있었다.

그녀는 그 후로 성매매 일소를 위한 싸움에 앞장서고 있다. 그녀는 미 하원 외교위원회 세계인권소위원회에서 인신매매의 피해에 대해 증언했고, 그녀의 증언은 성범죄자들의 신상정보를 공유하도록 하는 하원 결의안 통과에 도움이 됐다. 이것이 한 소녀의 수난기라면 중세 유럽의 성가대 소년들은 소프라노 음성을 유지하기 위해 변성기 전에 거세를 당했고, 노래를 잘 할 수 없게 되면 남창 노릇 밖에 다른 생활수단이 남아 있지 않았다고 한다. 12세기 십자군전쟁 당시 한번 출전에 목숨을 걸어야 했던 십자군 기사들은 나 이외 모든 놈이 내 여자에게 접근을 못 하도록 하겠다는 지극히 단순 무식한 욕망에서 내가 죽으면 너도 죽어야 한다는 의미로 자신의 아내나 여인에게 정조대를 채우는 것이 대유행이었다고 한다.

오늘날에도 아프카니스탄, 인도, 파키스탄 등 지역에서는 딸이든 누이든 아내든 엄마든 여자가 자유연애를 하거나 강간을 당하면 그 피해자에 대해 남자 가족들이 '명예살인'을 자행하고 있다. 아프리카와 중동지역에서는 어린 아동들까지 지하드Jihad라 불리는 '성전'이나 부족 간 전투에 동원해 전사나 '자살 폭탄 테러리스트'로 희생시키고 있다.

이처럼 여호와니 알라니 신神의 이름을 빙자憑藉한 살육지변殺戮之變과 사랑이란 미명美名하에 성차별과 성폭력이 시대와 장소를 가리지 않고 저질러지고 있다. 어디 그뿐인가. 공산주의다, 자본주의다, 사회주의다, 하는 인위적인 이념에 세뇌되고 중독되어 진정한 사랑과 인성人性을 상실해가고 있지 않나. '이모지emoji'란 알파벳이 아닌 그림 문자를 처음으로 '2015년의 옥스퍼드 단어'로 옥스퍼드 사전이 선정했다. 이 '이모지'란 '기쁨의 눈물을 흘리는 얼굴face with tears of joy' 이미지로 노란 원 안에 다양한 표정을 넣은 이모지의 종류는 1,000개가 넘지만 옥스퍼드 사전에는 '기쁨의 눈물을 흘리는 얼굴'만 등재됐다. 옥스퍼드 사전은 매년 영어에 가장 큰 변화를 가져오거나 트렌드가 된 단어를 선정하고 있다.

싱어송라이터 루시아(본명 심규선)의 정규 2집 '라이트 & 셰이드Light & Shade 챕터 2'는 아픔을 다스리는 '음악 위로'의 절정을 선사한다는 평이다. 특히 '아플래'는 수많은 짝사랑의 노래로 '모든 실연녀失戀女의 여신女神'으로 거듭난 그녀의 장기인 웅장하면서 서정적인 선율이 일품이란다. 타이틀곡 '너의 존재 위에'는 인생이라는 기나긴 여행 속에서 우리가 진정으로 찾아 나서야 하는 것은 돈도 명예도 아닌 바로 자기 자신이라는 깨달음으로 스스로 완성된 노래라고 한다. 울다가 웃다가 아니면 웃다가 울다가 하는 게 인생이라면 웃음과 눈물이야말로 삶의 빛과 그림자라 할 수 있지 않나. 태어나는 것이 낮이라면 죽는다는 것은 밤이 아니겠는가. 산다는 게 사랑하는 거라면 사랑하면 할수록 슬퍼지지 않던가. 너무너무 기쁘다 못해 눈물이, 너무너무 슬프다 못해 웃음이 나지 않는가. 해도 해도 더할 수 없어 가슴이 아리고 저리도록 아프기만 할 뿐이다. 태어나서, 사랑할 수 있어, 한없이 기쁘지만, 동시에 또한 한없이 슬픈 일이 아닐 수 없다. 조만간 언젠가는 헤어질 수밖에 없다는 너무도 냉엄冷嚴한 자연의 이치理致가 말이어라.

그러니 아프니까 사랑이고, 슬프니까 사랑이리라.

인간은 언제나 '여행 중'이라서
다 좋다

요즘 미국 전역에서 흑인 청년들이 잇달아 총격에 사망하는 사건이 발생해 공분을 사고 있다. 조지아주㉦의 브란스윅 교외에서 25살 흑인 청년 야마우드 아버리Ahmaud Arbery가 조깅을 하던 중 백인 남성 그레고리 맥마이클Gregory McMichael, 64세과 그의 아들 트래비스 맥마이클Travis McMichael, 34세이 쏜 총에 맞아 숨진 사건을 비롯해 '백인들의 사냥감이 된 흑인'이란 제하의 보도들이 이어지고 있다.

2016년 미국 민주당 대선 후보 힐러리 클린턴은 "대통령에 당선되면 UFO와 관련된 진실을 국민에게 알리겠다. 로스웰의 51구역에도 진상조사팀을 보낼 수 있을 것"이라고 공약까지 했었다. 1947년 7월 미국 뉴멕시코주㉦ 로스웰Roswell에서 벌어진 일을 로스웰 사건이라 부르는데, 그때 거기서 실제로 어떤 일이 있었는지, 있다면 그 증거를 믿을 수 있는지 아직까지도 논란이 계속되고 있다. 미군은 비밀리에 띄운 실험용 기구가 추락한 것이라고 주장하지만, UFO 추종자들은 외계 생명의 우주선이 추락한 것을 미국 정부가 은폐하고 있다고 생각한다. 이 로스웰 사건은 잘 알려진 사건들 가운데 하나일 뿐이다.

로스웰 사건과 관련해 2010년에 나온 책 '외계인 인터뷰Alien Interview가 있다. 저자 로렌스 알 스펜서Lawrence R. Spencer가 로스웰 사건 때 간호사로서 생존 외계인과 텔레파시telepathy로 인터뷰했다는 마틸다 맥켈로이Matilda MacElroy라는 여성의 메모를 60년 만에 묶어냈다는 책이다. 이 책에서 로스웰 외계인은 생체구조가 없는 순수한 영적 존재로서 묘사되었고, 생존 외계인의 전언으로 그들 종족 일부가 인체에 오래전부터 인간과 공존해 온 것으로 되어있다. 1997년 개봉된 미국 공상과학 SF영화 '검은옷 입은 남자들 Men in Black'의 흥미로운 설정 중 하나는 지구인 상당수가 사실은 외계인으로 앨버트 아인슈타인Albert Einstein 1879-1955, 빌 게이츠Bill Gates, 1955 -, 엘비스 프레슬리Elvis Presley 1935-1977, 마이클 조던Michael Jordan. 1963 - 등 특출난 인물들이고, 이들 외계인이 오래전부터 지구인과 공존하면서 문명의 발달을 주도해왔다는 것이다.

2005년엔 사건 당시 로스웰 기지 제51구역Area 51 공보 장교로 사건을 담당했던 월터 하우트Walter Haut 1922-2005 가 유언을 통해 의혹이 모두 사실이라고 폭로하는 등 꽤 신빙성 있는 증언이 잇따르면서 이 로스웰 사건은 다시 세상의 이목을 끌었다. 제51구역은 미국 네바다주州에 위치한 군사 작전 지역으로, 일반인의 출입이 통제되어 있다. 정식 명칭은 그룸 레이크Groom Lake 공군기지로, 위도 51도에 위치하고 있어 통상 '제51구역'이라 불리고 있다. 1955년 정찰기인 U-2기를 최초로 네바다주州에 보내면서 설치된 곳으로, 이후 신무기의 개발 및 시험을 위한 철저한 비밀 기지로 건설되었다. 그동안 미 정부는 해당 기지에 대해 전혀 언급조차 하지 않다가, 2013년 6월 미국중앙정보국CIA의 355페이지짜리 기밀문서가 공개되면서 해당 지역의 실체를 인정하게 되었다.

이 비밀 기지가 특히 화제를 모은 이유는 이곳에서 UFO를 봤다는 제보가 많다 보니, 외계인 연구, 비밀 신무기 연구 등을 위해 설치했다는 주장이 제기되어 왔기 때문이다. 추락한 UFO 의 잔해가 이곳으로 옮겨져 연구되고 있다는 설과, 로스웰 사건과 관계되고 있다는 설과, '그레이 외계인 Grey aliens'이라고 불리는 외계인들이 있다는 설 등, 갖가지 추측이 난무하여 UFO 마니아들로부터 큰 관심을 끌고 있다. 사실 여부를 떠나 로스웰 사건은 지금도 '살아있는 신화'로 남아 '검은 옷을 입은 남자들 Men in Black' 외에도 '스타워즈 Star Wars'와 '인터스텔라 Interstellar' 등 수많은 SF영화의 기폭제가 되어왔다. 동의어의 쓸데없는 반복을 영어로 '토탈로지 tautology'라 하는데 지구인과 외계인을 구별한다는 것부터가 토탈로지의 중언부언이라고 해야 하지 않을까. 지구인이든 화성인이든 금성인이든 모두가 우주에서 생긴 존재들이라면 모두 다 대우주 macrocosm에서 온 '외계인外界人'인 동시에 소우주 microcosm의 어느 별에 '내계인內界人'으로서 잠시 머물다 떠나가는 '코스미안 Cosmian'이리라.

"내가 가져갈 수 있는 건 사랑의 추억뿐"이라고 병들어 죽어가면서 남긴 스티브 잡스 Steve Jobs 1955-2011가 남긴 말처럼, 우리가 소유할 수 있는 건 아무것도 없다. 태어나서 죽는 날까지 인간은 언제나 여행 중이란 사실을 상기시켜 주는 독일의 뉴저먼 시네마를 대표하는 빔 벤더스 Wim Wenders, 1945의 1984년 개봉된 영화 '파리, 텍사스 Paris, Texas'에서 강신주 대중철학자는 다음과 같은 메시지를 뽑아낸다. "어쩌면 사랑이란 소유의 욕망에서부터 출발해, 그것을 누르고 상대방을 자유롭게 놓아두어야 한다는 각성 즈음에서 완성되는 것일지도 모르겠다. 그러니까 소유하고 싶지만 상대방을 위해 소유욕을 억누를 때, 그래서 마침내 두 사람이 자유롭게 만날 때, 사랑은 그 정점에 이르게 된다는 것이다."

세월호에서 볼 수 있듯이 '평형수'가 선박의 무게 중심을 잡아 주는 물이라는데 우리가 이 '생명수' 대신 화물을 과적하여 어찌 소중한 '생명수' 300여 명의 목숨을 잃어야 했단 말인가. 얼마 전 우리 은하계 밖 외부 은하들에서 초거대 항성 5개가 발견됐다고 한다. AP통신 등에 따르면 루바브 칸 Rubab Khan 미 항공우주국 NASA 고다드 우주비행센터 Goddaard Space Flight

Center연구원JWST Fellow은 2016년 1월 6일 미국 천문학회 연례 회의에서 "다섯 개의 쌍둥이 에타별들을 발견했다"고 발표했다. '에타별'이란 우리 은하계 용골龍骨자리에 있는 '에타 카리나에'란 별을 일컫는 것으로, 두 별이 하나의 별처럼 보이는 쌍성이다. 태양보다 500만 배 밝은 에타별은 1840년대에 밝혀지지 않은 원인으로 한 차례 폭발한 이후 10여 차례 이상에 걸쳐 우주로 물질을 내뿜고 있다고 한다. 연구진이 발견한 에타별과 똑 닮은 다섯별들은 1천 500만 광년 떨어진 은하 M83에서 2개, 1천 800만~2천 600만 광년 떨어진 은하 6946-M101-M51에서 각각 1개씩 발견된 것이란다.

확인 작업에는 허블 우주망원경과 NASA 스피처 우주망원경이 동원됐다고 한다. 칸 연구원은 "(은하계에서) 초거대 항성은 드물지만, 언제나 자신들이 속한 은하계의 화학 물리적 진화에 큰 영향을 끼친다"며 이번 발견으로 초거대 항성 진화의 비밀도 밝혀낼 수 있을 것으로 기대했다. 아, 이 은하계와 별들을 천문학적으로 압축 축소한 것이 소천지로서 인간세계와 인간이라면 우리도 모름지기 우리 자신들이 속한 세상의 진화에 큰 영향을 끼칠 수 있도록 우리 소우주로 우리의 화학적 그리고 물리적 물질의 본질인 사랑을 내뿜어야 하리라. 그 방법과 방식이 옛날에는 마치 중세시대 유럽에서 여성에게 정조대를 채우듯이, 극히 제한적이고 구속적이며 폐쇄적으로, 황제나 임금 또는 귀족과 양반들이 거의 독점한 전유물이었다면, 오늘날에 와서는 많이 민주화되어 개방되지 않았는가. 우리 주위를 좀 둘러보면 전에는 상상조차 할 수 없던 일들이 벌어지고 있지 않은가. 금기시되었던 동성 간의 결혼이 공공연히 합법화되는가 하면 동족이나 같은 인종끼리만 하던 결혼이 국적과 인종을 초월하고, 혼전 동거도 이젠 다반사가 되었으며, 성 풍속도 괄목상대할 만큼 다양해지지 않았는가.

1960년대와 1970년대만 해도 서구사회에서 유행하던 배우자 교환 성행위와 혼음이 한물 간 듯싶더니 창궐하는 포르노 산업이 종전의 상투적인 남녀 간에 성행위 장면으로 수많은 시청자의 관심과 흥미를 더이상 끌 수 없다고 판단했는지 요즘에는 사람과 동물 사이에 맺어지는 수간獸姦 포르노까지 등장해 포르노시장을 공략하고 있는 것 같다. 2016년 개봉된 영화 '그날의 분위기' (감독 조규장) 언론 시사회에서 문채원이 "분위기가 심하게 좋으면 하룻밤 사랑도 가능할 것 같다"는 답변을 내놔 눈길을 모았다고 한다. '그날의 분위기는 부산행 KTX 옆자리에서 만난 철벽녀와 맹공남의 밀당 로맨스를 그린 작품이라는데 50여 년 전 내 청춘 시절을 뒤돌아보면 격세지감을 느끼지 않을 수 없다. 그 당시 취중 하룻밤 사랑에 대한 보수적인 소유욕 아니 책임감에서 '원나잇 one-night'으로 끝내지 못하고 결혼까지 해서 20년 동안 시행착오의 마음고생을 한 일이나, 일본에 출장 중 만난 일본 아가씨와 가능하고도 남았을 하룻밤 사랑을 지금 와서 생각해 보면 너무도 고리타분한 도덕관이랄까 윤리의식에서 사양했었던 일 등이 몹시 유감스러울 뿐이다.

하지만 다시 한번 돌이켜 보면 그때그때 항상 나의 최선을 다했었다는 사실에 후회 없이 만족할 수 있고, 그런대로 아쉬움과 미련이 있기에 그리움이 남아있어 다 좋았다고. 그래서 한없이 감사할 일이라고 해야할 것 같다.

우주의 본질은 사랑이어라

 2015년 말 일본군 위안부 문제에 대한 한일 양국 간 합의에 '최종적이며 비가역적인 해결'이란 단서에 사용된 이 '비가역'이란 단어의 사전적 의미는 '변화를 일으킨 물질이 본디의 상태로 돌아갈 수 없는 일'로 되돌릴 수 없다는 뜻이다.

 2016년 1월 8일 아돌프 히틀러Adolf Hitler1889-1945의 저서 '나의 투쟁Mein Kampf, 1925'이 절판 70년 만에 재출간됐다. 이 책은 1925년 36세의 히틀러가 뮌헨 폭동으로 투옥됐던 당시 나치즘의 사상적 토대를 정리한 자서전이다. 그간의 출간 금지는 반성할 줄 모르는 일본과는 달리 뉘우칠 줄 아는 독일 양심의 상징처럼 묘사돼 왔는데, 이 악명 높은 책이 다시 나오게 되자 세계 언론에선 나치즘을 제대로 비판하기 위한 조치라고 합리화하며 미화했다. 일본군이 우리 윤동주를 비롯해 수많은 한국인과 중국인을 생체실험했다지만 독일도 1904년 식민지인 아프리카 나미비아에서 땅을 뺏기 위해 헤레로족Herero people과 나마족Nama people 수만 명을 무참히 살해하고, 생존자 2,000여 명을 강제수용소에 처넣고는 생체실험을 한 후 시체는 연구용으로 썼다지 않나.

그런데도 독일은 거듭되는 나미비아Namibia 정부의 사과 요구에도 100년이 지난 2004년에야 학살 사실을 인정했지만 그것도 총리가 아닌 경제개발 장관이 연설을 통해 한마디 한 게 전부고, 경제적 배상은 계속 거부하고 있다. 그런데 독일은 왜 유대인에게만 고개를 숙이나. 말할 것도 없이 미국 내 유대인의 영향력은 크고 강하지만 나미비아인은 미약하고 무시할 만하기 때문일 것이다. 이와 같은 불편한 진실은 국제사회 인간세계에서뿐만 아니라 자연계에서도 항상 통용되고 있는 약육강식과 적자생존의 자연법칙이 아닌가. 우리가 가축을 사육해서 잡아먹고, 의료약품이나 미용에 필요한 화장품 개발을 위해 동물 생체실험을 하고있는 것이 다 그런 것이 아닌가. 어디 그뿐인가. 물질문명의 개발로 자연생태계를 파괴하면서 기후변화를 초래해 지상 모든 생물의 멸종 현상을 재촉해오지 않았는가. 어쩜 현재 창궐하고 있는 코로나19 범유행 역병이 급기야 자연의 자가치유의 자정 능력이 발휘되고 있는 것인지 모를 일이다. 그렇다면 뭣보다 인간이 먼저 멸종되어야만 한단 말인가?

그 해답의 열쇠는 우리 자신에게 주어진 게 아닐까. 그야말로 반신반수半神半獸라 할 수 있는 인간이 '불가역적' 짐승으로 전락해버릴 것인가 아니면 '가역적'으로 신격으로 우리 인격을 높여볼 것인가 하는 선택지가 있지 않은가. 영어로 개를 'dog'이라 하지만 이 단어를 거꾸로 보면 신神 'god'이 되듯이 말이다. 실존과 당위를 뜻하는 말로, 독일어로는 '자인sein'과 '졸렌sollen'이 있고, 영어로는 '투 비to be'와 '옷트 투 비ought to be'란 기본 동사가 있는데, 주어진 본능대로만 살아야 하는 짐승의 삶이 전자라면 본능을 사랑으로 승화시켜야 하는 인간의 삶은 후자이리라. 우리 냉철히 한 번 깊이 생각 좀 해보자. 우선 가역, 불가역 할 때 '역逆'이란 한자 거스를 '逆'을 바꿀 '易'으로 대치해서 생각해 보도록 하자. 동물처럼 바꿀 수 없는 불가역不可易의 삶을 살지 않고, 창조적 가역可易의 자유라는 엄청난 특전을 받은 우리 인간이라면, 이보다 더한 축복이 있을 수 있을까. 이야말로 인간에게 부여된 권리이자 의무가 아니겠는가. 이렇게 선택받은 인간으로서의 우리 실존 'What We Are'가 조물주가 우리 인간에게 준 선물이라면, 우리의 당위 'What We Become'은 우리가 우리의 조물주에게 바치는 우리의 선물이 돼야 하리라.

몇 년 전 미국 CBS 방송은 당시 49세의 구글의 컴퓨터 엔지니어 토드 화이트허스트Todd Whitehurst 씨가 매사추세츠주州 케이프 코드Cape Cod에서 자신의 정자 기증으로 태어난 생면 부지 8명의 자녀들과 처음으로 한자리에 모여 만난 이야기를 전했다. 그는 자녀들을 번갈아 껴안은 후 매우 경이로운 순간이라며 "비록 내가 현재 이 아이들의 (법적이고 사회적인) 아버지는 아니지만 나 역시 앞으로 이 아이들의 삶에 대해 책임감을 느낀다"고 말했다. 그는 1998년 스탠퍼드대학 대학원 재학 시절 '젊은 남성의 정자를 구한다'는 교내 광고를 접한 뒤 정자 기증을 결심했다. 젊은 백인이자 명문대 재학 중인 학생의 정자는 특히 인기가 높았기에 그는 4년간 같은 클리닉을 통해 약 400회 정도 정자를 기증했다. 정자기증은 철저히 익명으로 실시됐으며 그에게는 기증자 아이디ID가 주어졌다. 정자를 제공받는 여성 역시 기증자의 나이나 인종, 출생지 등 기본적인 정보만 제공 받았다. 화이트허스트와 8명 자녀들의 만남은 그의 자녀 중 한 명인 사라Sarah, 당시 20세가 '정자기증 출생 형제자매 찾기The Donor Sibling Registry'를 통해 생물적인 아버지와 형제들을 찾으면서 추진되었다.

이 뉴스를 접하면서 나도 그럴 수 있었더라면 얼마나 좋았을까! 소년시절부터 자위행위로 허무하고 헛되게 내쳐버린 수많은 내 정자들! 심히 후회스럽고 안타깝게 아쉽지만, 다시 좀 생각해 보니, 꼭 그렇지만도 아닐 것 같다. 내 생리적인 씨 못지않게, 아니 어쩌면 더 중요한 게 내 정신적 또는 내 영적靈的인 씨라면, 지난 80여 년간 살아오는 동안 사랑으로 내 쉰 숨 하나하나, 내뱉은 말 한마디 한마디, 내디딘 한 걸음 한 걸음, 써 재낀 글 한 줄 한줄, 내 언행 하나하나가 모두 다 내가 뿌린 씨들이 아닌가. 좋은 씨도 나쁜 씨도, 잘 뿌린 씨도 잘못 뿌린 씨도, 비옥한 땅에 아니면 가시덤불 또는 모래밭이나 자갈밭에 떨어진 씨도 있었겠지만, 얼마만큼이라도 열매를 맺게 된다면 그 열매를 내가 직접 거두게 되든 아니든 더할 수 없이 다행스럽고 감사할 일이다. 어떻든 사랑의 씨를 뿌리면 사랑의 열매가 맺힐 테고, 많이 뿌릴수록 수확도 커지리라. 따라서 생리적이든 아니든, 성적性的이든 아니든, 우리 모두 '사랑의 대자녀godson/daughter of love' 그리고 '사랑의 대부모godfather/mother of love'가 되어보리.

2013년 개봉된 미국 영화 '월터 미티의 상상은 현실이 된다The Secret Life of Walter Mitty'에 나오는 노래 '스페이스 오디티Space Oddity'와 1986년 개봉된 영화 '미숀The Mission'에 수록된 '스타맨Starman'을 '글램 록Glam rock의 전설 데이비드 보위David Bowie 1947-2016가 불렀다. "수천 마일 떨어져 있는 사물들, 벽 넘어, 그리고 방안에 숨겨져 있는 사물들, 접근하기 위험한 사물들을 보고 놀라워하기… 이것이 바로 우리가 살아가는 삶의 목적이다. To see things thousands of miles away, things hidden behind walls and within rooms, things dangerous to come to…to draw closer…to see and be amazed…"

이 문구는 '월터 미티의 상상은 현실이 된다' 속 배경이 된 미국의 유명 잡지 라이프LIFE의 모토다. 월터 미티는 라이프 잡지에서 필름을 관리하는, 마흔이 넘도록 결혼은커녕 여자 친구도 없지만 다른 부서에서 일하는 셰릴을 짝사랑하는 남자이다. 도무지 용기를 내지 못하는 그는 상상으로만 그녀에게 다가간다. 평생을 살면서 뭔가를 제대로 해본 적도 없고 어딘가를 가본 적도 없이 상상만 해오던 그에게 늘 그와 같이 작업하던 사진작가로부터 필름이 배달된다. 라이프는 오프라인 잡지를 폐간하고 온라인 회사로 거듭나기 위해 구조조정에 들어가고, 경영진은 전설의 사진작가 숀 오코넬의 사진으로 마지막 호의 표지 사진을 장식하기로 결정한다. 그러나 숀이 필름 가운데 삶의 정수를 담고 있다는 필름은 어디에도 없다. 월터는 그 필름을 얻기 위해 숀을 찾아 나선다. 개봉 당시 이 영화의 홍보문구 '꿈꾸기를 멈추고 살기 시작하라Stop Dreaming, Start Living'가 이 영화가 주는 가장 중요한 메시지가 아닐까. 상상이 현실이 되게 하려면 행동의 삶 곧 모험을 감행하라는 뜻이리라.

아일랜드의 시인이자 철학자인 존 오도노휴John O'Donohue 1956-2008의 2004년에 나온 책 '아름다움: 모든 걸 품는다Beauty: The Invisible Embrace'에 '아름다움을 축복함A Blessing for Beauty'이란 기도문이 있다.

아름다움을 축복함

네 자연의 신성을 네가 볼 수 있도록,
네 삶의 아름다움이 네게 잘 보이기를.

지상의 모든 경이로움이
네 모든 작은 비밀의 감옥으로부터
너를 불러내 가능성의 초원으로 인도하기를

하루가 얼마나 큰 기적인지 볼 수 있도록
동트는 새벽빛이 네 눈을 뜨게 해주기를

황혼의 저녁 기도가
네 모든 두려움과 어둠을
편안함으로 감싸주기를

어려움을 겪을 때면
기억의 천사가 지난날의 수확을
뜻밖의 선물로 갖고 널 찾아주길

네 가슴 속 희망의 촛불을
어떤 검은 구름이 꺼버리지 않기를

너 자신에게 너그럽고
네 삶을 하나의 큰 모험으로 여기기를

외부의 공포와 절망의 소리가
네 안에 메아리치지 않기를

절실한 네 정신의 지혜를
네가 언제나 따를 수 있기를

네가 한 모든 선행과 사랑 그리고
네가 겪은 모든 고통이 깨우침으로
네 삶을 천만 배로 축복해주기를

그리고 사랑이 네 문을 두드리거든
온 세상이 새벽을 반기듯
네가 그 찬란한 빛을 받아들이기를

네 영혼에 닿는 신의 입김을 느끼면서
너를 영원토록 빚고 지켜주며 부르는 네 영원성의 기쁨을
네가 고요와 정적 속에서 찾을 수 있기를

혼란과 걱정과 공허함이 있다 해도
네 이름이 하늘에 적혀 있음을 알기를

네 삶이 네가 조용히 바치는 성찬으로
네 주위로 베풀어져 의심이 경외심으로
거북함과 긴장됨이 우아함과 고상함으로
좌절된 희망이 날개를 달고 고뇌가 마침내
평안의 경지에 도달할 수 있기를

신성한 아름다움이 너를 축복해주리

A Blessing for Beauty

May the beauty of your life become more visible to you,
that you may glimpse your wild divinity.

May the wonders of the earth call you forth from all your small, secret prisons and set your feet free in the pastures of possibilities.

May the light of dawn anoint your eyes
that you may behold what a miracle a day is.

May the liturgy of twilight shelter all your fears
and darkness within the circle of ease.

May the angel of memory surprise you in bleak
times with new gifts from the harvest of your vanished days.

May you allow no dark hand quench
the candle of hope in your heart.

May you discover a new generosity towards yourself,
and encourage yourself to engage your life as a great adventure.

May the outside voices of fear
and despair find no echo in you.

May you always trust the urgency
and wisdom of your own spirit.

May the shelter and nourishment of all
the good you have done, the love you have shown,

the suffering you have carried, awaken around
you to bless your life a thousand times.

And when love finds the path to
your door may you open like the earth to the dawn,
and trust your every hidden color
towards its nourishment of light.

May you find enough stillness
and silence to savor the kiss of
God on your soul and delight in the eternity
that shaped you, that holds you and calls you.

And may you know that despite confusion,
anxiety and emptiness, your name is written in Heaven.

And may you come to see your life
as a quiet sacrament of service, which
awakens around you a rhythm where doubt
gives way to the grace of wonder,
where what is awkward and strained can find
elegance, and where crippled hope can find wings,
and torment enter at last unto the grace of serenity.

May Divine Beauty bless you.

아름다움이란 어떤 것인지 우리 생각 좀 해보리라.

아름다움이란 어린아이의 천진난만함이요.
아름다움이란 꾸밈 없이 자연스러움이요.
아름다움이란 억지 없는 순조로움이요.

> 아름다움이란 오해 없는 이해심이요.
> 아름다움이란 조건 없는 베풂이요.
> 아름다움이란 악의 없는 선심이요.
> 아름다움이란 거짓 없는 진심이요.

이상의 일곱 마디를 한 마디로 줄인다면 진眞 선善 미美는 셋이 아니라 같은 하나이며 셋 중에 그 으뜸은 미美인데, 미美는 모든 것의 아름다움이리라. 여성미, 남성미, 인간미, 자연미, 나체미, 의상미, 조형미, 통속미, 풍속미, 미숙미, 성숙미, 열정미, 노련미, 내성미, 외향미, 정물미, 동작미, 반전미反轉美, 역전승패미逆轉勝敗의 미美 등 부지기수이다.

> 영원 속에 찰나 같은 순간,
> 우주 속에 티끌 같은 세상,
> 우리 모두의 덧없는 인생,
>
> 모든 게 더할 수 없이
> 한없이 가슴 아프고
> 저리게 슬프도록
> 아름다움이어라.

김소월의 시 '못 잊어'의 셋째 구절

> "그러나 또 한긋 이렇지요,
> 그리워 살뜰히 못 잊는데,
> 어쩌면 생각이 떠나지요?"

이 시의 첫구 '그러나 또 한긋 이렇지요'를 빌려서 아름다움이란 보는 사람 눈 속에 있다 Beauty is in the eye of beholder는 서양 속담처럼 '사랑이란 색안경'을 쓰고 보면 다 이뻐 보이지 않던가. 그렇다면 사랑은 어디에서 생기는 것일까. 2016년 미국에서 출간된 과학서적 '치유: 육체를 지배하는 정신과학 탐구A Journey Into the Science of Mind Over Body'의 저명한 영국의 언론인으로서 과학서적 저술가인 저자 조 마천트Jo Marchant, 1973는 서론에서 기존 서구의학계의 상반되는 대표적인 두 가지 이론을 대치시켜 독자의 주의를 환기시킨다. 한쪽에는 육체가 기계와 같아 질병 치유에 사상이나 신앙이나 감정이 개입할 여지가 별로 없다는 것이고, 다른 쪽에는 모든 비과학적이고 미신적이며 통속적인 재래식 대체 민간요법 등을 열거한다. 그러고 나서 유전학과 의료미생물학 박사학위 소지자인 저자는 최근에 와서 서양 의학계에서도 인정하게 된 '플라시보 효과placebo effect'를 예로 든다.

마취도 하지 않은 '모의 외과수술fake surgery'이 시술되는가 하면, 아무런 약 성분이 들어있지 않은 가짜 약도 그 알약의 크기가 작은 거보다 큰 게 더 효력이 있고, 먹는 약이 진짜가 아닌 플라시보임을 환자가 알고 있을 때에도 그 효력이 발생하며, 심지어는 플라시보가 단순히 환자의 주관적인 심리상태를 반영해 주지 않고 인체 내 면역체계immune system에 영향을 주고 있음이 여러 실험을 통해 과학적으로 입증되고 있다. 이것이 돌팔이 사기극이나 희망 사항 또는 모든 게 생각 나름이 아니라는 것이다. 어느 약품의 효과와 같이 구체적인 물리적 효과라고 플라시보 효과의 생물학적 근거를 저자는 설명한다. 우리가 복용하는 어떤 알약이든 약이라기보다는 이 알약을 삼키면 내 병이 나을 거라는 하나의 믿음만으로도 우리가 실제로 약을 먹었을 때처럼 우리 몸속에서 자연적으로 엔도르핀endorphins이나 도파민dopamine 같은 화학성분 물질이 분출된다는 얘기다. 이렇게 플라시보 효과를 검토한 후, 저자는 사람들이 느끼는 만성 피로감이나 소화 기능장애나, 신체적인 고통 등을 어떻게 정신적으로 극복할 수 있는지를 최면 혹은 인지행위요법, 의식 요법, 심리 요법, 아니면 가상현실 등 여러 분야의 연구조사 리서치를 통해 다루고 있다.

결론적으로 내가 이 책 내용을 한마디로 요약하자면, 몸 상태가 좋다 안 좋다의 차이는 내가 어디에다 신경을 쓰고 정신을 어디에 다 쏟느냐, 몸이 아니라 맘이라는 것이고, 아픈 사람에겐 사랑 이상의 약이 없다는 거다. 그렇다면 앞에 제기한 물음 '사랑은 어디에서 생기는 것일까'로 돌아가 보리라. 사랑은 몸에서 생기는 것일까. 아니면 맘에서 생기는 것일까. 맘과 정신은 같은 것일까 다른 것일까. 영혼이 맘과 정신과 같은 것일까 다른 것일까. 영혼이 있다면 몸 안에 아니면 몸 밖에 어디에 존재하는 것일까. 영혼이 몸 안에 존재한다면 몸 어디에 깃들어 있을까. 고대 이집트인들은 영혼이 가슴 심장 속에 있는 것으로 믿었고, 중세 유럽에서는 머릿속에 있다고 생각해 영혼을 찾겠다고 두뇌를 절개하기도 했다. 심장이식 수술까지 하게 된 오늘날에 와선 '세포기억설Cellular Memory'이란 것도 있는데, 장기 세포에도 기억 능력이 있어 이식 수술 시 기증자의 개성적인 특성이 따라간다는 이론이다. 세포 기억설의 창시자 게리 슈워츠Gary Schwartz, 1944 - 박사는 지난 20여 년간 70여 건의 사례를 기록해 놓았다.

이탈리아의 신경외과 전문의 세르조 카나베로Sergio Canavero, 1964 - 는 미국의 신경 과학회 콘퍼런스에 참석해 사람의 머리를 다른 사람의 몸에 이식하는 계획을 소개하기도 했다. 이렇게 머리 이식수술이 머지않아 현실화된다면 그야말로 몸과 머리가 뒤바뀌는 전설이나 신화 같은 일이 벌어지는 것이다. 2014년 12월에 출간된 나의 역서로 독일 작가 토마스 만Thomas Mann 1875-1955의 중편소설 '뒤바뀐 몸과 머리The Transposed Heads, 1940'에서처럼 말이다. 몸과 맘과 정신과 영혼이 같은 것이든 아니든, 어떻든 인간 그리고 더 나아가 우주의 본질은 사랑임이 틀림없어라.

반쪽이 아닌 온쪽이다

다음은 1990년 12월 6일지 뉴욕타임스지에 중국 우한Wuhan이란 곳에서 니콜라스 크리스토프Nicholas Kristof란 기자가 보낸 기사를 내가 좀 간추려 본 것이다.

키안 리쿤Quian Likun은 모범적인 대학생으로 짧은 치마를 입은 여학생에게 한눈을 팔거나 하는 일 없이 열심히 공부도 잘하고 달리기 경주에도 나간다. 다만 키안 씨는 다른 일반 대학생들보다 다섯 배나 나이가 많은 백 하고도 두 살이다. 키안 씨가 다니는 노인대학교는 중국 양자강을 끼고 있는 주요 도시 우한에 있는데 학생 수가 8천이다. 5년 전에 설립된 이 학교는 지난 8년 동안에 중국에서 생긴 8백여 노인대학 중의 하나이다.

중국에는 전통적으로 경로사상이 있어서인지 아직은 후진국인데도 노인들을 위한 국가적인 배려와 시책이 놀랍고 인상적이다. 의지할 자녀가 없는 노인들을 위해서는 그들이 살 '노인의 집'이 마련되어 있고 부락이나 도시마다 은퇴한 시민들의 건강과 오락 및 교육을 위한 각종 프로그램이 있다. "노인들이 스스로를 도와 가족이나 사회에 덜 의존하도록 돕고 나아가서는 그들이 더욱 사회에 공헌하며 노년을 즐길 수 있도록 노력하고 있다"고 우한대학교 부총장인 루 지안예Lu Jianye씨는 말한다. 이 대학교에서는 미술, 디스코 춤, 서예, 브리지 카드놀이, 요리, 영어, 문학, 노인의 건강 등 123과목을 가르치는데 한 학기 학비가 미화로 5달러도 안 된다. 이 우한에 사는 사람들은 대부분 글을 읽고 쓸 줄 알지만, 학교를 못 다녀 문맹인 할머니들을 위해 글 가르쳐 주는 곳이 곳곳에 있다.

11억이 되는 중국 인구 가운데 은퇴 나이인 남자의 경우 60세 여자는 55세 이상의 노인 인구는 1억 1천 5백만 명에 달하고, 베이비붐 세대가 장성하고 가족계획으로 신생아의 수가 줄어듦에 따라 전체 인구 가운데 노인 인구 비율이 앞으로는 더욱 높아질 전망이다. 대부분의 중국 노인들은 자식들과 같이 살면서 손자 손녀들을 보살펴 주어야 하므로 애들 부모가 일 나가고 애들이 학교에 가 있는 시간에 노인대학교 수업을 받는다. 게다가 거동이 불편한 노인들을 위해 시내 각 주택가에 13개의 분교가 있다. 그리고 학교 운영은 주로 시정부 예산으로 하며 교수진은 근처 정규대학 교수들이 적은 보수로 봉사하고 있다.

"교과 수준은 물론 정규대학보다 낮고 또 깊이 들어가지도 않으나 노인 학생들은 다양한 경험이 있고 학구열이 높은 까닭에 정규대학생들 가르치기보다 더 흥미롭다"고 한 노인대학교 분교에서 중국문학을 가르치는 주 우Zhou Wu씨는 말한다. 그의 학생들 가운데 가장 근면하고 열심히 공부하는 학생이 바로 102세의 키안 씨다. 은퇴한 영농연구원인 키안 씨는 매 수업시간을 위해 미리 예습도 잘해오고 수업시간 중에는 그의 날카로운 의견을 개진하기도 한단다. "당唐나라 시대 수준으로는 이 시가 별로이지만 오늘날 볼 수 있는 어떤 현대시보다 우수하다"고 얼마 전 한 수업시간에 선생님 주 씨가 칠판에 써놓고 강의하는 시 한 수에 대해 키안 씨가 평하더란다. 키안 씨는 혼자서 학교에 걸어 다니고 선생님의 강의를 따라갈 정도로 잘 듣고 본다. 그가 노인대학교에서 처음 들은 강의과목은 노인건강관

리였는데 몇 달 전에 백 살로 세상 떠난 그의 부인과 건강이 안 좋은 그의 81세의 딸을 보살피는 데 크게 도움이 되었다고 키안 씨는 말한다.

지난봄에 이 노인대학 체육대회 때 3백여 명의 노인 학생들이 2.3 마일 코스를 뛰는 경주에 키안 씨도 끼어 절뚝거리면서도 중도에 탈락하지 않고 끝까지 코스를 완주하기도 했단다. 전통적인 한시漢詩를 좋아한다는 키안 씨에게 그의 애송시를 물어보니 다음과 같은 옛 한시를 그는 암송했다.

> 오늘 아침 구름은
> 한 모숨 안에 들 것 같고
> 바람은 살랑살랑 가볍기만 한데
> 연못가를 거닐자니
> 꽃과 버들이 날 반겨주네.
> 지나는 사람들은
> 내 가슴 속에 샘솟는
> 이 기쁨을 모르리.
> 난 장난치는
> 어린아이 같으니.

이 기사를 쓴 니콜라스 크리스토프 씨는 현재 뉴욕타임스의 칼럼니스트인데 (2019년 12월 8일자) 그의 칼럼에서 젊은이들과 나누고 싶은 '성공의 네 가지 비결 The Four Secrets Of Success'을 밝혔다.

첫째로 학문 중에 경제와 통계수업을 받는다. Take a class in economics and in statistics.
둘째로 자신보다 큰 대의大義를 추구한다. Connect to a cause larger than yourself.
셋째로 배우자를 잘 선택한다. Make out.
넷째로 안일함을 피한다. Escape your comfort zone.

이제 인생 90대 고개에 올라 젊은이들과 나누고 싶은 나의 깨달음이 있다면 한 마디로 '나는 자족하기를 배웠노라. I learned to be self-sufficient.'일 것이다. 이를 달리 표현하자면 애당초 난 '반쪽'이 아닌 '온쪽'이라는 말이다. 남녀 할 것 없이 누구나 다 그렇다는 말이다.

청소년 시절 한 송이 코스모스 같은 소우주를 짝사랑하다 실연당하고 잃어버린 나의 다른 '반쪽'을 찾아온 세상을 헤매 결혼도 세 번이나 해보면서 다 늦게서야 나 자신이 대우주의 축소판임을 알게 되었다. 반쪽이 아닌 온쪽으로써 자족할 수 있음을.

어쩜 이것이 바로 석가모니가 태어나자마자 7보를 걷더니, 한 손을 하늘로 쳐들고 다른 한 손은 땅을 가리키며 외친 말이었다는 '천상천하 유아독존天上天下 唯我獨尊'일 것이다. 그렇다면 자중자애하는 것이 곧 우주만물을 존중하고 사랑하는 게 아닐까.

유쾌한 행복론

　행복한 사람들은 낙천적이며 지난 일 중에서 좋은 것만 기억하는 등 긍정적인 성향을 갖고 있다는 말은 '폴리애너'(1913년에 나온 미국 작가 Eleanor H. Porter)의 소설에 등장하는 여주인공의 이름에서 딴 명랑하고 유쾌한 낙천주의자를 지칭한다. 이처럼 낙천주의자에게는 문제란 없고 해답만 있을 뿐, 해답 중에서도 긍정적인 해답만 있을 뿐이다.

　매사가 난관이나 곤경이 아니고 새로운 또 다른 기회이다. '개 눈에는 똥만 보인다'지만 어린아이 눈에는 별똥 떨어지는 것이 보이듯 부처의 눈에는 부처만 보인다고 모든 것이 보이는 대로 보는 것이 축복이다. 진정한 낙천주의자는 어떤 처지와 상황에서도 더할 수 없이 행복하다.

　미국 작가 헨리 밀러 Henry Miller 1891-1980 는 그의 작품 '북회귀선 Tropic of Cancer'에서 "나는 재산도 희망도 없지만, 세상에서 제일 행복한 사람이다"라고 말했다. 우리말에 '광에서 인심 난다'고 나 자신부터 행복해야 하고 나 자신의 행복감은 다른 사람 아닌 나 자신 속에서 찾아야 한다. 밖이 아닌 내 안에서 자가발전 시켜야 한다. 내 마음속에 천국을 보지 못하면 내 몸 바깥세상에서도 찾을 수 없으리라.

그리고 스위스의 정신분석학자 칼 융Carl Jung 1875-1961이 지적한 대로 내 기분이 내 주위 사람들에게도 영향을 미친다. 즐겁게 노는 어린아이들을 보면 우리 자신도 즐겁지 않은가. 저 남아프리카 공화국 출신 맨발의 육상 선수 졸라 버드 피에터스Zola Budd-Pieterse가 한 인터뷰에서 말했듯이 그 누구의 비위나 기분을 맞출 필요 없고 나 자신을 만족시키면 되는 것이다.

우리 모두 세상 살아가는데 있어서도 언제나 나 자신을 기준 삼아 나 자신부터 기쁘게 할 일이다. 우리 각자 타고난 천재天才를 갖고 인재人才가 되어보자는 뜻이다. 이 세상에 태어난 사람이면 누구나 다 하나같이 천재라 할 수 있고, 천재의 특징으로 대담무쌍, 자기만족, 일편단심을 들 수 있는 것 같다. 자고로 미인은 용감한 자의 차지가 아니더냐. 그래서 예부터 일심불란一心不亂 일심전력一心專力이면 일심만능一心萬能이라 하는 것이리라. 말하자면 햇볕을 돋보기 렌즈의 확대경을 통해 한 점으로 모아야 불이 붙지 않는가. 어떤 일을 하던 정신과 마음이, 목적과 노력이 분산되지 않고 집중적으로 집약돼야 하리라.

발명왕 토머스 에디슨이 천재란 99%의 땀과 1%의 행운으로 빚어진 것이라 했다지만 충분히 대비한 준비만 되어있으면 기회란 조만간 오게 마련이고 기회가 나타나는 순간 즉시 놓치지 않고 잡아 최대한으로 이용할 수 있다. 따라서 사람은 누구나 제 먹는 마음만큼의 인물이 되고, 제 꾸는 꿈만큼의 삶을 살게 되며, 제 하는 모험만큼의 기적을 일으킨다. 쓰는 방법과 수단이 비상하고 파격적일수록 그가 감행하는 만큼 그만큼 비상하고 파격적인 성과를 거둘 수 있다. 그러니 내용만 갖추면 형식은 문제가 되지 않는다. 어떠한 모양과 꼴도 다 괜찮고 좋을 뿐이지. 어떤 생김새의 그릇이든 그 그릇에 무엇을 담느냐가 중요하지 않은가. 악기로 치면 그 악기로 어떤 소리를 내느냐가 중요하다.

어떤 일이 내 뜻대로 되지 않을 때 결코 낙담 낙심하거나 낙담상혼落膽喪魂 하지 말고 한번 숨을 크게 몰아 내쉬고는 새로운 더 좋은 기회, 더 큰 가능성을 찾아볼 일이다. 실로 뜻만 있으면 반드시 길은 있는 법이고, 없는 길도 새로 만들면 되지 않겠는가. 그뿐더러 예상 또는 기대 못 했던 상상 밖의 길도 나타날 것이다. 길이 나타난다기보다 보이지 않던 길이 찾는 사람 눈에는 꼭 띄고 말 테니까. 그것도 엉뚱한 곳에서 말이다.

과학자가 A라는 걸 찾다가 A대신 그 몇 배로 가치 있는 B를 발견 또는 발명하게 되는 경우가 있듯이 말이다. 결과는 어떻든 언제나 우리가 할 수 있는 최선을 다해보는 과정 자체가 너무도 보람 있고 신나는 순간순간이 아니랴. 이 노력하는 즐거움, 예측을 불허하는 미지수의 가능성에 도전하는 스릴과 흥분, 그 쾌감이야말로 이 세상의 그 무엇과도 바꿀 수 없는 삶의 기쁨이리.

음악(I)
영혼의 소리

음악은 '영혼의 소리'라고 한다. "나는 음악을 좋아한다. 음악은 도덕을 초월한 것이기 때문이다. 음악 말고는 모든 것이 도덕과 관계가 있는데 나는 도덕이나 윤리와 상관없는 것을 좋아한다. 누가 뭘 전도하고 설교하는 것을 난 언제나 못 견뎌 했다." 이렇게 말한 1946년 노벨문학상 수상 독일 작가 헤르만 헷세와 나도 전적으로 동감이다.

만일 구약성서 창세기에 있는 말같이 하느님이 천지를 창조하시고 빛이 있으라 하시니 빛이 있었고 그 빛이 하느님 보시기에 좋았다면 바로 이처럼 하늘과 땅 사이에 작동된 빛이 음과 양 사이의 번개 빛과 천둥소리를 불러 일으켰으리라. 이렇게 탄생한 음악이 이 세상 끝날 때까지 우리 모든 사람과 자연 속에 바람이 들게 해서 하늘과 땅이, 남자와 여자가, 자웅이색雌雄異色 자웅이형雌雄異形의 동식물이 우리 몸속에서 요동치는 생명의 음악에 맞춰 짝지어 춤추면서 사랑하고 번식 번성하게 되었구나. 이렇게 볼 때 우리 한국말이 참으로 기차도록 멋있고 재미있다. 우리말로 음악은 또한 음악淫樂을, 성악은 또한 성악性樂을 의미하지 않나. 사람이 내는 음악소리 말고도 자연은 음악으로 가득 차 있다. 어느 곳에나 음악이 있다.

졸졸
바다를 향해 흐르는 시냇물 소리

살랑살랑
사랑 살아 살아 사랑 숨 모아
나뭇가지 사이로 하늘 높이 부(르)는 바람 소리

출렁출렁
춘화추월春花秋月 어울려 춤추다

철썩철썩
철부지 응석 부리듯
바닷가에 부딪치는 파도 소리

똑똑
꽃잎에 떨어지는 빗방울 소리

맴맴 매미 소리
쓰르름 쓰르름 쓰르라미 소리

귀뚤귀뚤 귀뚜라미 소리

개굴개굴 개구리 소리

꾀꼴꾀꼴 꾀꼬리 소리

뻐꾹뻐꾹 뻐꾸기 소리

'으앙' 태어나면서부터 '깔딱' 숨넘어갈 때까지 인생 또한 각양각색 다채로운 음악으로 가득 차 있다. 봄, 여름, 가을, 겨울, 자연의 계절뿐만 아니라 인생의 사계라 할 수 있는 생로병사에 따라 생일노래, 결혼축가, 장송

곡, 진혼곡, 등으로 이어진다. 음악보다 더 보편적이고 세심한 만인의 언어가 없는 까닭에 우리의 가장 큰 기쁨과 슬픔, 착잡 야릇한 심정과 깊은 생각을 말로 할 수 없을 때 우리는 우리의 모든 사상과 감정을 음악으로 표현 한다. 언제나 나뭇잎은 살랑 살랑 바람에, 물방울은 출렁 출렁 파도에 흔들려 잠시도 가만있지 않듯이 우리가 내는 '숨소리' 음악과 우리가 벌이는 '몸놀이' 춤, 다시 말해 우리의 가장 천연스럽고 자연스러운 '마음짓'과 '몸짓'을 말리거나 막을 수도 없고, 또 말리거나 막아서도 안 되리라.

프랑스의 작곡가 모리스 라벨의 스페인풍 무용곡 '볼레로'를 젊은 날 처음 들었을 때 몹시 흥분됐었다. 요즘도 이 곡을 들을 때마다 큰 감동을 받는다. 이 곡은 남녀 정사 코스를 연상시키는가 하면 사랑의 이슬방울과 삶의 물방울들이 쉬지 않고 흘러 흘러 사랑과 삶의 바다로 흘러 들어가는 자연 코스, 즉 사랑과 삶의 유장한 흐름, 곧 인생역정을 떠올린다.

음악(Ⅱ)
모두가 다 음악이어라

  자나 깨나 음악은 우리 심장 속에서 쉬지 않고 고동치며 춤추듯이 시간과 공간을 통해 자유자재로 거침없이 거리낌 없이 유유히 흐른다. 여러 가지 소리와 리듬, 색깔과 풍경, 맛과 멋으로 바뀌면서 어떤 음악은 우리를 흥분시키고 또 어떤 음악은 우리를 진정시킨다. 음악이 언제 처음 생겼는지 또 예술로서 음악이 언제부터 시작되었는지 아무도 정확히 알 수 없겠지만 아마 새소리와 더불어였으리라. 새소리는 사람의 노랫소리에 가장 가까우니까. 아니면 풍요를 기원하는 무당 샤먼shaman의 장구 북소리에서 비롯하였으리라.

  실제로 음악의 기원이 어찌 됐건 원시사회로부터 음악은 한 부락이나 집안 모든 사람이 함께하는 누구에게나 빼놓을 수 없는, 중요하고 뜻깊은 일이었으리라. 오늘날 우리는 흔히 음악을 오락이나 취미로 여기지만 음악학자들에 의하면 고대 희랍 사람들은 어떤 음악은 사람의 의지를 약하게 하고 또 어떤 음악은 강하게 한다고 믿었다고 한다. 그래서 오늘날에도 어떤 음악이 그 누구의 비위에 안 맞으면 퇴폐적이라느니 부도덕하다고 또는 불경不敬스럽다고 낙인찍히고 금지되는가 보다. 그런가 하면 음악은 오락이나 예술로서뿐만 아니라 인간의 질병, 그 가운데서도 특히 정신적이거나 심리적인 정신병을 치료, 치유하는데 사용되기도 한다. 싸이코소매틱 psychosomatic이라고 외상이 아닌 내과 질병이 근본적으로 불건전한 정신심리 상태에서, 잘못된 감정에서 발생하는 것이라 할 때 음악 이상의 약이 없을지 모를 일이다.

또 한편 오늘날 과학자들은 음악이 인간 두뇌의 미스터리 비밀을 밝혀내는 도구가 될 수 있다는 것을 인식하기 시작했다. 음악은 오랫동안 예술의 영역에 머물거나 물리학자들에 의해 소리의 메커니즘을 연구하는데 이용될 뿐이었으나 지금은 마음에 이르는 독특한 창구로 심리학자들의 관심을 끌어모으고 있다. 그리고 인간이 상상할 수 있는 어떤 소리도 낼 수 있는 컴퓨터기술 개발로 과학자들은 인간두뇌가 어떻게 작용하는가를 알아내는데 음악을 이용할 수 있게 되었다. 그뿐만 아니라 음악은 흡수입력되는 정보를 여과해서 우아함과 아름다움을 인식하는 생태학적 근간에 어떻게 종합하고 기억시키는가를 알아보는 실험방법으로도 쓰이고 있다. 예를 들어 인식, 기억, 수학, 언어 기능과도 깊이 얽혀 있다는 것을 알게 된 것이다.

사전에 보면 음악이란 소리에 의한 예술, 박자, 가락, 음색, 화성 등에 의해 갖가지 형식으로 조립한 곡을 목소리나 악기로 연주하는 것이라고 정의되어 있다. 그런대로 맞는 말이겠지만 소리 외에도 동작이나 풍광 경치까지도 음악이라고 할 수 있지 않을까. 갓난아기 엄마 젖 빠는 것부터 아장아장 어린아이의 아장걸음, 소녀의 청순한 미소와 할아버지의 파안대소, 달팽이 촉각의 미세한 움직임과 독수리의 힘찬 날갯짓, 반딧불과 별빛의 반짝임, 달무리 구름의 흐름과 눈부신 햇살 쏟아짐, 비바람, 눈보라, 꽃과 무지개, 하늘과 땅과 바다, 그 속에 있는 것 모두가 다 음악이어라.

음악(Ⅲ)
자연의 소리

　모든 예술 중에서 아마도 춤이 음악과 가장 밀접한 관계라고 말할 수 있을 것이다. 음악 없는 춤이란 상상조차 할 수 없으니까 말이다. 다정한 벗이나 연인들 사이의 대화처럼 음악은 바람 불듯 물 흐르듯 샘솟듯 이어지고, 별이 반짝이듯 구름 위로 날기도 하며, 꽃피듯 웃음꽃으로 피어나는가 하면 꽃잎에 이슬 맺히듯 가슴속에 사랑의 눈물짓기도 한다.

　시처럼 음악은 여러 가지 다른 무지갯빛 기분과 감상을 불러일으키면서 우리의 감정과 생각들을 정화하고 순화하며 승화시켜 준다. 그리고 그림처럼 우리가 글이나 말로 하기 힘든 이야기를 그 더욱 감흥을 자아내고 운치 있게 해주며 여운을 남긴다. 잔잔한 호수에 던져진 돌이 수면에 파문을 일으키듯 음파도 발기된 음악의 중심점으로부터 퍼져 나간다.

> 심장이 뛰는 대로
> 가슴과 가슴 사이로
> 정열적으로 진동하며
> 심금을 타는 것이 음악이리라.

독일의 악성樂聖 베토벤이 그의 '장엄 미사곡' 악보 첫머리에 적었듯이 빌고 바라건대 가슴에서 나왔으니 가슴으로 전달되기를.

말할 수 없이 낭만적이고 시적인 영감으로 입신의 경지에서 음악으로 숨 쉬듯 살다 간 오스트리아의 작곡가 슈베르트가 이 한없이 놀랍고 경이로운 예술에 대한 끝없는 사랑과 감사의 표출로 작곡한 더할 수 없이 슬프도록 아름다운 노래들 가운데 가장 단순하나 음악의 정수라고 할 수 있는 것이 다름 아닌 '음악에게 An die Musik/To Music'란 노래이리라.

어떤 음악이든 일 분도 안 되는 짧은 노래에서부터 한 시간 가까이 계속되는 교향곡 심포니에 이르기까지 하나의 유기체 생물이라고 해도 과언이 아니리라. 어둠 속에서 빛이 분리되듯 정적을 깨뜨리고 태어난 소리는 달이 차듯이 차차 커지다 기울면서 어떤 몰아의 황홀경으로 아니면 너무도 평화롭고 고요히 또는 괴괴히 사라진다. 살아 있는 유기체처럼 음악도 곡마다 다 다르고 어떠한 두 곡의 음악도 같지 않다. 똑같은 곡이라도 연주자의 개성과 인격, 그의 연주 정신과 연주혼에 따라, 또 똑같은 연주자라도 연주자의 열정과 정감의 깊이와 강도에 따라, 현저하게 또는 미묘하게 다르리라.

그렇다면 이 얼마나 맛있고 신통절묘한 우연의 일치인가. 영어에서도 거의 동음이의어 同音異意語/homonym인 이 두 단어 '오르가니즘 organism'과 '오르가즘 orgasm'이 음악의 두 동의어로 바꿔 쓸 수 있음 직하지 아니한가. 어쩌면 이것이 음악의 진짜 뜻이 아닐까.

> 그렇다면 너도나도
> 우리 모두 다 함께
> 하늘과 땅 음과 양
> 남과 여 수컷과 암컷

산봉우리와 골짜기
우주 삼라만상 모두
우리 가슴 뛰는 대로
만만출세萬萬出世
음악音樂/淫樂소리
성악聲樂/性樂소리
만만세萬萬歲부르자

어린애가 종교가 필요한가

'어린애가 종교가 필요한가'라는 제목의 책이 1994년 미국에서 나왔다. 현재 미국 가정에서는 일반적으로 관심사가 아닌 그야말로 하릴없는 문제를 당시 47세의 전 카톨릭 신자 마타 페이 Martha Fay가 열 살짜리 딸 안나를 위해 다루어 본 것이다. 이 저자의 진지한 연구, 조사, 추궁에도 불구하고 사람들로부터 별 반응이 없었다면 어쩌면 어떤 어린아이의 다음과 같은 코멘트가 우리 모두를 대변한 것인지 모를 일이다.

'엄마, 어떤 사람들은 생각을 너무 해 Mom, some people think.too.much.'

언젠가 미국 TV에서 시청자들이 찍어 보내오는 가족 비디오를 선정해 보여주는 몇몇 장면을 나도 배꼽을 움켜잡고 본 적이 있다. 그중 한 장면이 크리스마스 때 찍은 것으로 보기 좋게 산타클로스로 분장한 어른이 한 어린애를 무릎에 앉혀 얼굴에 바싹대고 작은 소리로 뭔지 물어보자 그 어린애가 큰소리로 동문서답하는 게 아닌가? '아이고, 입에서 나쁜 냄새 나!' 하면서 고개를 바짝 돌리는 것이었다. 그 어린애가 맡은 것이 담배 냄새였는지 술 냄새였는지 아니면 그 어른이 이를 잘 안 닦았었는지, 그도 그럴 것이 젖 냄새밖에 모르는 애들이, 아니 풀꽃 향기밖에 모르는, 지상에 태어난 천사들인데, 다른 고약한 냄새는 못 견딜 수밖에 없었으리라.

하늘에 하늘님이 계시다면, 땅속에 땅님이 계시다면, 하늘에서 내려오신 하늘님, 땅속에서 솟아오르신 땅님, 그게 바로 어린애들인데, 애들 있는 곳이 천국인데, 공중에 그 무슨 천국이며 지하에 그 무슨 지옥이랴. 어른이 어린애같이 되려고 필요로 하는 게 종교인데, 어린애가 종교의 조상인데, 적반하장도 유분수지, 누가 누구에게 전도를 하며 누가 누구에게 설교를 하겠다는 것인가.

> 어린애 눈엔 모두 다 꽃
> 어린애 눈엔 모두 다 별
> 세상 모든 게 다 무지개
> 우주 만물 모든 게 다 나
> 우주 만물 모든 게 다 너
> 땅도 하늘도 바다도 하나
> 풀도 나무도 새 모두 하나
> 봄 여름 가을 겨울도 하나
> 어제 오늘 내일이 다 하나
> 잠도 숨도 꿈도 같은 하나
> 먹는 것 싸는 것 같은 하나
> 받는 것 주는 것 같은 하나
> 크는 것 늙는 것이 다 하나
> 사는 것 죽는 것이 다 하나
> 있는 것 없는 것이 다 하나
> 오는 것 가는 것이 다 하나
> 왕자와 거지가 같은 하나
> 공주와 갈보가 같은 하나
> 성자와 죄인이 같은 하나
> 천사와 마귀가 같은 하나

> 신부와 무당이 같은 하나
> 십자가 목탁이 같은 하나
> 남자와 여자가 같은 하나
> 주인과 머슴이 같은 하나
> 스승과 제자가 같은 하나
> 부모와 자식이 같은 하나
> 웃음과 눈물이 같은 하나
> 빛과 그림자가 같은 하나
> 이슬 눈안개가 같은 하나
> 동물식물 광물 같은 하나
> 글과 그림과 그리움이 하나
> 노래하고 춤추는 것이 하나
> 사는 것 사랑하는 것이 하나
> 둘 셋 넷이 아니고 하나인데
> 모든 것 모두 다 하나님인데
> 그 무슨 종교 왜 필요하리오.

9·11 사태 직후 뉴욕타임스에 희한한 전면광고가 하나 실렸다. 페이지 한가운데 고인의 사진 밑에 그의 출생과 사망 연도가 적히고 짤막하게 그가 남긴 말이 인용된 것이었다.

'놀이를 즐겨라 Enjoy the Game.'

1955년에 출간된 크로켓 존슨Crockett Johnson의 '해롤드와 자줏빛 크레용 Harold and Purple Crayon'이란 어린이 그림책이 있다. 한 소년이 상상의 세계를 탐험하는 이야기인데 그가 그리는 것은 뭣이든 다 현실이 된다. 아, 그래서 불교에서도 일체유심조一切唯心造라고 극락정토極樂淨土는 일심一心의 현현顯現으로서, 마음 밖의 실재가 아니라는, 유심정토唯心淨土란 말이 있는가 보다.

1977년부터 인기 절찬리에 전 세계적으로 상영된 이탈리아 영화 '인생은 아름다워La vita e bella, Life Is Beautiful'가 있지만, 정말 참으로 인생은 너무나도 신비롭고 경이로우며 한없이 슬프도록 아름답지 않은가.

 우리 모두 하나같이 어린애로 이 세상에 태어나 자라서는 자식 낳아 어린애와 같이 놀다가 나이 들어서는 아이의 아이들 손주들 돌보며 다시 어린애로 돌아가 이 세상을 떠나게 되는 우주자연의 섭리 말이다.

우린 모두 '어린공주' '어린왕자'

생리에 맞지 않는다고, 방관적 관객 같은 뉴스 리포터보다는 뉴스메이커로서 삶의 주인공 배우가 되어보겠다고 짧게 해본 신문기자 생활을 그만두었다. 그리고 '해심海心'이란 나의 자작 아호雅號를 대폿집 옥호로 삼아 처음에는 한국일보사 뒤 기마경찰대가 있던 삼거리 모퉁이에 주점 '해심'을 소꿉장난처럼 했다.

그러다가 종로 네거리에 있는 화신백화점 뒤 옛날 '복지福地 다방'자리로 옮겨 서울 도심지 한복판에다 본격적으로 망망대해의 일엽편주 배처럼 꾸민 인생 나그네들 특히 이상과 낭만으로 숨 쉬면서 꿈을 먹고 열정을 쏟는 젊은이들의 사랑방을 마련했었다.

녹음된 파도 소리, 갈매기 소리, 뱃고동 소리, 바닷소리를 배경음악으로 세계 각국의 뱃노래를 곁들여, 왕소라 잔에는 꿀을 탄 찹쌀막걸리에다 귤과 생강 쪽 그리고 솔잎을 띄워 담근 '해심주'를, 여왕조개 접시에는 매일같이 대한항공으로 제주도, 부산, 동해안으로부터 날아온 싱싱한 멍게, 해삼, 전복 등을, 그리고 해산물 잡탕찌개 '해심탕'을 안주로, 손님, 친구, 벗들과 더불어 나는 불철주야, 주야장천, 연일연야, 퍼마시고 피워댔다. 그러면서 날이면 날마다 금주 금연 선언했다가 밤이면 밤마다 파계하기를 수없이 했다.

그러던 내가 어떻게 술과 담배를 끊을 수 있었을까. 결코 내 의지력으로 가능했던 것은 아니다. 술과 담배를 별로 안하던 아내가 하루는 비장한 결심을 했는지 나보다 몇 배로 마시고 피우지 않겠는가. 더구나 뱃속에 첫아기를 가진 몸으로. 그제야 아차 싶어 제정신을 차리게 되었다. 언젠가 한국 신문에서 가슴을 찡하게 하는 글 한 줄을 나는 읽었다. 어느 초등학교 일학년생인 일곱 살짜리 어린 아이가 쓴 일기를 모아 만든 책에 나오는 글이었다.

'참, 이상하다. 왜 사람은 커서 어른이 되면 어려서 귀엽던 모습은 사라지고 성질이 나빠지는 것일까?'

부디 이 아이와 모든 어린이들이 크면서 성질이 나빠지지 말고, 어린아이의 아름답고 순수한 마음을 평생토록 고이 간직해주기를 빌고 바라는 마음 간절하다. 된 시집살이 한 며느리가 나중에 더 고약한 시어머니가 되기도 하지만 그 반대로 더할 수 없이 어진 시어머니가 될 수 있듯이, 제발 이 아이의 아빠 같이 날마다 술만 먹고 밤늦게 집에 오는 어른이 되지 말아야 할 일이다.

이 점을 상기시켜주는 것이 동화들인 것 같다. 그래서 동화는 어린이보다 어른들이 읽어야 하지 않을까. 영국의 소설가 찰스 디킨스의 '크리스마스 캐롤'은 그 누구라도 제 마음을 고쳐먹기에 따라 아주 판이하게 딴 사람이 될 수 있음을 보여준다. 이 밖에도 프랑스의 비행작가 생텍쥐페리의 '어린왕자'는 우리 모든 어른들 속에 가사 상태에 있거나 깊이 잠들어 있는 '어린공주'와 '어린공주'를 일깨워 되살려주고, 우리 본연 본래의 참모습 어린아이로 돌아가게 해준다.

　그리하여 나쁜 것도 더러운 것도 모르는 어린아이의 맑고 깨끗한 눈으로 세상 모든 것의 진실과 아름다움을 보고, 만남의 기쁨과 헤어짐의 슬픔을, 시간과 공간의 거리를 뛰어넘는 사랑을 나누게 해 준다. 우리 모두 너무 너무 사랑스런 '어린공주' '어린왕자' 되어.

자득명 自得明 법득명 法得明

　흔히 '네가 먹는 것이 너다You are what you eat'라고 한다. 이게 어디 먹는 것 뿐이랴. 보는 것, 듣는 것, 읽는 것, 느끼는 것, 생각하는 것, 상상하는 것, 꿈꾸는 것, 믿는 것, 모두 그렇지 않겠는가. 그뿐만 아니라 사람들은 각자 제가 보고 싶은 대로 찾는 것만 발견하게 되지 않는가. 극찬하는 서평도 있을 테고 악평을 하는 것도 있어 같은 책이 전혀 다른 책이 된다. 무엇을 말하는가는 듣는 사람에 따라 천차만별로 그 내용이 달라지기 때문이다. 그래서 프랑스 작가 마르셀 푸르스트도 소설의 독자가 읽는 것은 독자 자신일 뿐이라고 했는가 보다. 극단적인 예를 하나 들어본다. 얼마 전 인터넷에 이런 구인광고가 났다.

　"검은 살빛에 미모의 미혼 여성이 남성 반려자를 찾습니다. 어떤 인종이든 다 괜찮습니다. 나는 놀기 좋아하는 아주 새파랗게 젊은 여성으로 산책하기, 당신의 픽업트럭 타고 달리기, 야영하며 사냥하고 낚시하기, 그리고 겨울밤엔 불가에 포근히 눕는 것 등을 즐긴답니다. 촛불 켜고 당신의 손에서 받아먹는 저녁식사도 좋습니다. 당신이 직장에서 돌아올 때면 문 앞에서 나는 당신을 목 빠지게 기다리고 있을 것입니다. 데이지를 찾아주세요."

놀라지 마시라. 이 광고를 보고 자그마치 만 오천 명 이상의 남자가 전화했는데 전화가 걸려온 곳은 조지아주 아트란타시에 있는 애완동물 보호소이고 데이지는 태어난 지 8주 된 라브라도종 암사냥개의 이름이다. 우리말에 뭐 눈에는 뭐만 보인다고 했던가. 이야말로 순수한 마음으로 보면 예술이지만 음심淫心을 품고 보면 외설이 되는 경우이겠다. 하지만 여기서 짚고 넘어가야 할 것이 아무도 그 누굴 흉보고 욕할 자격이 없다는 것이다.

죄 없는 자가 돌을 던지라고 했다는 예수의 말처럼 유리집에 사는 사람은 남의 집에 돌을 던질 수 없다는 서양 속담대로 세상의 그 누구도 완벽할 수 없고, 설혹 그런 사람 있다 해도 그가 완전무결하다는 것이 그의 단점이 될 수 있는 한 아무도 그 누굴 나무랄 수 없으리라. 세상 사람들이 다 다르고 그들이 각자 보고 듣고 느끼고 생각하고 믿고 행동하는 것이 또한 다 다를 수밖에 없는데 어떻게 나와 같지 않다고 맞다 틀렸다 할 수 있을까.

> 모든 일이
> 울고 싶은 사람에겐 울음거리
> 웃고 싶은 사람에겐 웃음거리
> 놀고 싶은 사람에겐 놀음거리
> 구경하고 싶은 이에겐 구경거리
> 말하기 좋아하는 이에겐 말거리
> 듣기 좋아하는 이에겐 들을거리
> 치성드리고 싶은 이에겐 굿거리
>
> 받으려고 하는 이에겐 받을 일
> 주려고 하는 이에게는 줄 일
> 살려고 하는 이에게는 살 일
> 죽으려는 사람에겐 죽을 일

그러니 일상십사(日常十事), 인간백사(人間百事), 세상천사(世上千事), 자연만사(自然萬事) 매사를 한 가지 시각으로만 보지 말고 여러 가지 다른 시각으로도 볼 필요가 있지 않을까.

미국의 시인 월트 휘트만은 그의 시 '나 자신의 노래 Song of Myself'에서 이렇게 노래한다.

> 한 포기 풀잎도
> 자그마치 별들의 노정,
> 여독의 산물이리.
> 보라 나는 설교를 하거나
> 자선을 베풀지 않고
> 나 자신을 주노라.

어떤 스님의 이야기가 떠오른다. 산속으로 나 있는 오솔길을 가다가 그 주위의 경관이 너무도 아름다워 지필묵으로 온 정성 다해 거의 완벽하도록 그대로 그려놓고 보니 그 그림에는 생명이 없더란다. 산골짜기 냇물 소리도, 솔내와 풀꽃 향훈도, 그 아무런 정취도. 절망 끝에 스님은 그 그림을 찢어버렸다고 한다. 아, 그렇다면 이것이 석가모니가 처음과 마지막으로 하셨다는 천상천하 유아독존(天上天下唯我獨尊)과 자득명(自得明) 법득명(法得明)의 그 참뜻이 아닐까.

여성인류Womenkind가 부활하는
'코스미안 시대'

 2012년 출간된 '남성의 종말과 여성의 천지개벽 The End of Men: And the Rise of Women'이란 책이 오늘의 시대상을 정확히 진단하고 있는 것 같다. 미국의 지성 월간지 '애트랜틱The Atlantic'의 칼럼니스트인 한나 로진이 쓴 이 책은 베티 프리단의 '여성의 신비성Femine Mystique'이나 시몬 드 보봐르의 '제2의 성The Second Sex' 그리고 나오미 울프의 '미의 신화The Beauty Myth'를 무색케 할 역사적인 저서로 지금까지 수천 년 지속되어온 남성에서 여성으로의 권력 이동의 맥을 짚어 부계사회가 끝나고 모계사회가 도래하고 있음을 천명하고 있다.

 섹스는 세상살이를 흥미롭게 하는데 필요한 전부를 제공한다며 2004년에 나온 서적 '여성의 성과 진화론Sex, Time and Power: How Women's Sexuality Shaped Human Evolution'의 저자 레오나드 쉬레인 박사는 이 책을 쓰게 된 동기가 욕망의 부조화를 탐구해보기 위해서였다고 말한다.

 약 15만 년 전부터 인간 두뇌가 커지고 다른 동물들처럼 기는 대신 일어서서 걷기 시작하면서 우리 신체구조가 변하게 되는데 이것이 남자에겐 별

문제가 안 되지만 여자에겐 큰 위험부담이 되었다고 한다. 임신 후 몸보다 머리가 큰 아이를 협소한 질을 통해 출산하는 과정에서 목숨을 잃는 일이 많이 생기게 되었고 따라서 여성은 배란주기에 섹스를 본능적으로 기피하게 되고 남성은 정반대로 더 굶주리게 되었다는 말이다.

흥미롭게도 쉬레인 박사는 그의 첫 저서 '예술과 물리학Art & physics: Parallel Visions in Space, Time & Light'에서 예술이 언제나 과학에 앞선다며 피카소 같은 예술가가 아인슈타인의 상대성이론 실마리를 풀어주었음을 그 한 예로 든다. 그 다음으로 쓴 그의 두 번째 저서 '알파벳 대 여신The Alphabet Versus the Goddess: The Conflict Between Word and Image'에서 저자는 더욱 설득력 있는 주장을 펴고 있다.

"오늘날 우리가 사는 세계를 둘러보라. 무엇이 제일 큰 문제인지 곧 알게 된다. 그것은 곧 배타적인 종교의 폐쇄성이란 것을. 하나님의 말씀이 한 권의 책 속에 일자일획의 오류도 없이 기록되었다고 사람들이 굳게 믿게 되자 인간은 이 '말씀' 때문에 서로 죽이기 시작했다"고 그는 주장한다. 인류는 본래 여성을 여신으로 경배해 왔다.

그러나 한 뿌리에서 생긴 고대종교인 유대교와 기독교 그리고 이슬람교가 나타나 '여신이란 없다'고 선언하자 문화가 부계사회로 바뀌면서 공격적으로 되어 인류역사상 처음으로 종교 때문에 '사랑'을 빙자한 살육지변이 벌어지게 되었다는 설명이다. 이렇게 문자가 서구문화에 끼친 엄청난 해독을 분석하면서 저자는 그 해독법까지 제시하고 있다. 절망하고 비탄만할 일이 아니며 희망의 서광이 비치고 있다고 말하는 저자는 최근에 와서 TV와 예술, 그림, 화상, 영상, 조각상 등 이미지의 폭발적인 파급으로 추방됐던 여신이 돌아오고 시각적으로 구전적으로 인류사회가 변하고 있기 때문이라는 논리를 편다.

지난 20세기의 대표적인 중국 문필가 임어당[1895-1976]이 지적했듯이 서양 문명이 남성적이고 동양문화가 여성적이라면 평화와 사랑의 화합작용으로 생명을 만드는 동양의 음기가 전쟁과 폭력의 파괴행위로 목숨을 앗아가는 서양의 양기를 다스려야 하지 않겠는가. 그래서 유치하고 상스러운 남성인류mankind가 어서 사라지고 성숙하고 자비롭고 고상하고 우아하며 아름다운 여성인류womankind가 부활하는 코스미안 시대Cosmian Age를 열어보리라.

천도天道, 코스미안의 길

 2012년 12월 유네스코의 인류무형문화유산에 '아리랑'이 등재됐다. 생각해보면 아리랑과 홍익인간은 K-POP과 인도주의의 원조가 아닌가. 우리나라 고유의 종교 천도교의 성서라고 하는 동경대전東經大全에 이런 구절이 있는데 삶과 사랑의 붓글씨를 쓰는 우리 모두에게 좋은 지침이 된다.

> 사람이 붓을 어떻게 잡는지 잘 좀 살펴보라.
> 정신을 가다듬고 고요한 마음으로 글씨를 쓴다.
> 찍는 점 하나로 글 전체가 크게 달라진다.

 이 글이 우리에게 주는 메시지는 인생은 살기에 달렸고 운명은 스스로 개척하기에 달렸다는 것 아닐까. 어떤 사람들은 교주 최제우가 시작한 이 하늘 천天, 길 도道, 가르침 교敎는 우리나라에서도 교세가 미미한 이름만의 종교라고 하겠지만, 세계의 모든 종교들 가운데서 그 가르침의 내용은 제쳐놓고라도 그 이름 석 자가 그 어느 종교보다 더 사람을 계몽하고 선도하는 뜻을 갖고 있다. 천도교의 가르침을 요약하면 다음과 같은 세 가지 원리가 있다.

첫째는 인내천人乃天이라고 사람이 곧 하늘이란 뜻으로 소아小我인 인간과 대아大我 신神을 동일시, 인간과 우주가 하나라는 것. 다시 말해 소우주 인간과 대우주 자연이 함께 하늘의 신비와 조화를 드러낸다는 것이다. 이렇게 볼 때 천도교를 '통일교'라 부를 수도 있으리라. 하늘과 땅이, 음陰과 양陽이, 여자 남자, 우리 모두 각기 '반쪽님'들이 결합, '하나님'으로 통일될 때 우리 또한 우리의 또 다른 너와 나의 소우주를 창조하는 대우주 곧 창조주 하느님이 되는 것일 테니까 말이다. 현실적으로 풀이하면 인간과 인간, 인간과 물질 사이에 높고 낮음이나 자타自他가 없다는 것. 따라서 물질이 인간의 우상이 되거나 사람이 사람의 주인이나 노예가 되어서는 안 되고 모든 사람은 서로 서로의 분신으로 하늘의 뜻을 따라 사람의 도리를 지켜야 한다는 것이다.

둘째는 도성덕립道成德立으로 우리 각자 자아완성을 통해 이상적인 사회를 건설하자는 것이다. 셋째는 지상천국地上天國 이란 인내천의 최종 목표로서 이 세상을 지상천국으로 만들어 보자는 것이다. 그러자면 어리석고 잘못된 생각들을 버리고 마음 문을 열어 모든 이웃과 친목을 도모하며 사회정의와 국제평화를 통한 인류애를 증진시켜야 한다는 것이다. 이처럼 단순하고 소박한 삶의 지표는 다른 종교에서 말하는 것 같이 이 세상 삶을 가볍게 보라든가, 인간은 원죄를 타고난 죄인으로서 수난이나 신앙을 통해 속죄함을 받아 내세에 천국에 들어가라는 게 아니고, 초월인으로서의 신神의 자선적인 구원이나 허락과 상관없이 내세가 아닌 현세에서 우리 자신이 최선을 다해 행복하게 잘 살아 보자는 것이다.

이 천도교의 가르침은 배타적이고 이기적 선민사상에 젖은 다른 종교들의 교리와는 판이하다. 유대교의 선지자나 예언자들은 자유나 평등보다 독선 독단적인 정의를 부르짖으면서 유대인 아닌 다른 모든 인종들을 이방인으로 배척했고, 기독교의 복음 전도자들은 현세에서의 행복보다는 내세에서의 구원을 강조하면서 자기들이 섬기는 신과 구세주를 믿지 않는 다른 모든 사람들을 이교도 미신자로 낙인찍는다. 이러한 관점에서 볼 때 천도교 사상은 우리 단군의 홍익인간 사상이며 고대 그리스의 인도주의 휴머니즘 사상과 일맥상통한다고 할 수 있을 것이다. 빌건대 고요한 아침의 나라에서 불어오는 신선한 바람처럼 천도교의 홍익인간 사상이 정감 넘치는 아리랑 가락을 타고 신명나는 K-POP을 통해 온 인류에게 천도天道 코스미안의 길을 보여주었으면 한다. 언뜻 내 막내 조카의 어릴 적 회상이 떠오른다.

"걸음마도 떼기 전 아주 어렸을 때 시골집 마루에서 혼자 뒹굴며 온종일 놀던 때가 있었어요. 엄마는 장에 가시고. 햇빛의 색깔과 촉감이 달랐어요. 아침의 햇살과 한낮의 더운 기운 그리고 저녁에 지는 해의 스며드는 느낌이. 구름과 바람, 하늘과 별과 달, 새와 벌레소리, 주위의 모든 것이 나 자신과 분리되지 않았던 것 같아요. 그래서였는지 몰라도 난 조금도 무섭다거나 외롭다는 걸 모르고 그냥 즐겁고 편안했어요. 또 좀 컸을 때였어요. 보리밭 옆 풀숲에 펴 논 포대기에서 일어서다간 넘어지고 몇 걸음 걷다간 넘어지고 하면서 길을 따라 언덕배기까지 아장걸음을 했었나 봐요. 그때 내 키보다 큰 보리 줄기들이 흔들거리는 것이 눈에 띄었어요. 쏴아아 쏴아아하는 소리도 들리고요. 이제 와서 생각해보면 하나의 장엄한 황금나무 숲이 내 눈앞에서 흔들리고 있었어요. 하늘과 땅, 세상천지가 다 함께 웃음소리를 내며 춤을 추는 듯 했어요. 나도 한가지로 어우러져 온 우주와 더불어 흥겨웠던 것 같아요. 이것이 내가 처음으로 듣고 본 아니 체험한 대자연의 음악이며 교향시였어요. 그때 그 황홀했던 기분과 느낌은 그 어떤 말이나 글로도 도저히 표현할 수 없어요."

돌아가, 돌아갈거나 원점으로.

이젠 '코스미안 시대'다

최근 그룹 소녀시대 멤버 태연이 자신의 인스타그램에 아래와 같은 글을 올렸다.

"우리 여덟 명은 소녀시대라는 그룹으로 데뷔하기 위해 꽤 오랜 시간부터 모든 걸 걸고 최선을 다해 왔고 결코 하루아침에 뚝딱 만들어진 그룹이 아니에요. 저희와 같이 땀 흘린 추억이 없으신 분들은 함부로 소녀시대 이름을 내세워서 저희를 당황시키는 일이 없었으면 좋겠어요."

이와 같은 태연의 글은 전날 MBN '보이스퀸'에 출연한 SM 연습생 출신 홍민지가 이날 방송에서 "어쩌면 소녀시대가 될 뻔했던 17년 전 SM 연습생 출신이다. 소녀시대 데뷔하는 것을 보고 눈물을 흘렸다. 내 자리가 저긴 데라고 생각했다"라고 언급한 것에 대한 반응으로 보인다는 보도다.

12월 4일 뉴욕판 한국일보 오피니언 페이지에 실린 [단상]에서 필자 송윤정(금융전문가) 님은 아래와 같은 '자유로운 혼을 위한 영가'를 부른다.

"나는 외신으로 보도된 그녀의 죽음 기사를 통해 처음으로 그녀의 이름과 사진을 보았었다. '설리', 본명 최진리, 한국사회의 편견에 세상 밖으로 내몰린 자유로운 혼, 비바람이 거센, 가을이 깊어가는 날, 나는 흑인 영가인 '깊은 강Deep River'을 들으며 기도한다. 자유로운 혼을 지닌 모든 젊은이들이 온전히 자신의 날개를 펴고 날아오를 수 있기를, 다른 사람을 사랑하지 못하게 하는 편견이라는 악령에 사로잡힌 내 모국이 그 악령에서 벗어날 수 있기를. 어두운 밤이 오기 전 개인 하늘의 아름다운 노을을 볼 수 있었으면."

우생의 졸저 '코스미안 어레인보우'에 실린 글 '사후死後 청심환淸心丸'을 통해 나는 장탄식長歎息을 할 수밖에 없었다.

"지금으로부터 20여 년 전 나는 다음과 같은 공개편지를 이곳 미국교포 일간지에 썼었다. 혹시라도 만에 하나 이 편지가 당사자에게 전달되었었더라면 그녀는 그렇게 일찍 불귀不歸의 객客이 되지 않고 오늘도 우리와 함께 숨을 쉬고 있지 않았을까 하는 너무도 안타깝고 가슴 아픈 상상 아닌 망상에 빠진다. 한국에서 최진실 양을 다룬 '인간시대' 비디오를 빌려다 보고 견디다 못해 이렇게 펜을 들었다.

먼저 내 멋대로 말 놓는 것 용서해주기 바란다. 진실 양이 내 친딸 같아 그러는 것이니 진실 양과 같은 나이의 딸이 내게 있을 뿐만 아니라 쌍둥이 딸로 태어나자마자 한 아이를 잃었다. 그래서 늘 잃어버린 이 아이를 잊지 못하고 그리워하다 보니 네 또래 애들이 죄다 하나같이 내 딸 같기만 하구나. 게다가 진실이 아빠처럼 나도 집 떠나 사는 삶이기에 더더욱 그렇게 느껴지는지 모르겠다. 몸은 떨어져 있어도 그리는 사람은 늘 가슴속에 있으니까.

어렵게 자라 지금은 많은 사람의 선망의 대상이 되어 있으나 여전히 불안하고 초조해하며 괴로워하는 진실이 모습이 너무 애처로워 조금이라도 달래주고 싶은 마음에서 이 글을 쓰는 것이다. 대대로 전前 세대가 그랬었겠지만 진실이 부모세대 또한 진실이 세대 이상으로 고생하며 자랐다. 하지만 내가 고국에서 자랐던 어린 시절, 아무리 집이 가난하고 춥고 배고프고 전쟁으로 고아가 되어도 어린이들은 겁먹지 않고 절망하지 않으면서 씩씩하게 컸다.

세월은 흘러 세상이 많이 변했다지만 요즈음 젊은이 아니 어린이들까지 절망하고 자포자기하는 것을 볼 때 나도 가슴 많이 아프고 안타깝다. 뒤돌아보면 나 또한 부러운 것이 너무너무 많았다. 어느 천년에 무엇 무엇을 나도 한번 해보나. 생과자집 앞을 지날 때면 언제나 나도 한번 저런 과자를 먹어보나. 언제나 나도 택시 한번 타보나. 비행기 타고 외국에 나가보나. 내 전화, 자동차, 집을 가져보나….

그러노라니 요즘 세상에선 돼지도 잘 안 먹을 꿀꿀이죽 (미군식당에서 나온, 담배꽁초까지 섞인 음식 찌꺼기 쓰레기를 끓인 것)도 못 사 먹고 허리띠를 졸라매며 거리에서 신문팔이 하던 나 같은 사람이 어떻게 신문기자를 거쳐 신문에 칼럼까지 쓰게 되었는지 모르겠구나. 하지만 이런 달성 가능한 목적만 추구할 때 사람은 만족을 모르게 되는 것 같다. 말하자면 다람쥐 쳇바퀴 돌듯 도로아미타불이다. 말 타면 경마 잡히고 싶다고 사람의 욕심이란 한이 없기 때문이겠지. 있으면 있는 대로 있는 것 놓칠까 봐 불안하고 더 가져보려고 초조해지는가 보다. 그래 봤자 도토리 키 재기 아니겠니? 남과 비교한다는 게….

흔히 생존경쟁이라 한다마는 남과 경쟁한다기보다 우리 각자 자신의 가능성과 경쟁하는 것일 테고, 매사에 성공이냐 실패냐의 결과보다 그 과정이 중요하며 삶이라는 산을 오르는 기쁨과 즐거움, 그 경험 자체가 전부 아닐까? 결과가 어떻든 네가 할 수 있는 최선을 다 했다면 너 스스로 만족할 수 있고, 진정으로 너의 최선을 다한 뒤에는 후회 없이 기쁨을 맛볼 수 있다. 이것이 바로 진실로 진실의 행복 아니겠니. 또 진실이면 된다.

진실로 다른 사람이 원하고 기대하는 진실이 아니고 진실이 되고 싶은 진실로 말이다. 다른 사람 마음에 들기 전에 진실이 마음에 들어 진실 자체, 자신부터 기쁘게 할 일이고, 진실된 삶을 최고 최대한으로 만끽, 순간 순간 유감없이 즐길 일이다. 진실을 창조해 나가는 것이다. 꾸밈없이 아름답게 성장 성숙해가면서 용감하게 열정적으로 진실이 하고 싶은 일 끝까지 힘껏 신념 껏 재주껏 해보라고, 그러면서 너그럽고 여유 있게 삶의 기쁨을 나누면서 맛보라고. 다시 말해 끝없이 열심히 배우고 죽도록 사랑하면서 진실로 이상적으로 살아보라는 것이다.

밑 빠진 독처럼 욕심이나 야망으로는 결코 채울 수 없는 것이 사람의 가슴이고, 말라버린 샘터나 가시넝쿨같이 미움이나 시샘으로는 절대로 키울 수 없는 게 우리 사랑하는 가슴이 준 말 '사슴'이다. 받고 받아도 더 받고 싶은 수렁 같은 마음 魔淫밭이 욕심이라면 주고 또 줘도 더 끝없이 한없이 주고 싶은 '사슴의 마음' 곧 사랑 사자字 '사'에다 마음 음자字 '음'을 우물 판 '사음'이 사랑으로 끝없이 한없이 샘솟으리. 그리하여 앞서 말한 내 쌍둥이 이름 해아, 태양 '해'와 바다 '해海' 아해 '아兒'의 뜻대로.

태양의 정열과 창공의 희망을 갖고, 순진무구한 동심과 진정한 모성애 넘치는, 바다의 낭만을 지닌 태양과 바다의 아이로 진실의 얼굴에서 모든 그늘 사라지고 영원한 젊음이 햇빛처럼 찬란히 아름답게 빛나라. 진실이 생부生父, 양부養父, 계부繼父는 아니지만 엑스트라 extra 여부餘父로서 여부姆父같이 되고 싶은 나 이태상李泰相이 이 편지를 쓴다."

오호통재嗚呼痛哉라! 아, 이 편지가 생전에 최진실 양이 아닌 '설리' 최진리 양에게라도 전달될 수 있었더라면 좋았을 것을.

각설하고 태연 양을 포함해 그동안 '자유로운 혼을 지닌 모든 젊은이'뿐만 아니라 모든 지구인을 열광시켜온 소녀시대 멤버들이 이젠 '소녀시대'를 졸업하고 어서 '코스미안 시대'를 열어줄 것을 간곡히 청원해 마지않는다. 간절히 빌고 바라건대 더이상 털끝만치도 악플 같은 것에 전혀 개의치 말고. 자고로 자신의 자존감을 못 느끼는 자들이 다른 사람의 자존감을 인정하지 못하는 법이니 그런 구제 불능의 가련한 족속이 아닌 것만을 천만다행으로 여길 일이어라. '똥파리 구더기 무서워 장 못 담그랴'는 우리 옛말도 있듯이 태연 양 이름 그대로 앞으로는 문자 그대로 태연자약泰然自若하게 말이다.

숙명이냐 운명이냐

바꿀 수 있는 것이 운명이라면 바꿀 수 없는 것은 숙명이다. 운명Destiny이 작은 그림이라면 숙명Fate은 큰 틀이라 할 수 있다. 이 세상에 어떤 종種으로 어느 시대 어느 지역 어떠한 환경에 어떤 유전자를 갖고 태어나는가가 숙명이라면 이 큰 틀 안에서 어떤 그림을 그리는가는 운명이라는 말이다. 운명運命의 운運이 운전할 원이고 숙명宿命의 숙宿이 머무를 숙인 것이 그럴듯하다.

따지고 보면 틀이라는 것도 하나는 사실적이거나 현실적인 것이고 또 하나는 가공적이거나 가상적인 것이다. 문학적인 용어로는 논픽션과 픽션이, 컴퓨터 인터넷 용어로는 현실과 가상현실 및 증강현실이 되겠다. 전자는 우리가 생활하는 일상사라면 후자는 종교적이거나 이념적 사상, 문학과 예술 같은 것들이다. 자연적으로 주어진 틀이 있는가 하면 인위적으로 조작된 틀도 있다는 이야기다. 전자는 어쩔 수 없이 수용할 수밖에 없겠지만, 후자의 경우에는 그 틀 안에 갇혀 안주할 것인가 아니면 그 틀을 깨고 벗어날 것인가는 각자의 선택에 달렸다고 보아야 한다.

그 한 예로 노예제도라는 틀을 깬 에이브러햄 링컨의 경우를 생각해보자. 영어로 복권이란 뜻의 로터리lottery의 앞글자 '로트ot'는 특정 집단이나 품목 내지 세트, 또는 땅 조각 대지, 한 몫 등을 의미하지만 어떤 사람의 숙명이나 운명을 뜻하기도 한다. 링컨이 남긴 명언 중에 이런 말이 있다.

"어떤 여인이든 나와 운명을 같이하기로 결정한다면, 이 여인이 행복하고 만족하도록 내 능력껏 할 수 있는 모든 노력을 다할 생각이다. 이 일에 실패하는 것보다 나를 더 비참하게 하는 것은 없을 것이다."

최근 전 세계적으로 일어나고 있는 미투MeToo 운동에서 볼 수 있듯이 성폭행이나 성추행을 당하고도 이를 참고 견디면 숙명이 될 것을 용감하게 고발하면 이 숙명을 운명으로 바꾸는 것이 된다. 또 한 예를 들면 부모의 생업을 이어받거나 부모가 원하는 직업 또는 배우자를 선택하는 것이 숙명을 자초하는 것이라면 자신이 원하는 바를 추구하는 것은 스스로 자신의 운명을 개척하는 것이라고 할 수 있다. 운명이든 숙명이든 본인이 행복하기만 하면 되는 것이라면 우리는 링컨이 남긴 또 다른 말을 곱씹어 볼 필요가 있다.

"선행을 하면 내 기분이 좋고, 악행을 하면 내 기분이 나쁘다. 이것이 바로 내 종교다." 그리고 "당신의 미래를 점치는 최선의 방법은 그 미래를 그대가 창조하는 것이다."

우연도 필연도 아닌 자연이다

　얼마 전 파리에서 동시다발 테러사건이 난데 이어 최근엔 벨기에 수도 브뤼셀에서 또다시 끔찍한 연쇄테러가 일어났다. 어쩌다 이들은 자살테러범들이 되었을까. 평등하게 지역사회 일원으로 받아주지 않는 열악한 환경에서 꼴등 시민으로 차별 받으며 아무 희망도 없이 악전고투하다 못해 쌓이고 쌓인 사회문제가 화산이 폭발하듯 터지는 게 아닐까. 그건 그렇다 하더라도 미국의 일등 중에 일등 시민이라고 할 수 있는 '유너바머'의 경우를 한 번 살펴보자. 그는 종신형을 살다 지난 2023년 6월 10일에 자살로 생을 마감한 천재다.

　1970년대 말부터 1990년대 중반까지 미국 대학가와 항공회사 및 정부 기관에 폭탄물이 우송돼 3명이 숨지고 20여명이 부상당한 사건이 있었다. 연방수사당국은 범인을 유너바머Unabomber라고 부르며 체포에 온갖 수사력을 다 동원했으나 잡지 못했다. 그러던 중 현대기술 문명이 인간성의 황폐화와 자연 환경의 파괴를 가져온다는 장문의 편지를 범인(본명은 테드 카진스키Ted Kaczynski)이 뉴욕타임스와 워싱턴포스트에 보냈다. 이를 본 그의 동생이 형의 편지임을 직감하고 FBI에 귀띔하면서 사건은 해결되었다.

그는 IQ 170의 수학 천재로 16세에 하버드대에 입학했고 미시건대에서 단 1년 만에 박사학위를 받은 후 UC 버클리 조교수로 부임했으나 2년 만에 사직하고 몬태나주 숲 속으로 들어가 은둔생활을 했다. 1978년 잠시 문명사회인 시카고로 돌아와 공장직공 일을 했으나 해고당한 뒤 다시 몬태나로 잠적하고 만다. 이후 그는 기술문명 사회를 비판하고 부모를 원망하면서 편집과 망상에 사로잡힌 정신분열증 환자가 된다. 결국 폭탄을 만들어 문명사회를 위협하다가 체포되었다.

같은 시카고 교외에서 같은 시대를 산 천양곡 정신과 전문의에 의하면 유너바머는 한 살 이전 고열과 피부발진으로 격리병동에서 치료를 받은 적이 있었다. 당시 가족 방문은 이틀에 단 한번 2시간만 허락되었다. 방문시간이 다 되어 어머니가 간호사에게 아기를 넘길 때마다 아기는 심하게 울어댔다. 이렇게 강제로 떼어졌을 때 받았던 마음의 상처가 그의 삶을 지배했을지도 모른다며, 또 청소년 시절 체구가 작은 괴짜로 자주 왕따를 당해 그때의 분노와 외로움이 그의 성격형성에 상당한 영향을 끼쳤을 것이라고 천양곡 전문의는 본다.

우리말에도 세 살 적 버릇 여든까지 간다고 했듯이, 현대 아동교육심리학자들의 공론도 한 아이의 성격형성이 세 살까지 거의 완성된다고 한다. 그렇다면 타고난 부모의 유전인자 DNA는 숙명적으로 어쩔 수 없더라도, 영아기 환경 또한 그 영향이 절대적이란 말 아닌가. 아, 그래서 라틴어로 'Finis Origine Pendet'라고 서양에도 '시작이 끝을 미리 말해준다 The beginning foretells the end'란 격언이 있어 왔나 보다.

인간만사 거의 매사에 그렇겠지만 특히 인간관계에 있어서는 더욱 그런 것 같다. 89년 동안 인생살이 해오면서 내가 거듭 거듭 확인하고 새삼 더욱 절실히 깨닫게 된 사실이 있다. 직장이고 결혼이고 모든 사회생활에서 늘 겪어온 일이다. 한 가지 일로 미루어 모든 일을 알 수 있다는 뜻으로 추일사가지推—事可知라 했던가. 처음부터 궁합이 맞는 사람이나 일은 저절로 잘 맞아 떨어지는 반면 안 맞으면 아무리 오랫동안 기를 쓰고 악까지 써 봐도 소용없더란 얘기다.

한때 한국 가톨릭계에서 슬로건으로 사용하던 '내 탓이로다'의 라틴어 '메아 쿨파 Mea culpa'가 있는데 이는 미사를 드릴 때 죄를 고백하는 과정에서 회개하는 사람이 가슴을 치며 '주여, 제가 잘못했습니다. 회개합니다. Now, Meaculpa, Lord! Imerepente'를 줄인 말이다. 미국의 젊은이들이 미안하다는 I'm sorry 대신 사용하는 유행어로 My bad가 있다. 단순히 I'm sorry 같은 사과가 아니라 실수를 인정하지만 '그래서 뭘 어쩌겠어요'라는 I don't care의 의미가 내포되어 있다. 1999년에는 그 해의 단어로 선정될 정도로 인기 있는 말로 지금도 여전히 빈도 높게 쓰인다. 사과는 하되 책임을 줄이고 자존심은 지키고 싶은 현대인의 심리 속에 이 My bad가 있는지도 모른다는 분석도 있다.

어떻든 네 탓, 내 탓 할 것도 없이 모든 게 다 자연 탓이라고 해야 하지 않을까. 콩 심은 데 콩 나고 팥 심은 데 팥 난다고, 영어로는 What goes around comes around라고 한다. 뿌리는 대로 거두는 자연의 순리를 따르는 것이리라. 그러니 모든 게 또한 우연이나 필연이라기보다 자연이라 해야 하리라.

우리 김채임 시인의 '딸들에게'를 되새겨 보자.

> 지금 좋다고 좋아하지 말고
> 지금 슬프다고 슬퍼하지 말라
>
> 가수 하춘화의 해설을 들어보자.

"가슴에 늘 품고 사는 시가 하나 있다. 집안 화장대에 붙여놓고 1년 365일 바라본다. 올해 아흔넷, 내 어머니 김채임 여사의 말씀이다. 삶은 전화위복轉禍爲福이며 새옹지마塞翁之馬의 연속이라 했다. 눈앞의 일희일비에 휘둘릴 일이 아니다. 예전 어른들 대부분이 그랬듯 어머니는 초등학교 밖에 나오지 않았다. 하지만 이 두 줄만큼 삶을 꿰는 지혜가 또 있을까. 학식이 아닌 경험에서 우러나온 몸의 시다."

어린이가 어른의
스승이자 영웅이다

예부터 인간도처人間到處 유청산有靑山이라 했던가. 어느 시인의 말 대로 '참 좋은 사람은 그 자신이 이미 좋은 세상'이리라. 한국 사회에서 가장 큰 화제가 됐던 말이 '헬조선'이었다는데 미국의 전 대통령 빌 클린턴이 강조했듯 문제는 역시 경제도 아니고 그렇다고 문제는 정치도 아니며 문제는 역시 사람 그것도 생각 곧 마음이라 할 수 있으리라.

얼마 전 중앙일보의 '매력코리아 리포트'에서 국내외 4,500명이 제시한 미래 대한민국의 나아갈 길은 '매력국가'였다. 그리고 '이젠 시민'이란 어젠다를 발전시켜 2016년의 화두로 '매력시민'을 제시했다. 2016년 1월 2일자 중앙일보는 '매력시민이 인구 5,000만 명을 지키고 평화 오디세이 연다'는 사설에서 이렇게 역설한다.

"그래서 우리가 세상을 바꿀 주역으로 새롭게 주목하는 것은 매력적인 시민이다. 다원화되고 전문화된 개방 사회에서 과거처럼 몇몇의 리더가 사회 변화를 주도할 수 없다. 시민은 목적어가 아니라 주어가 돼야 한다. 시민적 교양의 핵심인 탐욕의 절제를 내면화하고 공동체의 문제를 스스로 해결하면서 공익과 나눔―소통의 문화를 확산시키는 이들 '작은 영웅'이야 말로 시대의 주인공이다."

성공이 행복은 아니다. 이것이 새해를 맞은 인류에게 전달되는 긍정의 희망적 메시지다. 남들이 뭐라 하던 넌 너의 길을 가라고, 지옥과 연옥을 거쳐 천국의 입구에 도달한 단테에게 이제까지 동행한 베르길리우스가 건네는 명언을 우리 모두 따를 때 너는 너의, 나는 나의, 헤븐 너, 헤븐 나, 헤븐 코리아, 헤븐 월드로 가는 길이 열린다는 메시지다.

2015년 연말에 미국에서 나온 두 권의 책이 이런 메시지를 전하고 있다. 하나는 미국의 사회심리학자 에이미 카디Amy Cuddy의 '존재감 : 최대의 도전에 대담하게 응답하라PRESENCE : Bringing Your Boldest Self to Your Biggest Challenges'이고 또 하나는 미국의 프로듀서겸 작가인 흑인 숀다 라임스Shonda Rhimes의 '긍정의 해YEAR OF YES'이다.

둘 다 행복하지 않은 성공에서 출발해 진정한 행복감을 얻게 되는 깨달음을 저자의 체험을 통해 전달하고 있다. 카디는 차 사고로 뇌손상을 입고 대학에 진학해서도 자신감이 없어 고전하면서도 마치 자신만만한 것처럼 행동하다 보니 저절로 자신감이 생기더란 것이다. 말하자면 '될 때까지 시늉을 하라fake it till you make it'이고 카디의 표현으로는 '될 때까지 시늉을 하라fake it till you become'는 것이다. 이는 자기최면을 걸고 자기세뇌를 시키라는 말인 것 같다.

TV 드라마 프로듀서 겸 작가로서 크게 성공했으면서도 라임스는 자신이 조금도 행복하지 않았다며 '내 촛불이 꺼졌었다My candle had been blown out'고 실토한다. 그러면서 그녀는 모든 일에 부정적이 되었었노라고 했다. 그러다 아무리 바빠도 하던 모든 일을 중단하고 세 아이의 엄마로서 애들이 같이 놀자고 할 때 무조건 같이 놀면서부터 참된 행복감을 느끼게 되었단다.

"내 산에 올라 내 햇볕을 쬔다. I am on my own mountain standing in my own sun 언제나 일이란 끝나지 않는다. 그래도 언제나 춤추리라. Always a work in progress. Always dancing." 애들이 "같이 놀래? Wanna play?" 할 때 매번 "그래yes"라고 응답하기로 마음을 먹자 자신의 삶이 천국으로 변했다는 것이다.

이 두 책이 제시하는 삶다운 삶의 방정식은 일이 아니고 놀이가 행복한 삶이란 것이다. 이를 달리 표현하자면 우리 어른들도 어린애들 소꿉장난하듯 우리 삶을 살아보자는 뜻이다. 어린이가 어른의 스승이자 영웅이란 말이다. 우리 황미선의 동시 '코스모스'를 같이 읊어보자.

흔들흔들 바람 따라
춤을 추는 코스모스
싱글벙글 노래 따라
인사하는 코스모스
방긋 웃는 햇님 따라
활짝 웃는 코스모스

삶은 공평하다

흔히 삶은 불공평하다Life is unfair고 말하지만 실은 그렇지 않은 것 같다. 영어로 '죽음은 모든 사람을 평준화한다. Death levels all men'는 말이 있다. 그런데 이 세상에 태어나는 건 그렇지 않아 보인다. 요즘 한국에선 금수저니 은수저니 동수저니 흙수저니 하는 수저론이 회자되고 있다지만 우리 좀 살펴보자.

사람이 쓴 맛을 본 연후에라야 단 맛을 제대로 음미할 수 있듯이 수고 없이 주어진 건 제대로 누릴 수 없지 않던가. 우리 모두 빈손으로 왔으니 뭘 얻고 갖게 되던 다 남는 장사하다가 다 놓고 떠나게 되지 않는가.

어디 그뿐인가. 세상사는 이치가 얻는 게 있으면 잃는 게 있고, 잃는 게 있으면 뜻밖에 얻는 게 있기 마련이다. 그래서 사는 동안에도 평준화가 항상 이뤄지고 있다. 숨을 내쉬어야 들이쉬게 되고, 배설을 해야 음식물을 섭취할 수 있으며, 시장기가 최고의 반찬이라고 하듯 말이다.

또 한 예로 사람들의 선호대상인 건강하고 잘생긴 미남과 미녀의 잣대를 살펴보자. 몸은 건강해도 마음이 불구이거나 외모는 아름다워도 마음씨가 고약한 사람이 있을 수 있지 않은가.

프랑스 작가 빅토르 위고의 1831년 출간된 장편 소설 '파리의 노트르담 Notre-Dame de Paris' 영어명은 '노트르담의 꼽추 The Hunchback of Notre-Dame'를 많은 사람들이 기억할 것이다. 1956년 개봉된 영화에선 안소니 퀸이 맡은 '콰지모도' 역은 겉이 추해도 속이 아름다움이 진정한 아름다움이라는 화두를 던진다. 픽션에선 그렇다 하더라도 실제로도 그런 예를 하나 들어 보자.

26살의 리지 벨라스케스는 한때 세상에서 가장 추한 여자로 불렸다. 키 157센티미터, 몸무게 26Kg에다 지방이 별로 없어 뼈만 앙상한데다 한쪽 눈까지 멀었고, 조로증과 아무리 음식을 먹어도 살이 찌지 않는 거미손 증후군을 앓고 있는 여성이다. 그녀는 2015년 10월 28일 미 의회 상-하원 의원들을 상대로 연방 차원의 학교 왕따 방지법 입법의 필요성을 호소했다.

남들에게 어떻게 보이든 그녀의 부모에게는 세상에서 가장 예쁜 아이로 자라다 유치원에 간 첫날부터 괴롭힘을 당하기 시작했고, 17세 되던 해 유튜브에 뜬 자신의 영상을 보고 '괴물이다', '불에 타 죽어버리라'는 등의 악성 댓글을 대하며 많이 괴로웠지만 극복했다. 텍사스 주립대에서 커뮤니케이션을 전공한 그녀는 자신의 유튜브 채널을 만들고 자신의 이야기를 다룬 '용감한 사람'이란 다큐멘터리를 만들어 올렸다.

자신과 다르다고, 상품화된 마네킹 같지 않다고, 남의 진가를 못 알아보는 사람들이야말로 눈뜬장님들이 아니랴. 예부터 겉이 화려하면 속이 빈약하다고 외화내빈外華內貧이라 하지 않았나. 약방의 감초 같은 얘기 하나 해보리라.

내가 젊었을 때 바람둥이 친구가 하나 있었다. 지금 와서 돌이켜 보면 이 친구야말로 일찌감치 도통道通한 입신지경入神之境에 도달하지 않았었나 싶다. 이 친구는 얼굴이 못생겼거나 몸맵시가 없어 남자들이 거들떠보지도 않는 여자들만 상대하는 것이었다. 친구말로는 못생긴 여자일수록 속궁합은 훨씬 더 좋더란다.

어쩜 그래서 자고로 미인은 흔히 불행하거나 병약하여 요절하는 일이 많다고 미인박명美人薄命이라 하고, 재주가 뛰어난 사람은 덕이 없다고 재인부덕才人不德하다 하는 것이리라. 재주고 재산이고, 명예고, 권력이고, 있으면 있는 대로, 없으면 없는 대로, 그에 상당하는 대가를 지불해야 하는 것이다. 남 보기에 좋다고 또는 나쁘다고 반드시 그렇지가 않다는 얘기다. 그러기에 삶은 공평한 것임에 틀림없어라.

우린 각자 다
코스모스의 화신이다

"애초에 짜놓은 각본 드라마. 그 안에서의 난 그저 들러리일 뿐. 근데 누가 날 주인공으로 바꿔놨어? 바로 나였어."

케이블 채널 Mnet이 방영하는 여자 래퍼 서바이벌 프로그램 '언프리티 랩스타 시즌2'에 출연하는 피에스타라는 걸그룹 멤버 예지가 탈락의 위기에 놓인 순간 발군의 실력을 보여주며 단숨에 우승후보로 올라 무대에서 제작진을 향해 외친 말이란다.

예지의 이 말은 우리 모두에게 울림이 큰 경종이 아닐 수 없다. 사람마다 다른 환경과 조건에 태어나 다른 현실을 살아가지만, 남이 조종하고 시키는 대로 꼭두각시처럼 사느냐 아니면 제가 꿈꾸고 희망하는 대로 자신의 독창적인 삶과 운명을 개척하느냐는 각자의 권리와 의무이며 선택사항 아닌가.

똑같은 음식자료를 갖고도 각자가 전혀 다른 요리를 할 수 있듯이, 똑같은 백지 종이에다 똑같은 크레용과 색색이 물감으로 각자 전혀 다른 그림을 그릴 수 있듯이, 똑같은 자연과 인물을 대상으로 한다 해도 전혀 다른 풍경 산수화와 인물 초상화가 그려지지 않던가. 똑같은 길을 간다 하더라도 사람마다 보고 듣는 느낌과 생각이 다 다를 수 있지 않은가. 각자는 각자 대로 자신의 인생드라마의 주인공일 수밖에 없지 않은가.

그런데 어찌 내키지 않는 공부를 할 수 있으며, 내키지 않는 직업을 갖고, 내키지 않는 결혼을 할 수 있으랴. 좋아서 하는 일이라면 힘든 줄도 모르고 일의 능률도 날 뿐만 아니라 우선 즐거워 본인이 행복하지 않은가. 따라서 주위 사람들에게도 좋은 영향을 끼치게 마련이다. 콩이면 콩 노릇을 해야지 팥 노릇을 할 수 있겠는가.

원초적인 예로 태교를 생각해보자. 엄마의 만족이 태아에게 무엇보다 중요하다 하지 않는가. 태어난 이후로도 요람에서 무덤까지 각자는 자신만의 태교를 이어가면서 다른 사람이 아닌 자기 자신을 만족시켜 나가야 할 것 같다.

사랑스러운 아역스타 김유정이 훌쩍 자라 최근 개봉한 영화 '비밀'의 주역을 맡았다는데, 한 인터뷰에서 이렇게 말했다고 한다.

"아역에서 성인 연기자로 넘어가는 데 대해 크게 걱정하지는 않았어요. 잘 할 수 있다는 자신감 때문이 아니라 흘러가는 대로 받아들이면 되지 않을까 하는 생각 때문이에요. 어렸을 적부터 차근차근, 제 나이 대 할 수 있는 역할, 최대한 즐길 수 있는 역할을 하면서 지금까지 왔어요. 또 많이 할수록 배운다고 생각하고 처음 해 온대로 잘 유지해야 나중에 후회하지 않을 거라고 생각해요. 억지로 나를 바꿔놓으려 하지 않겠다고 마음을 먹었어요. 20살이 되면 또 그에 맞는 역할을 할 수 있겠죠."

아, 이것이 우리 각자가 다 자기 삶의 주역으로 사는 비밀의 열쇠가 아니래! 억지로 자신을 바꾸려 하지 않고 각자는 각자 대로 자신의 삶을 살 때 무질서한 카오스가 아닌 조화롭고 아름다운 코스모스가 될 수 있으리라.

그럴 때 비로소 우리 모두 하나같이 날이면 날마다 아무하고도 비교할 수 없는 유일무이한 '복면가왕'으로 새 역사를 쓰는 것이리라. 최근 MBC '일밤-복면가왕'의 13, 14, 15, 15대에서 4연속으로 등극한 '소녀의 순정 코스모스' 같이 말이다

매회 독보적인 가창력을 선보이며 '갓스모스'라는 별명으로 사랑 받았다는 '코스모스'처럼 우리 모두 각자가 다 온 우주 코스모스의 화신임을 깨달아야 할 일이다.

코스미안은 사랑의 화신이다

　큰 그림이 숙명이라면 작은 그림은 운명이라고 할 수 있으리라. 우주에 존재하는 수많은 별 가운데 지구라는 별에, 수많은 생물 중에 인간으로, 어떤 나라와 사회 그리고 지역에, 어느 시대와 시기에, 어떤 부모와 가정환경에, 어떤 신분과 여건에, 어느 성별로 태어나느냐가 어쩔 수 없는 숙명이라면 이를 어떻게 받아들이고 대응하는가가 운명을 결정한다고 할 수 있지 않을까? 숙명宿命의 '숙宿'은 머무를 숙 자宿이고 운명運命의 '운運'은 흐를 운 자運인 것이 흥미롭다. 그렇다면 고정된 것이 숙명이고 변하는 것이 운명이란 뜻이 아닌가. 영어로는 destiny, doom, fate, fortune, lot 등의 단어가 사용된다. 영어 노래 제목에도 있듯이 '넌 나의 운명You Are My Destiny'이라고 할 때는 '넌 나의 종착지'란 의미에서 '넌 나의 숙명'이라고 해야 할 것 같다.

　캐나다 가수 폴 앵카Paul Albert Anka, 1941- 가 부른 노래 가사 첫 구절을 우리 한 번 함께 음미해보리라.

> 넌 나의 숙명

> You are my destiny
> 그게 바로 너야 나에게는
> That's what you are to me
> 넌 나의 행복
> You are my happiness
> 그게 바로 너야
> That's what you are

영어로 "It was my fate to be or to do"라 할 때 "내가 어떻게 되거나 뭘 하게 될 운명 또는 숙명이었다."고 하는가 하면, '운명의 총아'라 할 때는 'a child of fortune'이라고 행운아란 뜻이고, '누구와 운명을 같이 한다' 할 때는 'cast one's lot with some- one'이라고 내 몫my lot을 누구에게 건다고 한다. 그리고 'He met his doom bravely.'라 할 때처럼 'doom'은 불행한 종말을 가리킨다. 얼마전 영국에 사는 친구가 영국 여왕Queen Elizabeth II, 1926 -의 어렸을 때부터 찍힌 사진들을 동영상으로 보내온 것을 보고 나는 이렇게 한마디 코멘트를 답신으로 보냈다.

"왕관의 노예로 90여 평생을 살고 영면에 들었으니 그만 하면 잘 살았다."

물론 세상에는 이 영국 여왕의 신세를 부러워할 사람들이 많겠지만 나는 사랑을 위해 대영제국의 왕위를 버린 윈저공Duke of Windsor, Edward VIII, Former King of the United Kingdom 1894-1972을 떠올렸다. 조지 5세George V 1865-1936의 아들로서 1936년 43세의 나이로 왕위에 올랐으나 재위 1년을 채우지 못하고 미국의 이혼녀 심슨부인Wallis Simson 1896-1986과의 사랑 때문에 퇴위한 에드워드 8세 얘기다. 당시 라디오를 통해 퇴위를 발표한 그의 퇴임사를 옮겨본다.

"오래 고심 끝에 몇 마디 내 말을 할 수 있게 됐다. 난 언제나 아무것도 숨기려 하지 않았으나 지금까진 헌법상 밝힐 수가 없었다. 몇 시간 전에 왕이자 황제로서 내 마지막 임무를 마쳤고 이젠 내 아우 요크공이 왕위를 계승했으므로 내가 할 첫 마디는 그에 대한 내 충성을 선언하는 것이다. 이를 나는 충심으로 하는 바이다. 백성 모두가 내가 퇴위하게 된 이유를 잘 알고 있겠지만 내가 결심하는 데 있어 지난 25년 동안 웨일즈 왕자 그리고 최근에는 왕으로서 섬기려고 노력해온 이 나라와 제국을 잠시도 잊지 않았음을 알아주기 바라노라. 그러나 내가 사랑하는 여인의 도움과 뒷받침 없이는 왕으로서의 막중한 책무를 수행하기가 불가능하다는 것을 깨달았다는 내 말을 백성들이 믿어주기를 바라노라. 또한 이 결정은 나 혼자 한 것임을 알아주기를 바라노라. 전적으로 나 스스로 판단해서 내린 결정이었음을. 내 곁에서 가장 걱정해준 사람은 마지막까지 내 결심을 바꿔보려고 애썼다는 사실도. 무엇이 궁극적으로 모두에게 최선이겠는가. 이 단 한가지 생각으로 내 인생의 가장 심각한 이 결심을 나는 하였노라.

이렇게 결심하기가 좀 더 쉬웠던 것은 오랫동안 이 나라의 공적인 업무 수행 교육을 잘 받아왔고 훌륭한 자질을 겸비한 내 아우가 즉시 내 뒤를 이어 제국의 발전과 복지에 아무런 차질이나 손실 없이 국사를 잘 볼 것이라는 확신이 있었기 때문이고, 또 한 가지는 많은 백성들도 누리지만 내게는 주어지지 않았던 축복, 처자식과 행복한 가정을 내 아우는 가졌다는 사실이었노라. 이 어려운 시기에 나의 어머님 국모님과 가족들로부터 난 위안을 받았고, 내각 특히 볼드윈 수상이 항상 나를 극진히 대해 주었으며, 각료들과 나 그리고 나와 국회, 우리 사이에 헌법상 어떤 이견도 없었노라. 내 선친에게서 헌법에 기준한 전통을 이어받은 나는 그런 일이 일어날 것을 결코 허용하지 않았을 것이었노라. 내가 웨일즈 왕세자로 책봉된 이후 그리고 왕위에 오른 뒤 대영제국 어디에 거주했든 간에 가는 곳곳마다 각 계각층 사람들로부터 받은 극진한 사랑과 친절에 깊이 감사하노라. 이제 내가 모든 공직에서 떠나 내 짐을 벗었으니 외국에 나가 살다가 고국에 돌아오려면 세월이 좀 지나겠지만 언제나 대영제국의 번영을 기원하면서 언제라도 황제 폐하께 공인이 아닌 개인의 자격으로 섬길 일이 있다면 주저치 않을 것임을 천명하노라. 자, 이제, 우리 모두 새 왕을 맞았으니 그와 그의 백성 모두에게 행복과 번영이 있기를 충심으로 기원하노라. 백성 모두에게 신의 축복이 있기를! 왕에게 신의 가호가 있기를!"

At long last I am able to say a few words of my own. I have never wanted to withhold anything, but until now it has not been constitutionally possible for me to speak. A few hours ago I discharged my last duty as King and Emperor, and now that I have been succeeded by my brother, the Duke of York, my first words must be to declare my allegiance to him. This I do with all my heart. You all know the reasons which have impelled me to renounce the throne. But I want you to understand that in making up my mind I did not forget the country or the empire, which, as Prince of Wales and lately as King, I have for twenty-five years tried to serve. But you must believe me when I tell you that I have found it impossible to carry the heavy burden of responsibility and to discharge my duties as King as I would wish to do with- out the help and support of the woman I love. And I want you to know that the decision I have made has been mine and mine alone. This was a thing I had to judge entirely for myself. The other person most nearly concerned has tried up to the last to persuade me to take a different course. I have made this, the most serious decision of my life, only upon the single thought of what would, in the end, be best for all.

This decision has been made less difficult to me by the sure knowledge that my brother, with his long training in the public affairs of this country and with his fine qualities, will be able to take my place forthwith without interruption or injury to the life and progress of the empire. And he has one matchless blessing, enjoyed by so many of you, and not bestowed on me, a happy home with his wife and children. During these hard days I have been comforted by her majesty my mother and by my family. The ministers of the crown, and in particular, Mr. Baldwin. the Prime Minister, have always treated me with full consideration. There has never been any constitutional difference between me and them, and between me and Parliament. Bred in the constitutional tradition by my father, I should never have allowed any such issue to arise. Ever since I was Prince of Wales, and later on when I occupied the throne, I have been treated with the greatest kindness by all the classes of the people wherever I have lived or journeyed throughout the empire. For that I am very grateful. I now quit altogether public affairs and I lay down my burden. It may be some time before I return to my native land, but I shall always follow the fortunes of the British race and empire with profound interest, and if at any time in the future I can be found of service to his majesty in a private station, I shall not fail. And now, we all have a new King. I wish him and you, his people, happiness and prosperity with all my heart. God bless you all! God save the King!"

— 에드워드 8세 Edward VIII 11 December, 1936

그럼 (만으로) 나이 94세인데도 자식이나 손주에게 물려주지 않고 백발에 왕관을 쓰고 있는 전 영국여왕 엘리자베스 2세와 달리 윈저공의 경우는 왕관의 노예가 아닌 사랑의 노예였다고 해야 하나. 하지만 권력이나 명예나 재산의 노예가 되기보다 사랑의 노예가 되는 게 비교도 할 수 없이 그 얼마나 더 행복한 일일까. 그렇지 않고서야 어찌 왕위까지 버릴 수 있었을까. 그런데 사랑보다 더 무서운 건 생각하기에 따른 사상과 믿기에 따른 신앙이란 허깨비들이 아닐까.

지난 2016년 5월 17일 서울 강남역 인근 화장실에서 20대 여성이 칼에 찔려 살해된 채 발견됐었는데 범인은 정신 병력을 가진 30대 남성으로 "여자들이 나를 무시해서 그랬다."고 밝혔단다. 따라서 여성혐오 범죄에 대한 각성을 촉구하는 사회 운동이 일어났었는데, 동서양을 막론하고 여성혐오의 근본 원인을 좀 찾아보자.

영어로 여성혐오는 misogyny라 하는데 여성을 싫어하고 미워한다는 뜻 말고도 성차별을 비롯해서 여성에 대한 폭력, 여성의 성적 도구화까지 다양하다. 서양에서는 아담의 갈비뼈로 이브를 만들었다는 둥, 아담에게 금단의 선악과를 따먹게 해서 낙원에서 쫓겨나도록 한 것도 여성인 이브라는 둥, 구약성서 창세기 설화가 있는가 하면, 봉인된 판도라의 항아리를 열어 세상에 죽음과 질병, 질투와 증오 같은 재앙을 불러온 것도 최초의 여자 '판도라'라는 그리스 신화가 있지 않은가.

동양에서도 남존여비 사상이 뿌리 깊어 우리 한국에서는 여성은 알게 할 것이 없고 다만 좇게 할 것이라는 유교적 이데올로기가 그 근본이었다. 그래서 "암탉이 울면 집안이 망한다."는 속담까지 있어 오지 않았나. 중국에는 전족纏足이라고 계집아이의 발을 어려서부터 피륙으로 감아 작게 하던 풍속이 있었으며 일본에서는 공식 석상에서 아내는 남편과 나란히 걷지 못하고 세 걸음 뒤에서 따라가야 하는 등 온갖 폐습이 있지 않은가. 어디 그뿐인가. 중동에선 여성들만 히잡을 착용, 마치 닌자처럼 복면을 하고 다녀야 하고, 아프리카에선 여성에게만 하는 검열 삭제라고 여성 생식기를 못 쓰게 만드는 미개한 짓거리가 아직도 자행되고 있다.

우리 귀에도 익숙한 노래 "My my my Delilah Why why why Delilah"라는 팝송의 후렴구 'Delilah'는 웨일즈 출신 가수 톰 죤스Tom Jones, 1940- 의 노래로 웨일즈인들에게는 국가에 해당하고, 2012년 엘리자베스 2세 즉위 60주년 행사에서 '떼창'을 했었는데 그 노랫말은 한마디로 하자면 '데이트 살해'다. 사랑한 여인에게 다른 남자가 있다는 걸 알고 칼을 휘두르는 내용이다. 그러니 아직까지도 세계 곳곳에서 계속되고 있는 마녀사냥의 사냥개나 숙명이든 운명이든 모든 신화와 전설과 인습의 노예가 되느니 차라리 모든 걸 초월할 수 있는 사랑의 노예가 되어보리. 남녀 불문하고 우리어서 남신男神은 그 씨를 말려버리든가 흔적도 없이 화장해 버리고 여신女神 시대로 천지개벽하자는 뜻에서 정현경의 '여신의 십계명'을 받아 우리 모두 지켜보리라.

> 여신은 자신을 믿고 사랑한다.
> 여신은 가장 가슴 뛰게 하는 일을 한다.
> 여신은 기, 끼, 깡이 넘친다.
> 여신은 한과 살을 푼다.
> 여신은 금기를 깬다.
> 여신은 신나게 논다.
> 여신은 제멋대로 산다.
> 여신은 과감하게 살려내고, 정의롭게 살림한다.
> 여신은 기도하고 명상한다.
> 여신은 지구, 그리고 우주와 연애한다.

정녕코, 코스미안은 사랑의 화신化神/化身이어라.

코스모스바다로 돌아갈거나

"우리의 삶은 카오스에서 생기는 무지개이지. We live in a rainbow of chaos."

- Paul Cazanne

2020년 5월 26일자 뉴욕타임스 과학 섹션에 사진과 함께 "저기 은하계 PKS-55, 엄청나게 큰 하나의 X-요인 Out There in Galaxy PKS 2014-55, a Really Big X Factor"이란 제목의 짤막한 기사가 실렸다. 괴물 같은 블랙홀이 장난치는 또 하나의 역학의 수수께끼를 천문학자들이 풀어냈다고.

많은 은하계에서 마치 용암을 뿜어내듯 우주의 폭발적인 에너지가 우주 중심에 있던 블랙홀에 의해 밖으로 솟구쳐 우주 속 반대 방향으로 분출된다는 것이다. In many galaxies, jets of energy are squeezed outward by black hole that lurks at the center, and go shooting off in opposite directions into space.

우주 공간 주위를 둘러 싸고 있는 가스로 형성된 은하계의 존재가 있을 수 없다고 그동안 천문학자들은 생각해왔었는데 우주가 어떻게 성장하는가에 대한 우리의 생각을 쇄신하게 될 수도 있을 것이란 말이다. the galaxy that astronomers thought couldn't exist… a vast wheel of gas near the edge of space may change our idea of cosmic growth.

언제부터인가 많이 쓰이는 영어 단어가 전부란 뜻의 'everything'이다. 14세기부터 쓰이기 시작했다는 이 'everything'은 존재하는 모든 것의 대명사로 구어체로는 현재 상황을 말해준다. 그야말로 '모든 것은 모든 것 everything is everything'이라고, 모든 걸 지칭한다. 그 예를 들자면 부지기수이다. 몇 가지만 들어보리라.

> 신神이 전부다. God is everything.
> 돈이 전부다. Money is everything.
> 네가 내겐 전부다. You are everything to me.
> 이게 전부다. This is everything.
> 네가 무엇에 대해 알아야 할 모든 것 전부 Everything you need to know about something
> 어떤 일이 생길 때는 다 그럴 만한 이유가 있다. Everything happens for a reason.

물론 이런 표현이 과장된 허풍성세虛風聲勢일 수도 있겠지만 또 한편으로는 일편단심의 고백일 수도 있으리라. 어떤 상황과 처지에 있든 간에 무엇에 정신을 팔고 마음을 쓰느냐에 따라서 세상이 변하고 내 삶이 달라지지 않던가. 흔히 아는 만큼 보인다고 하지만, 찾는 것만 눈에 띄고 꿈꾸는 것만 이루어지며 웃는 대로 즐겁지 않던가. 하지만 우리 칼릴 지브란 Kahlil Gibran의 산문시 '눈물과 미소 A TEAR AND A SMILE'를 깊이 음미해보자.

> 내 가슴속 슬픔을 나는 많은 사람들의 기쁨과 바꾸지 않으리.
> 그리고 슬픔에서 샘솟아 내 온몸 구석구석으로 흐르는
> 눈물을 즐거운 기쁨의 웃음으로 바꾸지 않으리.

다만 내 삶은 언제나 눈물인 동시에 미소이어라.

I would not exchange the sorrows of my heart
for the joys of the multitude.
And I would not have the tears that sadness makes
to flow from my every part turn into laughter.
I would that my life remain a tear and a smile.

내 가슴을 깨끗이 정화하고
삶의 숨겨진 비밀들을 알게 해줄 눈물,
나와 같은 신의 분신들에게 접근하고
나 또한 신의 화신이 되게 해줄 미소말이어라.

A tear to purify my heart and give me
understanding of life's secrets and hidden things.
A smile to draw me nigh to the sons of my kind
and to be a symbol of my glorification of the gods.

상처 입은 가슴의 눈물과 하나가 될 눈물 한 방울;
존재의 기쁨을 나타내는 하나의 미소 말이어라.

A tear to unite me with those of broken heart;
a smile to be a sign of my joy in existence.

나는 무기력과 절망감으로 사느니
나는 사모하고 그리워하다 죽으리라.

I would rather that I died in yearning and
longing than that I lived weary and despairing.

내 가장 깊은 곳에 사랑과 아름다움에 대한

목마름과 굶주림이 있기를 갈망하리.
왜냐하면 부족함 없이 만족한 사람들이
가장 비참한 걸 나는 보았기 때문이지.
사모하고 그리워하는 자의 탄식 소리가
이 세상 그 어떤 감미로운
멜로디보다 더 감미롭기 때문이지.

I want the hunger for love and beauty
to be in the depths of my spirit,
for I have seen those who are satisfied
the most wretched of people.
I have heard the sigh of those
in yearning and longing, and
it is sweeter than the sweetest melody.

저녁이 되면 꽃은 꽃잎들을 접고
그리움을 품고 잠들었다가,
아침이면 입술을 열고 해와 입맞춤 하지.

With evening's coming the flower folds
her petals and sleeps, embracing her longing.
At morning's approach she opens her lips
to meet the sun's kiss.

꽃의 삶이란
그리움이자 결실.
눈물과 미소이지.

The life of a flower is
longing and fulfillment'
A tear and a smile.

바다의 물방울들은 물안개로 변해
하늘로 피어올라 구름이 되지.

The waters of the sea become vapor
and rise and come together and are a cloud.

그리고 구름은 언덕과 골짜기들 위로 떠돌다가
산들바람을 만나면 울면서 들로 떨어져
시냇물과 강물을 만나 고향 바다로 돌아가지.

And the cloud floats above the hills and valleys
until it meets the gentle breeze, then falls weeping
to the fields and joins with the brooks and rivers
to return to the sea, its home.

구름의 삶이란
이별과 만남,
눈물과 미소이지.

The life of clouds
is a parting and a meeting.
A tear and a smile.

그렇게 영혼도 더 큰 영혼으로부터
떨어져 물질세계에서 구름처럼
슬픔의 산골짜기와 기쁨의 들판 위로 떠돌다가
죽음의 산들바람을 타고 온 곳으로 돌아가리.

And so does the spirit become separated from
the greater spirit to move in the world of matter
and pass as a cloud over the mountain of sorrow

and the plains of joy to meet the breeze of death
and return whence it came.

사랑과 아름다움의 대양,
하늘님에게로.

To the ocean of Love and Beauty
to God.

내 나이 열 살 때 지은 동시 '바다'를 79년이 지나 다시 읊어본다.

영원과 무한과 절대를 상징하는
신의 자비로운 품에
뛰어든 인생이련만
어이 이다지도 고달플까

애수에 찬 갈매기의 꿈은
정녕 출렁이는 파도 속에
있으리라

인간의 마음아
바다가 되어라

내 마음
바다가 되어라

태양의 정열과
창공의 희망을 지닌
바다의 마음이 무척 부럽다

순진무구한 동심과

진정한 모성애 간직한
바다의 품이
마냥 그립다

비록 한 방울의 물이로되
흘러흘러
바다로 간다.

The Sea

Thou symbolizing eternity
Infinity and the absolute
Art God.

How agonizing a spectacle
Is life in blindness
Tumbled into Thy callous cart
To be such a dreamy sod!

A dreamland of the gull
Of sorrow and loneliness full
Where would it be?
Beyond mortal reach would it be?

May humanity be
A sea of compassion!

My heart itself be
A sea of communion!

I envy Thy heart

Containing passions of the sun
And fantasies of the sky.

I long for Thy bosom
Nursing childlike enthusiasm
And all-embracing mother nature.

Although a drop of water,
It trickles into the sea.

　소년시절 내가 그려본 우리 모두의 자화상 아니 자서상을 여기 펼쳐보리라.

코스모스

소년은 코스모스가 좋았다.
이유도 없이 그냥 좋았다.

소녀의 순정을 뜻하는
꽃인 줄 알게 되면서
청년은 코스모스를
사랑하게 되었다.

철이 들면서 나그네는
코스미안의 길에 올랐다.
카오스 같은 세상에서
코스모스 같은 우주를 찾아

그리움에 결코
지치지 않는 노인은

무심히 뒤를 돌아보고
빙그레 한 번 웃으리라
걸어온 발자국마다
무수히 피어난
코스모스를 발견하고

무지개를 좇는
파랑새의 애절한 꿈은
정녕 폭풍우 휘몰아치는
먹장구름 너머 있으리라.

무지개를 올라탄
파랑새가 된 코스미안은
더할 수 없이 황홀하리라

사랑의 무지개배 타고서
어기여차 뱃놀이하면서

하늘하늘 하늘에서 춤추는
코스모스바다 위로 날면서

코스모스 칸타타
노래 부르리라

모든 건 더할 수 없이
다 아름답다고
다 좋다고
다 경이롭다고
믿을 수 없도록

Cosmos

When I was a boy
I liked the cosmos,
Cozy and coy
Without rhyme or reason to toss.

Later on as a young man,
I fell in love with the cosmos,
Conscious of the significance
Of this flower for me sure,
The symbol of a girl's love pure,

As I cut my wisdom teeth,
Traveling the world far and near
In my pursuit of cosmos
In a chaotic world.

Upon looking back one day,
Forever longing, forever young,
Never aging, never exhausted
By yearning for cosmos,
I'd found unawares numerous cosmos
That had blossomed all along the road
That I had journeyed.

A dreamland of the bluebird,
Looking for a rainbow,
Where could it be?

Over and beyond the stormy clouds,

Lo and behold, there it is,
The wild blue yonder
Where you can sail and soar
In the sea and sky of Cosmos
Arainbow, chanting
Cosmos Cantata:

All's beautiful!
All's well!
All's wonderful!
Beyond belief!

아, 우린 모두 하나같이 이런 코스모스바다에서 출렁이고 춤추는 사랑의 피와 땀과 눈물방울들이어라. 우린 모두 하나같이 이런 하늘하늘 하늘에 뜨는 무지개가 되기 위한 물방울들이어라. 아, 우린 모두 하나같이 코스모스바다로 돌아갈거나!

순간순간의 숨이 시가 되어라

요즘 미국인들은 집콕하면서 술만 많이 마시다 보니 가정폭력이다 살인이다 자살이다 이혼 사례도 폭증하고 있다는 보도다. 몇 년 전 내 직장 동료인 러시아어 법정통역관으로부터 들은 조크를 옮겨본다.

두 남자가 술 파는 가게 앞으로 늘어선 줄에 서 있다. 보드카를 사기 위해서다. 한 남자가 다른 남자에게 제 자리를 좀 지켜달란다. 이게 다 고르바초프의 반反 알코올 정책 때문이라며, 크렘린으로 달려가서 고르바초프 얼굴에 한 방 먹이고 오겠노라고 했다. 몇 시간이 지나 돌아온 그에게 그의 자리를 지키고 있던 남자가 정말 고르바초프 얼굴에 주먹을 한 방 날리고 왔냐고 묻자, 아니라고 낙담한 표정으로 하는 그의 말이 "크렘린에 늘어서 있는 줄은 여기보다도 더 길더라. The line at the Kremlin was even longer."라고 말한다.

'로빈슨 크루소 Robinson Crusoe, 1719'의 영국 작가 다니엘 디포 Daniel Defoe 1660-1731의 다른 작품 '잭 대령 Colonel Jack, 1722'에 술의 마력을 잘 나타낸 이런 대목이 나온다.

악마가 한 젊은이를 보고 그의 아버지를 살해하라고 꾀었다. 그러나 젊은이는 그건 못 할 짓이라고 말을 안 들었다. 그러면 어머니와 동침하라고 꼬드겼다. 그것은 절대로 못 할 짓이라고 완강히 거부했다. 그렇다면 집에 가서 술이나 퍼마시라고 꼬셨다. 그러자 "아, 그야 할 수 있지" 대답하고 정말 진탕만탕 술을 마신 후 이 젊은이는 곤드레만드레 되어 술기운으로 그의 아버지를 살해하고 그의 어머니를 겁탈했다. 디포가 남긴 말 중에 이런 것들이 있다.

"신이 어디든 '기도의 집'을 세울 때마다 거기에 악마는 언제나 예배당을 짓는다. 그런데 잘 좀 살펴보면 후자에 신도들이 가장 많다. Whenever God erects a house of prayer, the devil always builds a chapel there; and it'll be found, upon examination, the latter has the largest congregation."

"우리가 원하는 것에 대한 모든 불만은 우리가 갖고 있는 것에 대해 감사할 줄 모르는 데서 생기는 것 같다. All our discontents about what we want appeared to spring from the want of thankfulness for what we have."

"문제 중의 문제로 삼아야 할 일은 문제를 배가해 사태를 더욱 악화시키는 일이다. In trouble to be troubled, is to have your trouble doubled."

"다이아몬드 원석같이 영혼은 육체 속에 담겨 있다. 갈고 다듬지 않으면 그 광채를 영원토록 발하지 못하리라. The soul is placed in the body like a rough diamond, and must be polished, or the lustre of it will never appear."

술이 그 좋은 예가 되리라. 그리고 어원학적으로 술의 성분 알코올과 영혼이란 뜻의 영어 단어가 같은 spirit이란 사실이 매우 신기하고 흥미롭다. 오늘날 미국에서 급증하고 있는 자살률의 그 주된 이유가 알코올과 마약 중독 때문이라고 한다. 경제 사정이 나쁘고 앞날이 캄캄해 희망이 없어서, 사회적인 거리두기로 촉발된 심리적인 거리감 까닭에 너무 외로워서, 삶의 스트레스가 너무 크고 사는 재미가 너무 없어서, 등을 구실 삼아 많은 경우 현실 도피책으로 술이나 마약에 의존하게 되는가 보다. 내가 직접 겪었고 내 주위에서 일어난 예를 좀 들어보리라.

나도 젊었을 때 술을 너무 좋아하다 못해 주점 '해심海心'이란 이색 대폿집까지 차렸었고, 만취 상태에서 제대로 데이트 한 번 안 해본 아가씨와 사고 치는 바람에 서로 맞지 않는 가정불화의 결혼 생활을 하느라 20년 동안 우리 두 사람은 다 마음고생을 많이 했었다. 내 현재 아내는 서독 간호사로 갔다가 만난 미군병사와 결혼해 딸 둘을 낳고 이혼한 여인으로, 나와 재혼해 30여 년째 살고 있는데, 큰딸은 어려서부터 보고 자란 아빠 같은 알코올이나 마약중독자를 치료해 보겠다고 정신과 전문의가 되었다. 그러다 20여 년 전 별세한 자기 아빠와 많이 닮은 남자 변호사를 만나 결혼했으나 남편이 자신은 결코 알코올 중독자가 아니라며 치료받기를 계속 거부해 십 년 가까이 갖은 설득과 노력을 다해본 끝에 결국 이혼한 후 전 남편은 몇 년 전 타계하고 말았다.

술이나 섹스나 돈이나 명예나 권력이든 또는 어떤 종교나 이념이나 사상이든, 거품이나 구름 같은 이 신기루에 홀리고 취한 사람 치고 자신이 중독자라고 인정하는 사람은 극히 드문 것 같다. 무엇에 흥분 도취 열중 중독되게 하는 마취제 같은 걸 영어로 intoxicate라고 하는데 toxic은 독성毒性이 있다는 뜻이고, toxin이란 독소毒素에서 파생된 말들이다. 현재 온 지구촌에 창궐하고 있는 코로나 독성 바이러스를 비롯해 독약 같은 음식이거나 물귀신 같은 사람이고 간에 독성이 있는 건 무조건 피하고 멀리하는 게 상책이리라. 그뿐만 아니라 현실과 삶 자체에서 모든 자극과 흥분, 슬픔과 기쁨, 희망과 실망, 환상과 환멸, 쓰고 단 맛을 다 볼 수 있고, 변화무쌍한 날씨와 사정을 다 겪으며, 하늘과 땅과 사람 천지인天地人의 다양하고 다채로운 자연적 삶의 축복을 누리기만도 너무너무 벅찬 일인데, 원석을 보석으로 깎아 빛낼 일 만도 시간이 너무너무 부족하기만 한데, 그 어찌 우리가 한순간인들 가공의 허깨비에 홀려 허송할 수 있으랴.

> 술 마시지 말자 하니, 술이 절로 잔에 따라진다.
> 먹는 내가 잘못인가. 따라지는 술이 잘못인가.
> 잔 잡고 달에게 묻노니, 누가 그른가 하노라.

이와 같은 작자를 알 수 없는 시조가 있듯이 초반에는 사람이 술을 먹다가 조금 지나면 술이 술을 먹게 되고 종국에는 술이 사람을 먹는다는 주당들의 격언이 있지 않은가.

> 아침 깨니
> 부실부실 가랑비 내리다
> 자는 마누라 지갑을 뒤져
> 백오십 원 훔쳐 아침 해장으로 간다.
> 막걸리 한 잔에 속을 지지면
> 어찌 이리도 기분이 좋으랴!

근대사에 마지막 기인으로 불렸던 천상병의 '비 오는 날'이란 시다. 시집 '요놈요놈 요 이쁜놈'에 실려 있는 이 시 '귀천歸天'을 나도 무척 좋아한다. '신경림의 시인을 찾아서'란 책에서 "순진무구한 어린아이의 마음과 눈"이라고 천상병이 소개되고 있으며, 많은 사람들이 경애하는 시인이지만, 나는 천상병 시인을 무책임하고 무능한 인간실격자요 인생낙오자의 표본으로 보고 싶다. 물론 우리는 동백림사건 때 모진 고문을 받고 집행유예로 풀려난 천상병은 이미 제정신이 아니었다는 역사적인 사실을, 이 너무도 어처구니없이 비통하고 비참한, 군사정권 아니 동서 냉전의 강요 된 남북

이데올로기에 희생된 대표적인 제물임을 망각할 수 없는 일이다. 하지만 내가 존경하고 사랑하는 시인은 우주 자연 만물을 극진히 사랑하면서 삶에 미치도록 몰입해 순간순간에서 영원을 사는 사람이다. 황홀하도록 사랑에 취해 살다 코스모스바다로 돌아가는 사람이다.

그 한 예를 들어보리라. 지난 2016년 5월 31일 세계 서핑 리그 피지 여자선수권 대회에 출전해 3위를 차지한 베타니 해밀톤Bethany Hamilton은 몸으로, 그것도 팔이 하나 없는 몸으로 더할 수 없도록 아름다운 시 한 편을 썼다. 하와이 출신 베타니는 서핑 좋아하는 부모 따라 걷기 전부터 바다에서 살면서 13살 때인 2003년 10월 이른 아침 서핑을 나갔다가 상어의 공격을 받아 왼쪽 팔을 잃었다.

또 한 예를 들어보자. 2016년 6월 3일 세상을 떠난 무하마드 알리Muhammad Ali 1942-2016도 팔이 아니라 백인이라는 백상어에게 물려 두 날개를 잃고도 '나비처럼 떠서 벌처럼 쏘는' 밤하늘에 반짝이는 시를 썼다. 흑인이란 이유로 레스토랑 입장을 거절당하자 알리는 올림픽에서 딴 금메달을 오하이오 강물에 던져버리고, 백인들이 노예에게 지어 준 성을 쓰지 않겠다며 자신의 캐시어스 클레이Cassius Clay란 이름도 버리고 캐시어스 엑스라는 이름으로 개명했다가 이슬람 지도자 엘리야 무하마드Elijah Muhammad1897-1975의 이름을 따 아예 '무하마드 알리Muhammad Ali로 이름을 바꿨다. 그리고 그는 "나는 알라를 믿고 평화를 믿는다. 백인 동네로 이사할 생각도 없고 백인 여자와 결혼할 생각도 없다. 나는 당신들 백인이 원하는 챔피언이 되지 낳을 것이다."라고 외쳤다.

옛날 로마시대 노예들을 검투사로 죽기 살기로 싸움을 붙여 즐겨 관람하던 잔인한 경기의 잔재인 복싱이란 링에서보다 링 밖의 세계란 무대에서 알리는 약자들의 인권 챔피언이었다. 1942년 흑인 노예의 손자로 태어난 알리는 스스로를 '민중의 챔피언 people's champion'이라고 불렀고, 1967년 베트남전 징집 대상이 되었지만, "이봐, 난 베트콩과 아무런 다툴 일도 없다. 어떤 베트콩도 나를 깜둥이라고 부르지 않는다. Man, I ain't got no quarrel with them Viet Cong. No Viet Cong called me nigger."며 양심적 병역거부를 해 선수 자격을 박탈당하고 징역 5년 실형을 선고받았었다. 알리가 남긴 수많은 시적인 말 중에 내가 특히 좋아하는 15마디만 인용해보리라.

1. 내가 얼마나 지독한지 약조차 병이 나 앓게 된다.
2. 너를 지치게 하는 건 네가 오를 산들이 아니고 네 신발 속에 들어간 돌 조각이다.
3. 어떤 생각이 내 머릿속에 떠오르면 내 가슴이 믿게 되고 그러면 내가 그 생각을 현실로 만들 수 있다.
4. 하루하루 매일매일이 네가 살 마지막 날인 것처럼 살아라. 그런 날이 꼭 올 테니까.
5. 상상력이 없는 사람은 날개가 없는 거다.
6. 불가능이란 말은 단지 그들에게 주어진 바꿔야 할 세상을 그들이 바꿀 수 있는 가능성을 탐색하는 대신 그 현실에 안주하려는 소인배들이 둘러대는 거창한 단어일 뿐이다. 불가능이란 사실이 아니고 의견이며 결코 선언이 아니다. 도전에 맞서는 대담성이다. 따라서 불가능이란 가능성이고 한시적이며 아무것도 아니다.
7. 다른 사람에게 봉사하는 일은 네가 지불할 이 지상에서의 네 숙박료다.
8. 날짜를 세지 말고 매일이 보람되게 하라.
9. 위험을 무릅쓸 만큼 용감하지 못한 자는 인생에서 아무것도 성취하지 못하리라
10. 나는 네가 원하는 사람이 될 필요가 없다.
11. 나이는 네 생각대로다.
12. 나는 얼마나 빠른지 어젯밤 호텔방 전기 스위치를 끄고 불이 나가기도 전에 침대에 들어갔다.
13. 내가 하는 조크는 진실을 말하는 거다. 그게 세상에서 제일 재미있는

농담이다.
14. 강들, 연못들, 호수들, 시내들 모두가 다른 이름이지만 다 물이듯이 종교들도 다른 이름들이지만 모두가 진리들이다.
15. 노년은 한 사람 일생의 기록이다.

아, 우리 각자의 삶, 아니 순간순간의 숨이 시가 되어라, 황홀하도록 사랑에 취해 살다 코스모스바다로 돌아가는 사람이다.

우린 모두 살아 숨 쉬는 책이다

　몇 년 전 '태양의 후예' 송중기가 정-재계 여성리더들의 모임 '미래회 바자회'에 그의 애장도서인 '아이처럼 행복하라 알렉스 김 지음 공감의 기쁨 2012년 3월 27일 출간'를 기부했는데 그 책의 판매가 급증했다는 반가운 소식이었다. 이 책 제목만으로도 행복하지 못한 모든 어른들에게 너무도 절실한 메시지가 아니었을까. 독서 인구는 준다는데도 수많은 책이 계속 출간되고 있지만 어떤 책이 읽히는 것일까. 그 해답을 JTB '톡투유-걱정말아요 그대' MC 김제동이 내놓았던 것 같다. 한국에서 엑스트라 취급받고 사는 사람들이 끽소리 내는 프로그램 진행 1주년을 앞두고 가진 인터뷰에서 좋은 방송이 뭐냐고 묻자 김제동은 "재미만 있으면 허무하고, 의미만 있으면 지루하다. 원래 주인공인 사람들을 자기 자리로 돌려놓는 일"이라고 설명했다.

　지난 4월 23일은 셰익스피어와 세르반테스가 죽은 지 404년이 되는 날이었다. 유네스코는 이날을 '세계 책의 날'로 정해 기리고 있다. 신神과 내세來世 중심이던 내러티브를 인간의 현세로 초점을 맞추기 시작한 대표적인 서양의 작가가 셰익스피어와 세르반테스라고 할 수 있으리라. 셰익스피어

작품의 주인공들이 주로 왕족이나 귀족이었다면, 성경 다음으로 널리 번역되고 2002년 노벨 연구소가 세계 주요 문인들을 상대로 한 여론 조사에서 '가장 위대한 책' 1위로 뽑힌 돈키호테는 다들 알다시피 어린아이도 이해할 수는 편력 기사 돈키호테와 하인인 산초 판사가 함께하는 수많은 모험 이야기를 통해 겉모습과 그 실체, 현실과 이상, 존재와 당위 같은 인간의 근본적이고 본질적인 문제에 대해 수수께끼 같은 질문을 던지고 있다. 세르반테스가 하는 다음과 같은 말을 우리 심사숙고해 보자.

"너무 정신이 멀쩡한 거야말로 미친 것인지 모를 일이다. 미친 일 중에 가장 미친 일이란 살아야 할 삶이 아닌 주어진 삶을 주어진 그대로 사는 일이다. Too much sanity may be madness and the madness of all, to see life as it is and not as it should be."

그럼 살아야 할 삶이란 어떤 삶일까. 생각해 볼 것도 없이 '아이처럼 행복하게' 사는 삶이 아니랴. 돈키호테처럼 살아보기가 아닐까. 1605년 이 소설이 나오자마자 큰 인기를 얻었고 당시 스페인 국왕 펠리페 3세는 길가에서 책을 들고 웃고 우는 사람을 보고 "저 자는 미친 게 아니라면 돈키호테를 읽고 있는 게 틀림없다."고 말했다는 일화가 전해오고 있다. 2014년 12월 '돈키호테' 1, 2권을 5년 넘게 매달린 끝에 모두 1,600쪽이 넘는 우리말 번역서를 완역한 안영옥 고려대 서어서문학과 교수는 한 인터뷰에서 이런 말을 했다.

"우리는 흔히 엉뚱한 괴짜나 황당한 사람을 두고 돈키호테 같다고 하지요. 하지만 몰라서 하는 말입니다. 돈키호테 원작을 제대로 읽고 나면 생각이 달라질 수밖에 없어요. 처음엔 낄낄대며 웃지만, 마지막 장을 닫고 나면 울게 되는 책이지요. 데카르트는 '생각한다. 고로 존재한다.'고 했지만, 돈키호테는 '행동한다. 고로 존재한다.'고 말합니다. 돈키호테가 풍차를 거인으로 보고 돌진하고, 양떼를 군대로 보고 싸우는데 그가 싸운 괴물의 정체는 당시 스페인의 억압적인 정치 종교 체제입니다. 주인공을 광인으로 설정한 것도 검열이나 법적 구속에서 자유롭기 위한 장치였다고 볼 수 있습니다. 또 웃음으로 모든 권위를 해체시킬 수 있었습니다."

이 번역서 마지막 부분에는 돈키호테가 죽고 난 후 그의 묘비명이 나온다.

"그 용기가 하늘을 찌른 강인한 이달고 이곳에 잠드노라. 죽음이 죽음으로도 그의 목숨을 이기지 못했음을 깨닫노라. 그는 온 세상을 하찮게 여겼으니, 세상은 그가 무서워 떨었노라. 그런 시절 그의 운명은 그가 미쳐 살다가 정신 들어 죽었음을 보증하노라."

안 교수는 돈키호테 2권 423번 각주에 이렇게 적었다.

"돈키호테가 미쳐서 살다가 제정신을 찾고 죽었다는 것을 이야기 하고 있는 이 대목은 우리에게 심오한 삶의 교훈을 준다. 이성의 논리 속에서 이해관계를 따지며 사는 것이 옳은 삶인지, 아니면 진정 우리가 꿈꾸는 것을, 그것이 불가능한 꿈이라 할지라도 실현시키고자 하는 것이 옳은 삶인지를 말이다."

아, 모든 아이는 돈키호테나 김삿갓처럼 우주의 나그네 코스미안으로 태어나는 거라면, 우리 모두 현재 신종 코로나바이러스 코로나바이러스가 일깨워주고 있는 오늘날의 새로운 시대정신의 화신으로서 개명 천지 코스미안 시대를 열어볼거나. 우린 모두 살아 숨 쉬는, 의미도 있고 재미도 있는 삶의, 아니 우주의 책이니까.

스웨덴의 심리학자 케이 앤더스 에릭슨 K. Anders Ericsson, 1947 - 은 수십 년간의 연구조사를 통해 '10,000시간 법칙 the 10,000 Hour Rule'을 발견, 노력의 중요성을 강조해왔다. 무슨 일이든 성취해 성공하려면 최소한 10,000시간을 들여 그 일에 전심전력해야 한다는 말로, 영어 속담에도 있듯이 "연습이 완벽을 기한다. Practice makes perfect"는 뜻이다. 우리말에도 구슬이 서 말이라도 꿰어야 보배라고 하지 않나. 하지만 노력보다 훨씬 더 절대적으로 중요한 것은 영감靈感이라고 해야 하지 않을까. 영감 없이 쏟는 노력은 도로徒勞에 그치고 말 테니까. 이 영감이란 단어는 영어로 'inspiration'이라 하는데 라틴어인 'inspirare'에서 유래한 말로 '숨을 불어 넣는다 to breathe into'란 의미이다. 예부터 부지 부식 간에 시도 때도 없이 불현듯 생각이 떠오르는 게 마치 어디선가 한 줄기 신선한 돌풍이 느닷없이 불어오듯 말이다. 미국 메모 작가memoirist 로저 로젠블라트Roger Rosenblatt, 1940- 는 그의 에세이 '그게 전부인가Is That All There Is'의 결론 부분에서 이런 영감에 대해 이렇게 언급하고 있다.

"어찌 보면, 모든 글은 에세이 쓰기다. 호러에서 미美를, 결핍에서 숭고함을 발견하려는 끝없는 시도이다. 벌과 상 그리고 사랑을 거부하는, 자연적인 모든 인간사에서 처벌하거나 포상하고 사랑하려는 노력 말이다. 이는 아주 힘들고 아무도 알아주지 않는 일로서 마치 신(뭐라 하든 신적인 존재)을 믿는 일과 다르지 않다. 때로는 글을 쓰는 동안 내가 다른 누군가의 디자인에 따라 어떤 하나의 예정된 기획의 일부를 수행하고 있다는 느낌을 갖게 된다. 그리고 어느 날 그동안 내가 한 모든 일들을 돌이켜보면서 생각하리라. 이게 신이 내게 의도한 전부일까. 하지만 그것이 내게 주어진 전부이어라. In a way, all writing is essay writing, an endless attempt at finding beauty in horror, nobility in want-an effort to punish, reward and love all things human that naturally resist punishment, rewards and love. It is an arduous and thankless exercise, not unlike faith in God. Sometimes, when you are in the act of writing, you feel part of a preordained plan, someone else's design. That someone else might as well be God. And then one day you rear back and survey everything you have done, and think, Is this all God had in mind. But it's all you got."

그런데 이런 영감이란 우리 머리와 가슴이 그 어떤 선입견과 편견이나 고정관념 또는 욕심으로 가득 차 있지 않고 텅 비어 있을 때라야 생길 수 있는 신비스런 현상이리라. 아, 그래서 미국의 유명한 컨트리 음악 가수 지미 딘Jimmy Dean 1928-2010도 이렇게 말했으리라.

"바람이 부는 방향을 바꿀 수는 없어도 내 돛을 언제나 내 목적지에 도착할 수 있도록 맞출 수는 있다. I can't change the direction of the wind, but I can adjust my sails to always reach my destination."

그리고 미국의 시각, 청각 중복 장애인으로서 작가, 교육자, 사회주의 운동가로 활약했던 헬렌 켈러Helen Keller 1880-1968도 이렇게 말했으리라.

"세상에서 제일 좋고 아름다운 것들은 볼 수도 만질 수도 없다. 가슴으로 느껴야만 한다. The best and most beautiful things in the world cannot be seen or even touched. They must be felt with the heart."

또 미국의 흑인 여류 시인 마야 앤저로우Maya Angelou 1928-2014는 이렇게 역설한다.

"누군가의 구름에 하나의 무지개가 되도록 노력하라. Try to be a rainbow in someone's cloud."

그뿐만 아니라 이런 말도 있지 않나.

"우리의 삶이란 우리가 놓치는 것들까지를 포함한 수많은 기회로 정의되고 한정된다. Our lives are defined by opportunities, even the ones we miss."

오늘날 전 세계 온 인류가 겪고 있는 코로나 사태라는 이 엄청나 게 큰 위기 또한 그만큼 엄청나게 큰 변혁의 좋은 기회로 삼아야 할 일 아니랴. 그런데 미국의 발명왕 토머스 에디슨Thomas Edison 1847-1931은 말한다.

"대부분의 사람들이 기회를 놓치는 건 그 기회가 작업복을 입고 있거나 일처럼 보이기 때문이다. Opportunity is missed by most people because it is dressed in overalls and looks like work."

이 말은 우리 모든 어른들도 세상살이 인생살이를 어린아이들 소꿉놀이 하듯 즐기라는 뜻이리라. 더 심각한 문제는 우리가 그 어떤 영감이나 사랑도 못 느끼면서 로봇같이 기계적으로 노력하거나 마지 못해 억지 쓰듯 습관적으로 사는 삶이 아닐까. 우리 셰익스피어의 '베니스의 상인'에 나오는 다음과 같은 한 구절 음미해보리라.

> 제 안에 음악이 없는 인간,
> 감미로운 음의 선율에도 감동할 줄 모르고,
> 배신과 계략과 약탈만 일삼는다.
> 그의 정신력은 밤처럼 아둔하고
> 그의 감성은 에레부스
> (카오스에서 태어난 태초의 암흑)처럼
> 캄캄하다.
> 그런 사람을 믿지 마라.
> 음악을 기리라.
>
> The man that hath no music in himself,
> Nor is not moved with concord of sweet sounds,
> Is fit for treasons, stratagems, and spoils;

> The motions of his spirit are dull as night,
> And his affections dark as Erebus.
> Let no such man be trusted.
> Mark the music.

아, 너도나도 우리 삶은 음악이 되어라. 그러자면 우리 삶에 사랑이 있어야 하리라. 그리고 모든 영감이란 사랑에서 뜨는 무지개이리. 그리고 이 사랑이란 것도 새장 같은 그 어떤 틀에 박힌 것일 수는 없으리라.

얼마 전 미국 유타주의 한 빈민가 식당에서 일곱 가족의 식대를 대신 내고 유유히 사라진 한 남성이 화제였었다. 소셜 미디어에서 '미지의 남성The Mystery Man'으로 불린 의문의 주인공 이 한 언론과 인터뷰를 했다. KRIV에 따르면 이 남성은 유타에 있는 대중 간이 식당 데니스Denny's에서 식사를 한 뒤 총 2,521달러를 지불했다. 자신의 식대는 단 21달러였다. 1,000달러는 다른 테이블에서 식사 중이던 사람들의 음식값이었다. 서빙을 한 직원에게도 1,500달러에 달하는 팁을 줬다. 그는 2시간 동안 사람들이 음식을 맛있게 먹는 모습을 보고 앉아 있다가 신원을 밝히지 않은 채 떠났다. 그러나 이렇게 거액의 팁을 받은 직원이 이 남성의 사진을 찍어 페이스북에 올리면서 미담은 급속도로 퍼져나갔다. 페이스북 게시물에는 '좋아요Like'를 39만 개 이상 받았으며 17만 5,000 이상의 공유를 기록했다.

"나는 홀어머니 밑에서 매우 가난하게 자랐다. 집이 없어 어머니 친구 집을 전전했다. 그래서 어머니 친구분들의 도움이 너무 감사했다. 그럼에도 나는 폭행을 일삼다 감옥에도 갔고, 많은 문제를 일으킨 청소년이었다. 운이 좋게도 어른이 되어서 성공한 사업가가 됐다. 이제는 받았던 도움을 돌려줄 때라 생각했다."

팁을 받은 직원은 자신이 집이 없어 복지 시설을 전전하는 홈레스homeless

였었는데 "1,500달러로 당분간 지낼 곳을 마련했다. 눈물 나게 고맙다. 당시 식사를 했던 일곱 가족들도 형편이 어려운 사람들이었다."고 페이스북에 썼다. 그 영문 일부만 옮겨본다.

"Today I met an angel. You came into a Denny's I work at in Utah. You asked me, 'Can I have a waitress who is a single mother?' I thought it was very odd, but I sat you in Crystal's section. You sat there for 2 hours just watching people. Seven families came in and ate while you were there and you paid every one of their bills, over $1,000 you paid for people you didn't even know. I asked, 'Why did you do that'? You simply said, 'Family is everything. I've lost all mine.'"

"가족이 전부다. Family is everything. 난 내 가족을 다 잃었다. I've lost all mine."라는 이 사람이야말로 제 소小가족을 잃은 대신 제 대大가족인 인류라는 '인간가족'을 찾아 얻었음에 틀림없어라. 이런 사랑은 또 '인간가족'에만 국한되지 않고 우주 만물에 적용되는 것이리라.

매년 5,000 마일을 멀다 하지 않고, 생명의 은인을 만나기 위해 찾아오는 펭귄이 있어 화제다. 2012년 브라질 리우데자이네루 Rio de Janeiro에 있는 작은 섬 해안에서 기름투성이가 되어 굶주린 채 죽어가던 마젤란 펭귄 Magellanic penguin 한 마리를 주앙 페레이라 드 수자 Joao Pereira de Souza 당시 71세 씨가 발견하여, 깃털에 달라붙어 있는 검은 타르를 정성껏 닦아주고 물고기를 잡아 먹여 살렸던 것이다. 11개월을 함께 지낸 어느 날, 딘딤Dindim이란 이름의 이 펭귄은 돌연 모습을 감추었고, 다시는 볼 수 없으리라 생각했다. 그러나 딘딤은 해마다 6월이 되면 할아버지를 찾아와서 8개월을 같이 지낸 후 번식기인 2월이 되면 아르헨티나나 칠레로 돌아간다. 할아버지는 딘딤을 자신의 친자식처럼 사랑하며, 딘딤도 할아버지를 좋아한다.

서양에선 20세기 초엽부터 꿈을 연구하는 과학자들의 관심을 끌어온 "lucid dream"이란 말이 있다. 자신이 꿈을 꾸고 있다는 사실을 잘 알면서 꾸는 꿈을 일컫는데, 우리말로는 자각몽自覺夢이 되겠다.

우리가 밤에 자면서 꾸는 꿈뿐만 아니라 잠에서 깨어나 사는 우리 하루하루의 삶 자체가 자각몽이라 할 수 있다면, 우리가 아무것, 아무 일에도 너무 집착하거나 지나치게 심각할 필요가 전혀 없으리라. 다만 내가 만나 접촉하게 되는 모든 사물과 사람을 통해 만인과 만물을, 아니 나 자신을 가슴 저리고 아프게 죽도록 미치도록 사랑할 뿐이어라. 이것이 바로 우리 모두가 각자는 각자 대로 살아 숨 쉬는, 의미도 있고 재미도 있는 삶의, 아니 우주의 책을 쓰고 읽는 것이 되리라.

언제나 기적 이상의 일이 일어나리

"나도 숨을 쉴 수 없다. I too cannot breathe." 최근 미국에서 백인 경찰의 과잉 단속 과정에서 사망한 흑인 조지 플로이드George Floyd 사건에 대한 항의 시위가 전 세계로 번지고 있다. 최근에 영국 런던 중심가에 수천 명이 결집해 미국 시위대에 지지를 보냈다고 AP 통신이 보도했다. 독일, 덴마크, 스위스, 뉴질랜드 등 여러 나라에서도 미 대사관 앞 시위대가 몰렸다는 뉴스다.

2020년 6월 2일자 뉴욕타임스에는 '조지 플로이드에게 바치는 헌사獻詞/獻辭'로 마틴 루터 킹 주니어Martin Luther King Jr. 1929-1968의 다음과 같은 말이 전면 광고로 게재되었다.

"Only way we can really achieve freedom is to somehow hunker the fear of death. But if a man has not discovered something that he will die for, he isn't fit to live. Deep down in our nonviolent creed is the conviction-that there are some things so dear, some things so precious, some things so eternally true, that they're worth dying for.

And if a man happens to be 36 years-old, as I happen to be, some great truth stands before the door of his life-some great opportunity to stand for that which is right and that which is just. And he refuses to stand up because he wants to live a little longer, and he's afraid his home will get bombed, or he's afraid that he will lose his job, or he's afraid that he will get shot, or beat down by state troopers. He may go to live on until he's 80. He's just as dead at 36 as he would be at 80. And the cessation of breathing in his life is merely the belated announcement of an earlier death of the spirit. He died.

A man dies when he refuses to stand up for that which is right. A man dies when he refuses to stand up for justice. A man dies when he refuses to take a stand for that which is true.

So we're going to stand up amid horses. We're going to stand up right here, amid the billy-clubs. We're going to stand up right here amid police dogs, if they have them. We're going to stand up amid tear gas!

We're going to stand up amid anything they can muster up, letting the world know that we are determined to be free!"

이상의 인용문을 미국 건국 국부의 한 사람이었고 초대(1776-1779)와 제6대(1784-1786) 버지니아주 주지사를 지낸 패트릭 헨리 Patric Henry 1736-1799가 1775년 행한 영국으로부터 미국의 독립을 쟁취하자는 연설문의 한 문장 "자유가 아니면 죽음을 달라! Give me liberty or give me death!"로 대체할 수 있으리라. 이는 동서고금을 통해 계속되는 이슈 issue가 아닌가. 좋든 싫든 적자생존 適者生存과 약육강식 弱肉强食의 인간세계뿐만 아니라 자연계에 상존하는 '정글의 법칙The Law of the Jungle'이 아닌가 말이다. 이를 내가 다른 말로 표현하자면 누구든 언제 어디에서나 최종 결과라 할까 가장 중요한 생존 법칙의 요점은 단 한 구절로 요약될 수 될 수 있으리라.

"가라앉지(익사하지) 않으려면 헤엄쳐라. Sink or Swim."
"내 탓이 아니고, 네 탓이지 Your fault, Not mine"

이솝우화에 나오는 이 이야기는 각자가 제 운명의 주인이라는 교훈을 주고 있다.

"한 나그네가 긴 여정에 지쳐 깊은 우물가에 쓰러졌다. 전해오는 얘기로, 그가 물에 빠지기 직전에 행운의 여신이 나타나 그를 잠에서 깨우면서 말하기를 안녕하세요, 선생님, 빌건대 정신 좀 차리고 일어나세요. 당신이 물에 빠져 죽으면 사람들은 내 탓이라며 내게 오명을 씌울 거에요. 사람들은 아무리 자신들의 어리석음으로 초래했더라도 모든 불행을 내 탓으로 돌린답니다. A traveler, wearied with a long journey, lay down over- come with fatigue on the very brink of a deep well. Being within an inch of falling into the water, Dame Fortune, it is said, appeared to him and, waking him from his slumber, thus addressed him: Good Day, sir, pray wake up; for had you fallen into the well, the blame will be thrown on me, and I shall get an ill name among mortals; for I find that men are sure to impute their calamities to me, however much by their own folly they have really brought them on them-selves."

미국의 유명 흑인 토크쇼 호스트, 배우, TV 제작자, 미디어 경영자로 자선사업가인 오프라 윈프리Oprah Winfrey, 1954 - 의 아래와 같은 말도 유비무환有備無患의 교훈을 준다.

"내 인생에서 행운이란 없다. 아무것도 없다. 많은 은총과 많은 축복과 많은 신적神的인 디자인 설계가 있었을 뿐이나 나는 행운을 믿지 않는다. 나에게는 행운이란 준비상태로 기회의 순간을 포착하는 것이다. 기회의 순간을 맞을 준비 없이는 행운 이란 없다. 나로 말할 것 같으면 내 손, 그리고 또 하나의 손, 내 손보다 크고 내 힘보다 큰 힘이 있었기에 나 자신도 모르는 방식으로 내가 준비되어 왔다는 사실이다. 나와 모든 사람에게 이 진실은 우리 삶에 일어나는 모든 일 매사가 우리를 앞으로 닥칠 순간에 대비 시켜 준다는 거다. Nothing about my life is lucky. Nothing. A lot of grace, a lot of blessings, a lot of divine order, but I don't believe in luck. For me, luck is preparation meeting the moment of opportunity. There is no luck without you being prepared to handle that moment of opportunity. And so what I would say for myself is that because of my hand, and a hand and a force greater than my own, I have been prepared in ways I didn't even know I was being prepared for. The truth is, for me and for every person, every single thing that has ever happened in your life is preparing you for the moment that is to come."

자, 이제 도널드 트럼프의 다음과 같은 말도 좀 음미해보자.

"당신은 '행운이란 기회가 준비를 만날 때 찾아온다.'는 말을 들었을 것이다. 난 이 말에 동의한다. 누구는 운이 좋다고 마치 자신들은 그렇지 못하다는 걸 강조하듯이 사람들이 말하는 걸 자주 들었다. 내가 생각건대 사실은 불평하는 사람들이 운이 좋도록 노력하지 않는다는 거다. 당신의 운이 좋아지려면 큰일을 준비하시라. 그렇다. 영화를 보는 게 더 재미있겠지만 당신이 영화산업에 뛰어들 생각이 없다면 시간 낭비다. 당신의 재능을 개발하려면 노력이 필요하고, 노력이 행운을 가져온다. 성공에 대해 이런 마음가짐과 태도를 갖는 것이 당신의 보람 있는 인생코스를 밟는 지름길이다.

한동안 말들이 많았다. 좌절감이다 걱정거리다 하는 것들을 가슴 밖으로 발산해버리는 게 건강에 좋다고. 어느 한도까진 그럴 수도 있겠지만 지나치면 곤란하다. 최근 글을 하나 읽었는데 아무런 대책 없이 불평만 하는 건 육체적으로나 정신적으로나 해롭다 는 거였다. 인터넷 시대가 도래해 블로그 등 각종 매체가 있어 사람들이 너무 많은 시간을 부정적인 데 소모하고 있는데, 불균형이 강조되고, 이런 부정적인 프커스는 상황을 호전시키지 못한다. 어떤 문제에 대한 해결책을 생각해 보기도 전에 그 문제에 빠져 허우적거리느라 진이 다 빠지지 않도록 할 일이다. 그러는 건 미친 짓이다. 긍정적이고 창의적으로 생각하고 관찰하기 위해서는 열정적인 정신력과 에너지가 있어야 한다. 부정적으로 되기는 쉽고 안일하다. 당신 정신력의 포커스를 적극적인 해결책에 맞추라. 그러면 이런 네 정신상태가 네 행운을 창조할 것이다. You may have heard the saying 'Luck is when opportunity meets preparedness.' I agree. I've often heard people talking about so-and-so is so lucky as if to emphasize that they themselves are not lucky. I think what's really happening is the complainers aren't working themselves into luck. If you want to be lucky, prepare for something big. Sure, it might be more fun to watch movies, but unless you're going into the film industry, it's not the best use of your time. Developing your talents requires work, and work creates luck. Having this attitude toward success is a great way to set your self on a rewarding course for your life.

There was a lot of talk for a while about venting your frustrations and anxieties and how it might be healthy to get them off your chest. To a point, yes, but to an exaggerated degree, no. I read an article recently about how complaining without doing anything about it is actually detrimental to physical and mental well-being. With the advent of blogging and all the other sorts of opinion-gushing venues available to everyone now, people are spending way too much time harping on negative themes. The emphasis is out of balance, and the negative focus doesn't help the situation. Don't dwell so much on a problem that you've exhausted yourself before you can even entertain a solution. It just doesn't make sense. It takes brainpower and energy to think positively and creatively-and to see creatively and positively. Going negative is the easy way, the lazy way. Use your brain-power to focus on positives and solutions, and your own mind-set will help create your own luck."

이상과 같은 트럼프의 말은 미국의 발명왕 토머스 에디슨Thomas Edison 1847-1931의 말을 상기시킨다. "천재는 1%의 영감과 99%의 땀이다. Genius is one percent inspiration and ninety-nine percent perspiration." 동시에 미국의 신화종교학자 조셉 캠벨Joseph Campbell 1904-1987의 말이 떠오른다.

"아모르 파티amor fati란 니체의 사상이 있다. 직역하자면 네 운명을 사랑하라는 말이지만 실은 네 삶을 사랑하라는 말이다. 그의 말대로 네게 일어나는 단 한 가지 일이라도 부정하면 이에 얽힌 모든 일이 풀어져 허물어지게 된다. 그뿐만 아니라 동화 수용될 사정과 상황이 도전적이고 위협적일수록 너를 큰 사람으로 만들어 준다. 네가 용납하는 귀신은 네게 그의 마력을 넘겨주고, 삶의 고통이 클수록 그 보람도 큰 법이다. There is an important idea in Nietzsche of amor fati, the love of your fate, which is in fact your life. As he says, if you say no to a single factor in your life, you have un- raveled the whole thing. Furthermore, the more challenging or threatening the situation or context to be assimilated and affirmed, the greater the stature of the person who can achieve it.

The demon that you can swallow gives its power, and the greater life's pain, the greater life's reply."

영어 속담에 "아침에 일찍 일어나는 새가 벌레를 잡는다. The early bird catches the worm."고 하지만 "일찍 일어나는 벌레는 잡아 먹힌다. The early worm gets eaten."는 사실도 명심할 일이다. 9·11사태 때 일찍 출근한 사람들은 죽고 늦은 사람들은 살지 않았나. 독일 철학자 아르투어 쇼펜하우어Arthur Schopenhauer 1788-1860가 그의 '삶의 지혜에 대한 에세이들The Essays on the Wisdom of Life, 1851'에서 하는 말도 우리 좀 곱새겨보자.

"옛날 선인先人이 진실로 말하기를 세상에 세 가지 큰 세력이 있다. 슬기와 힘과 운인데 내 생각에는 그중에서 운의 영향력이 제일 크고 유효하다. 한 사람의 삶은 배를 타고 항해하는 것과 같아 운이란 바람에 따라 배가 빨리 가기도 하고 길을 잃기도 한다. 사람이 할 수 있는 일이란 별로 없다. 열심히 계속해서 노를 저으면 항해에 도움이 되겠지만 갑자기 돌풍이라도 불게 되면 노를 젓기는 헛수고가 된다. 그러나 순풍을 만나게 되면 노를 저을 필요도 없이 순항하게 된다. 운의 위력이 스페인의 한 속담에 잘 표현되어 있다. '네 아들에게 행운을 주고 바닷물에 던져버려라.' 하지만 일컫노니 이 우연이란 고약한 놈이라서 믿을 게 못 된다. 그래도 우리에게 빚진 것도 없고 또 우리가 받을 권리나 자격은 없지만 어디까지나 일방적으로 선심과 은총에서 주는 선물로 주겠다면 이런 은혜를 찬스 말고 그 누가 우리에게 우연히 베풀 수 있겠는가? 다만 우리는 언제나 겸허히 기쁘게 이를 받을 희망을 품을 뿐이다. 누구나 시행착오의 미로를 통해 한평생을 살아온 삶을 돌이켜 보면 지나치게 부당한 자책을 하기보단 여러 시점에서 행운을 놓치고 불행을 맞은 사실을 발견하게 된다. 왜냐 할 것 같으면 한 사람의 인생살이가 전적으로 자신의 소관 사항이 아닌 두 가지 요인의 산물인 까닭에서다. 일어난 일련의 사태와 이를 어떻게 자신이 처리해왔는가로 이 둘이 항상 상호작용하면서 서로를 수정해왔기 때문이다. An ancient writer says, very truly, that there are three great powers in the world: sagacity, strength, and luck. I think the last is the most efficacious. A man's life is like the voyage of a ship, where luck acts the part of the wind and speeds the vessel on its way or drives it far out of its course. All that the man can do for himself is of little avail; like rudder, which if worked hard and continuously may help in the navigation of the ship; and yet all may be lost again by a sudden squall. But if the wind is only in the right quarter, the ship will sail on so as not to need any steering. The power of luck is nowhere better expressed than in a certain Spanish proverb: 'Give your son luck and throw him into the sea.' Still, chance, it may be said, is a malignant power, and as little as possible should be left to its agency. And yet where is there any giver who, in dispensing gifts, tells us quite clearly that we have no right to them, and that we owe them not to any merit on our part, but wholly to the goodness and grace of the giver-at the same time allowing us to cherish the joyful hope of receiving, in all humility, further undeserved gifts from the same hands-where is there any giver like that, unless it be Chance, who under-stands the kingly art of showing the recipient that all merit is powerless and unavailing against the royal grace and favor? On looking back over the course of his life-that labyrinthine way of error-a man must see many points where luck failed him and misfortune came; and than it is easy to carry self-reproach to an unjust excess. For the course of a man's life is in no way entirely of his own making; it is the product of two factors-the series of things that happened, and his own resolves in regard to them, and these two are constantly interacting upon and modifying each other."

이상의 말을 한 구절로 줄인다면 '운에 맡기기 trusting the luck'가 될 테고, 우리말로는 진인사대천명盡人事待天命이 되리라. 하지만 우리가 시도하고 도모하는 일이 성사되든 안 되든, 그 결과가 어떻든 상관없이 모두가 다 남는 장사가 아니겠는가? 우리 생각 좀 해보면 이 얼마나 기막힐 기적 이상의 행운인가! 우리가 이 세상에 태어나 삶을 살아본다는 것은 축복 중의 축복이 아니랴. 우리 각자 두뇌 속에 하늘의 수많은 별들만큼의 신경 세포인 '뉴론들neurons'이 있다고 하지 않는가. 우리 모두 우주 나그네 코스미안들로서 이 지구별을 방문하지 않았더라면 이 아름답고 경이로운 곳에 머무는 동안 해보지 못했을 일들도 하늘의 별만큼 많지 않은가 말이어라.

> 기어도 보고, 걸어도 보고, 날아도 보고,
> 온갖 아름다운 풀, 꽃, 산과 들, 강과 바다도 보고,
> 갖가지 시고 맵고 짜고 달고 맛있는 음식도 먹어보고
> 새소리, 빗소리, 바람 소리, 천둥소리, 자연의 소리 들어보고,
> 가슴에서 샘솟는 시와 노래지어 읊고 부르기도 듣기도 해보고,
> 기쁨과 아픔과 슬픔의 사랑도, 그 좋은 섹스도 할 만큼 해보고,
> 영고성쇠榮枯盛衰 파란만장波瀾萬丈한 삶을 살아본다는 것
> 그리고 끝으로 죽어도 본다는 것, 이 모든 것이 우리 각자 모두
> 사랑의 무지개배를 타고 망망대해茫茫大海 코스모스바다로
> 황홀하게 항해해보고 하늘하늘 코스모스하늘로 날아본다는 것
> 이 얼마나 기차도록 기막힐 기적의 행운이 아니고 무엇이겠는가.

이처럼 우리 삶이 우주항해이고 우주비행이며 우주여행의 우주 놀이라면 우리가 어떻게 이런 놀이를 더 좀 신나고 재밌게 해볼 수 있을까? 길잡이로 옛날이야기 하나 해보리라. 유방을 도와 중국 한나라를 건국한 장량의 이야기다.

진시황은 중국을 제패하여 통일제국을 이룩했다. 멸망한 나라의 무관 귀족 출신이었던 젊은 장량은 진시황을 암살할 계획을 가지고 자기 나라의

재건을 도모한다. 한때 장량은 진시황의 마차를 습격하였으나 실패하고 쫓기는 신세가 되어 자신의 신분을 감추며 떠돌이 생활을 하던 중, 한 시골에서 다리에 걸터앉아 있는 노인을 만난다. 노인은 장량보고 신발이 다리 아래로 떨어졌으니 주워 달란다. 장량이 힘들게 다리 아래로 내려가 신발을 주워 오자 노인은 이제 신발을 신겨 달란다. 신발을 신겨 주자 노인은 신겨 준 신발을 다리 아래로 떨어뜨리고는 다시 주워오란다. 반복되는 노인 부탁에 장량은 화가 났지만, 여러 번이나 참으며 노인의 신발을 주워 오자, 노인은 선물을 줄 터이니 다음날 보자고 했다.

다음날 장량이 다리에 나오자 노인이 버럭 화를 낸다. 젊은 놈이 노인보다 미리 나와 있어야지 하면서 내일 다시 오라 한다. 다음 날 다시 일찍 그 다리에 가보니, 노인이 또 먼저 와 있었다. 다시 늦게 왔다고 야단치며 다음날 다시 나오라고 한다. 장량은 그날 아예 집에 가지 않고 그 다리에서 밤을 새우고 기다렸다. 그러나 다음날 해가 지도록 노인이 나타나지 않아 떠나려고 일어날 즈음 나타난 노인이 책 한 권을 건네주면서 "천하 통일을 하려면 이걸 미리 꼭 읽고 준비하라."고 말하고는 사라진다. 장량은 자신의 마음을 읽은 노인의 독심술에 감탄하며 이 책을 수도 없이 여러 번 읽고 또 읽은 후 유방과 한신을 만나 함께 한나라를 건국하게 된다. 노인이 장량에게 건네준 책이 바로 '소서素書'라는 비서로 정신수양과 지혜에 관한 중국 고서 중 하나이다. 이 소서를 탐독한 장량은 물고기를 잡기 전에 먼저 그물을 짰다고 한다. 원불교 창시자 소태산 대종사는 "일이 없을 때는 항상 일 있을 때 할 것을 준비하고 일이 있을 때는 항상 일 없을 때의 심경을 가질지니, 만일 일이 없을 때 일 있을 때의 준비가 없으면 일을 당하여 창황전도蒼惶顚倒함을 면하지 못할 것이요, 일 있을 때 일 없을 때의 심경을 가지지 못한다면 마침내 판국에 얽매인 사람이 되고 마나니라."라고 말했다 한다.

전해오는 이야기로 히말라야 설산에는 야명조夜鳴鳥라는 새가 있는데 '밤에는 집을 짓겠다고 우는 새'라는 뜻에서 붙여진 이름이라고 한다. 이 새는 몸집이 크고 추위를 잘 타는데 밤이면 추워 울면서 내일 날이 밝으면 집을 짓겠다고 결심하지만 아침이 되어 기온이 따뜻해지면 놀러 다니다가 밤이 되면 다시 내일은 반드시 꼭 둥지를 지어야지 하며 다시 결심하면서 운다고 한다.

아는 만큼 보이고 보이는 만큼 알게 된다지만, 우리 각자는 각자대로 자신의 삶을 사랑하고 사는 만큼 사는 것이리라. 끝으로 우리 독일계 미국 시인 찰스 부코우스키 Charles Bukowski 1920-1994의 시 한 편 음미해보리라.

무리의 천재성

인간에겐 언제나
군대가 필요로 하는
배반과 증오와 폭력과 부조리가 있지

살인을 제일 많이 하는 건 살인하지 말라고
설교하는 자들이고
제일 심하게 미워하는 건 가장 큰 목소리로
사랑을 외치는 자들이며
전쟁을 제일 잘하는 건
평화를 주창하는 자들이지

신을 전파하는 자들이야말로
신이 필요하고
평화를 부르짖는 자들이야말로
평화를 모르며
평화를 부르짖는 자들이야말로
사랑을 모르지

경계하라 설교하는 자들을
경계하라 안다는 자들을
경계하라 늘 독서하는 자들을
경계하라 빈곤을 싫어하거나
자랑스러워 하는 자들을
경계하라 칭찬을 받으려고
먼저 칭찬하는 자들을
경계하라 제가 모르는 게 두려워서
남 비난하는 자들을
경계하라 혼자서는 아무것도 아니기에
세상 무리들을 찾는 자들을
경계하라 보통 남자와 보통 여자를
경계하라 그들의 사랑을
그들의 사랑은 보통이기에
보통을 찾지

그러나 그들의 증오엔
천재성이 있어
널 죽이고 아무라도 죽일 수 있지
고독을 원하지도 이해하지도 못해
자신들과 다른 것은
뭣이든 다 파괴하려는 자들을
예술을 창조할 수 없어
예술을 이해할 수 없는 그들은
제 잘못이 아니고
모든 게 세상 탓이고
제 사랑이 부족한 건 깨닫지 못한 채
네 사랑이 불충분하다고 믿으면서
널 미워하느라
그들의 미움이 완전히 지독해지지

빛나는 다이아몬드같이
칼날같이
산 같이
호랑이같이
독초같이

그들 최상의 예술이지

The Genius Of The Crowd Poem by Charles Bukowski

There is enough treachery, hatred, violence, absurdity
in the average
Human being to supply any given army on any given day

And the best at murder are those who preach against it
And the best at hate are those who preach love
And the best at war finally are those who preach peace

Those who preach god, need god
Those who preach peace do not have peace
Those who preach peace do not have love

Beware the preachers
Beware the knowers
Beware those who are always reading books
Beware those who either detest poverty
Or are proud of it
Beware those who are quick to praise
For they need praise in return
Beware those who are quick to censor
They are afraid of what they do not know

Beware those who seek constant crowds for
They are nothing alone
Beware the average man the average woman
Beware their love, their love is average
Seeks average

But there is genius in their hatred
There is enough genius in their hatred to kill you
To kill anybody
Not wanting solitude
Not understanding solitude
They will attempt to destroy anything
That differs from their own
Not being able to create art
They will not understand art
They will consider their failure as creators
Only as a failure of the world
Not being able to love fully
They will believe your love incomplete
And then they will hate you
And their hatred will be perfect

Like a shining diamond
Like a knife
Like a mountain
Like a tiger
Like a hemlock

Their finest art

이 시를 두 개의 사자성어로 내가 줄인다면 인자견인仁者見仁, 지자견지知者

Just Cosmian

見知라고 할 수 있으리라. 아니 우리 삶의 궁극을 네 글자로 줄인다면 '수수께끼'라고 해야 하지 않을까. 미국 시인 리타 다브Rita Dove, 1952- 의 시구처럼 "이상하게 느끼면 이상한 일이 생기리. If you feel strange, strange things will happen to you."

우리가 우리 가슴 뛰는 대로 사노라면 언제나 이상하고 별스럽게 기적 같은 아니 기적 이상의 일이 일어나리.

푸른 꿈이여, 영원하리

> 한 사람에 하나의 역사
> 한 사람에 하나의 별
> 70억 개의 빛으로 빛나는
> 70억 가지의 세계

최근 "디어 클래스 오브 2020 Dear Class of 2020, headlined by Barack and Michelle Obama"의 대미를 장식한 BTS의 노래 '소우주Mikrokomos' 가사 한 토막이다.

"글 쓰는 사람에게 일어날 수 있는 최악의 일은 작가가 되는 것이다. The worst thing that can happen to a writer is to become a Writer."

미국 작가 메리 맥카시Mary McCarthy 1912-1989의 말이다. 이 말은 글 쓰는 일이 사랑을 하고 삶을 사는, 삶을 사랑하는 일을 대신할 수 없다는 말일 게다. 다시 말해 글과 삶이 같아야 한다는 뜻일 것이다. 이런 뜻에서 나 또한 작가가 되고 싶지 않았다. 다만 사랑하며 살아온 삶의 흔적을 조금이나마 다른 사람들과 나누고 싶었을 뿐이다. 그것도 너무 진지하고 심각하지 않게 말이어라. "심각한 체하는 건 아직 떫을 때"란 우리말이 있고, 영어로는 "Don't take yourself too seriously."라고 한다. 그래서 이 글도 우리 매사에 지나치게 진지하고 심각하지 말자는 비망록備忘錄이다.

이제 광복이 지난지 오래 되었는데 아직까지도 억지 이념과 사상으로 꽁꽁 얼어붙어 있는 모든 한을 풀고 우리 모두 가슴 뛰는 대로 살았으면 좋겠다. 봄 아지랑이처럼 하늘하늘 오르는 코스모스무지개 타고 가볍게 하늘로 피어오르기를 간절히 바라고 빌 뿐이다. 미국 출생의 영국 시인 티에스 엘리엇T.S. Eliot1888-1965의 시 'Four Quartets'의 한 구절 우리 함께 음미해 보리라.

> 우리는 탐험을 멈추지 않을 것이고
> 우리가 하는 모든 탐험의 목적은
> 우리가 출발한 지점에 도착해서
> 이곳을 우리가 처음으로 알게 되는 것이리.
>
> We shall not cease from exploration,
> and the end of all our exploring
> will be to arrive where we started
> and know the place for the first time.

아울러, 다음과 같은 두 사람의 대조적인 말도 우리 한 번 깊이 곱씹어보리라.

"세상에 내가 무언가를 작곡해 그 곡을 들어보는 것 이상의 더 큰 기쁨과 희열은 없다. 예술을 위해 사는 것 이상의 행복을 나는 상상조차 할 수 없다. There is nothing greater than the joy of composing something oneself and then listening to it. My imagination can picture no fairer happiness than to continue living for art."

독일의 피아니스트 클라라 슈만Clara Schumann 1819-1896의 말이다.

> 내가 비록 세계 최고의 명작을 썼다 한들
> 내가 비록 세계 최고의 교향곡 심포니를 작곡했다 한들
> 내가 비록 세계 최고의 아름다운 그림을 그렸다 한들
> 내가 비록 세계 최고의 절묘한 조각을 새겨 만들었다 한들
> 내가 낳은 내 아기를 내 가슴에 안았을 때처럼
> 고양된 창조감을 느껴보진 못했으리라.
>
> 어떤 인간도 내 아이가 이 세상에 태어난 후 내가
> 자주 느끼는 이 엄청난 사랑과 기쁨의 충만감을
> 수용할 수도 감당할 수도 없으리. 이와 함께
> 숭배하는 경모심도 생겼어라.
>
> If I had written the greatest book
> composed the greatest symphony
> painted the most beautiful painting or
> carved the most exquisite figure
> I could not have felt the more exalted creator
> than I did when they placed my child in my arms.
>
> No human creature could receive or contain
> so vast a flood of love and joy as I often felt
> after the birth of my child. With this came
> the need to worship and adore.

미국 언론인 작가로 사회개혁가 도로시 데이Dorothy Day 1897-1980의 말이다. 이 말의 핵심核心은 어린아이가 우리 모두의 신神이란 뜻이리라. 그렇다면 5월 5일 만이 아니고 일 년 365일 매일이 우리의 주일主日인 '어린이날'이어라.

"우리나라의 교육제도는 해마다 바뀌고 여러 정책이 늘 제시되지만 정작

바뀌지 않는 것이 있다. 바로 우리 사회의 가치관이다. 우리 자라나는 청소년들이 진정으로 건강하고 행복해지기 위해서는 이들이 고전을 읽어야 한다고 생각했다. 여러 동서양의 고전을 통해 지식을 살찌우고 지혜롭고 창의적인 사고를 하며 건강한 가치관을 정립하기를 원했다. 그래서 '올재'를 설립했다."

'올재'의 홍정욱 대표의 말처럼 이 출판사는 저작권 문제가 없는 동양과 서양의 고전을 최대한 읽기 쉬운 한글 번역본과 누구나 갖고 싶은 멋스러운 디자인으로 출판하여, 대기업에서 후원을 받아 한 권당 2,000원에서 3,000원대의 가격으로 대중에게 판매하고, 전체 발간 도서의 20%를 저소득층과 사회 소수계층에게 무료로 나누어 주는 일종의 소셜 비즈니스 회사라고 한다.

1970년과 2012년 영화로도 만들어진 '나의 달콤한 오렌지 나무My Sweet Orange Tree/Meu Pe' de Laranja Lima by Jose' Mauro de Vasconcelos 1920-1984란 소설이 있다. 1968년 출간되어 브라질 초등학교 강독 교재로 사용됐고, 미국, 유럽 등에서도 널리 번역 소개되었으며, 전 세계 수십 개 국어로 번역 출판되었다. 한국에서는 1978년 '나의 라임오렌지나무'로 첫선을 보인 후 50여 곳 이상의 출판사에서 중복 출판되어 400만 부 이상 팔린 초대형 베스트셀러로, 2003년 'MBC 느낌표'에 선정되었고, 지금도 꾸준히 사랑 받고 있는 성장 소설의 고전이다.

저자 바스콘셀로스는 1920년 리우데자네이루의 방구시에서 포르투갈계 아버지와 인디언계의 어머니 사이에서 태어나 권투선수, 바나나 농장 인부, 야간 업소 웨이터 등 고된 직업을 전전하며 불우한 어린 시절을 보냈지만 이 모든 고생이 그가 작가가 되는 밑거름이 되었다. 우리나라는 물론 세계 모든 나라에서 흙수저를 물고 태어난 모든 어린이들에게 바치는 '헌사獻詞/獻辭'라고 할 만한 이 저자의 자전적 소설에서 독자는 자신의 모습을 보게 된다. 극심한 가난과 무관심 속에서도 순수한 영혼과 따뜻한 마음씨를 가진 여덟 살짜리 소년 제제Zeze가 티 없이 짜릿 풋풋한 눈물과 웃음을 선사한다. 장난꾸러기 제제가 동물과 식물 등 세상의 모든 사물과 소통하면서 천사와 하나님이 따로 없음을 실감케 해 준다. 바스콘세로스는 이 작품을 단 12일 만에 썼지만 20여 년 동안 구상하면서 철저하게 체험을 바탕으로 했다고 한다.

한 권의 소설을 단 한 줄로 쓰는 것이 시라면, 마찬가지로 한 권의 자서전을 한 편의 단문으로 쓰는 게 에세이나 수필이라 할 수 있지 않을까. 그뿐만 아니라 그림을 그리든 글을 쓰든 화가나 작가가 어떤 가치관을 갖고 어떤 색안경을 쓰고 쓰느냐에 따라 그 내용이 판이해지듯 그림을 보고 글을 읽는 사람도 어떤 시각과 관점으로 보고 읽느냐에 따라 보고 읽는 내용이 전혀 달라지는 것이리라. 그러니 동심의 눈으로 보면 모든 게 꽃 천지요 별세계다. 돌도 나무도, 벌레도 새도, 다 내 친구요 만물이 다 나이며, 모든 것이 하나이고, 어디나 다 놀이터 낙원이다. 이렇게 우리는 모두 요술쟁이 어린이로 태어나지 않았는가.

1590년에 나와 "불태워지는 대신 불처럼 번져나갔고, 불타오르듯 읽혔다."는 중국 당나라 때 진보적 사상가였던 이탁오李卓吾 1527-1602, 서양에는 Li Zhi로 알려지는 그의 대표적 저술로 시와 산문 등을 모아 놓은 문집 '분서焚書'에서 이렇게 말한다.

"어린아이는 사람의 근본이며 동심은 마음의 근본이다. 동심은 순수한 진실이며 최초의 한 가지 본심이다. 만약 동심을 잃는다면 진심을 잃게 되며, 진심을 잃으면 참된 사람이 되는 것을 잃는 것이다."

'시야 놀자'의 서문에서 섬진강 시인 김용택은 이렇게 말하고 있다.

"동심은 시의 마음입니다. 동심을 잃어버린 세상을 상상할 수 없습니다. 시는 사람들이 사는 세상 속에서 가장 기본적인 정신이기 때문에 동심을 잃어버리지 않은 어른들이 시를 씁니다. 동심은 우리가 사는 세상에 대한 호기심과 세상에 대한 궁금증을 어떻게 하지 못합니다."

우리 윤동주의 동시 세 편을 같이 읊어보리라.

나무

나무가 춤을 추면
바람이 불고
나무가 잠잠하면
바람도 자오

반딧불

가자가자 숲으로 가자
달 조각을 주우러 숲으로 가자

그믐달 반딧불은
부서진 달 조각

가자가자 숲으로 가자
달 조각을 주우러

내일은 없다

내일 내일 하기에

> 물었더니
> 밤을 자고 동틀 때
> 내일이라고
> 새날을 찾던 나는
> 잠을 자고 깨어보니
> 그때는 내일이 아니라
> 오늘이더라
> 무리여! 동무여!
> 내일은 없나니

 통신 이론상 신호를 멀리 보내기 위해서는 낮은 주파수만이 아니라 낮은 속도의 전송 신호를 사용해야 한다고 한다. 와이파이 같은 통신기기는 사용자와의 거리가 수십 미터 정도이니까 1초에 5억 비트 정도까지 전송할 수 있지만, 5,000만 km가 넘는 화성의 탐사선까지 보내려면 1초에 수백 비트 정도 낮은 속도로 보내야 한다고 한다. 실제로 낮은 소리의 말은 귀보다는 가슴에 들리고 마음에 전달되는 것 같다. 내가 딸 다섯을 키우면서 애들이 아주 어렸을 때부터 항상 애들한테 고작 한 말이 낮은 목소리로 "네가 더 잘 알아 You know better"라고 하면 애들이 정말 더 잘 알아서 하고 했으니까. 내 피는 안 섞였지만, 사랑으로 키운 막내딸의 결혼식 전날 저녁 양가 가족들과 친구들만 초대한 식사 자리에서 신랑과 신부에게 나는 다음과 같은 짤막한 조언을 하자 젊은 친구들로부터 큰 박수를 받고 환호성을 들었다.

Good Evening.

This is a very good and special evening to us all, as we are here to celebrate the cosmic union, if not reunion, of Ben and Jackie (for Jacqueline), their families and friends. May it be the start of a wonderful journey together full of fun for the completion of their, or rather, our preordained unity.

My wife, Kay (for Kilja), who is esteemed the perfect matriarch, and I, Tae-Sang, her loyal attendant, we are extremely happy to have Ben (for Benjamin) as our son-in-love, I repeat, son-in-love, not son-in-law, because we believe in love, not in law. For the whole tribe of Kay's, life means love, nothing else.

I think there is a close affinity between Jewish and Korean. (Ben is Jewish.) Now, let me have Ben's attention for a moment, please. I want you to look at Jackie's Mom tonight. Even if you like her today, take a look at her tomorrow. If you still admire and adore her as I do, then, close your eyes. Yes, go ahead and marry her daughter as planned.

Ladies are said to be fickle like the weather. They say men can never understand women. I have a tip for you, Ben. Just stand under. I mean under the umbrella of love. You may get wet and suntanned a little from time to time, but never soaked or sun-burnt. There will be no bad weather, only different kinds of good weather for you Ben as long as you stay under the magic umbrella. You know what! You might even soar high above the clouds occasionally.

Here are the luckiest young man and the most beautiful and lovely girl.

I'd like to propose a toast to the blessed couple.

Cheers!

미주판 중앙일보 오피니언 페이지 칼럼 '문명의 이기는 어디로부터 오는가'에서 문유석 인천지법 부장판사는 이렇게 진단한다.

"샤를리 에브도 테러와 파리 테러는 모두 프랑스에서 이루어졌다는 점에서 서구 문명에 대한 공격적 의미가 크다. 자유, 평등, 박애라는 프랑스 대혁명 정신을 토대로 수 세기에 걸쳐 유럽은 인류역사상 최고 수준의 진보

한 사회를 건설했다. 넘치는 자유, 다양성의 존중, 민주주의, 높은 수준의 복지, 그런 사회 내부에서 성장한 이민자 자녀들이 사회에 대한 증오를 토대로 극단주의 테러리스트가 되었다. 이들의 공격은 서구 문명이 건설해 온 소중한 가치들이 모래성처럼 취약했다는 것을 드러내고 말았다."

그러면서 그는 그 해법도 제시한다.

"장벽을 허물고 세계를 평평하게 만들어 온 것은 서구 문명의 경제적 토대인 자본주의다. 자본은 쉴 틈 없이 경계를 해체하며 새로운 시장과 싼 노동력, 풍부한 자원을 확보하려 한다. 저커버그가 드론을 띄워 아프리카 오지까지 인터넷을 제공하듯 말이다. 장벽을 쌓고 먼 곳에 있는 테러리스트를 겨냥해 보내는 폭격기들의 부수적 피해, 즉 민간인 희생자들에 대한 분노는 제거한 테러리스트 숫자보다 훨씬 많은 자생적 테러리스트를 새로 공급한다. 결국 서구 문명이 건설한 가치 자체가 문제였을까. 아니면 그것을 장벽 내에서 자기들만 누린 것이 문제였을까. 어느 쪽을 문제로 보느냐에 따라 해답도 달라질 것이다."

"맥스Max, 태어난 걸 축하해. 정말 멋진 엄마와 아빠를 뒀구나. 두 분의 결정을 듣고 흥분했어." 마크 저커버그Mark Zuckerberg, 1984 - 페이스북 CEO와 아내 프리실라 챈Priscilla Chan, 1985 - 부부가 딸 맥스를 낳은 뒤 페이스북 지분의 99%(당시 시가 약 52조 원)를 자선사업에 기부하겠다고 밝힌 2015년 12월 1일에 멀린다 게이츠Melinda Gates, 1964 - 가 저커버그의 페이스북에 남긴 글이다. 그리고 멀린다는 저커버그 부부에게 이런 말도 했다. "씨가 뿌려졌고, 이제 자랄 겁니다. 수십 년 동안 열매를 맺겠지요." 멀린다는 남편인 마이크로소프트 설립자 빌 게이츠Bill Gates, 1955 - 와 재단을 만들어 자선활동을 펴고 있다. 2008년까지 360억 달러(당시 약 42조 원)를 기부했고 매년 추가로 기부하고 있다.

얼마 전 미국 미네소타주(州) 로즈마운트의 연말 구세군 자선냄비에 한 노부부가 50만 달러의 수표를 내놓았다. 미국 구세군 자선냄비에 이만큼 거액의 기부금이 들어온 것은 처음이라고 했다. 이 노부부는 익명을 요구하며 젊었을 때 식료품점 앞에 버려진 음식으로 연명했었다며 이제는 이렇게 다른 사람들을 도울 수 있게 되어 말할 수 없이 기쁘고 행복하다고 했다.

저커버그는 대학을 중퇴하고 비즈니스를 시작하면서 얼마나 앞날이 불안했을까. 게다가 그는 녹색과 빨간색을 구분 못 하고 파란색이 가장 잘 보인다는 적록색맹이라니 또 얼마나 불편했을까. 하지만 그는 '푸른 꿈'을 꾸면서 그 '파란색' 꿈을 이뤄 인류에게 또한 그 '푸른' 꿈을 심어주고 있다.

해법解法은 '하나'님이다

"트럼프 집안에 우리 할아버지가 만들어 논 분열의 분파적 분위기는 나의 작은 삼촌 도널드가 언제나 유영해온 (썩은) 못 물이었고, 이 계속되는 분열의 분단과 분쟁은 다른 모든 가족 희생의 대가로 그만을 이利롭게(?) 할 뿐이다. The atmosphere of division my grandfather created in the Trump family is the water in which Donald has always swum, and division continues to benefit(?) him at the expense of everybody else."

주注: 이 인용문의 괄호 속 (썩은)과 이利롭게 다음 물음표(?)는 필자가 마음대로 자의로, 삽입 첨가한 것임.

2020년 7월 14일 출간된 트럼프 대통령의 여조카 메리 트럼프Mary L. Trump, 1965- 가 그녀의 신간 '가족 메뫄family memoir 과잉過剩과 불만족不滿足 : 어떻게 우리 집안이 세상에서 가장 위험한 인물을 만들었나 Too Much and Never Enough: How My Family Created the World's Most Dangerous Man'에서 하는 말이다. 이 책 내용을 한 두 단어로 줄인다면 '독성적毒性的 긍정의 힘' 영어로는 'toxic positivity'이라고 할 수 있으리라. 저자 메리 트럼프는 트럼프 대통령의 알코올 중독자였던 맏형 프레드 트럼프 주니어Fred Trump, Jr. 1938-1981의 딸로서 임상 심리학 박사Ph.D. in clinical psychology이다.

이 책을 내가 아직 읽어보진 않았지만, 만천하 세계 모든 사람들이 이미 다 잘 알고 있는 사실들을 새삼 폭로, 진단하고 있는 내용이 틀림없을 것 같다. 이것이 어디 비단 한 가정 한 사람에게만 해당하는 것일까. 인류 역사를 통틀어, 동서양을 막론하고, 모든 부계사회에서, 그것도 만물萬物의 영장靈長이란 허상虛像/虛想에 사로잡혀 온 우리 모두에게 해당하지 않으랴!

여호와 하나님 아버지니 알라니 뭐니, 너무도 근시안적이고 소아병적이며 자멸적인 선민사상, 남존여비, 백인우월주의 등, 우주 자연 만물을 인간의 희생양 제물로 삼아 온 인본주의 자본주의 물질문명의 결과로 날로 심해가는 기후변화와 자연 생태계 파괴로 인한 오늘날 코로나 펜데믹, 그리고 앞으로 그 이상의 천재지변天災地變이 명약관화明若觀火해지고 있지 않은가 말이다. 너 죽고 나만 살자는 이 만성 고질병을 치료하기 전에는 백약이 무효, 신음하고 있는 우리 인류에겐 단말마斷末魔의 비명悲鳴만이 있을 뿐이리라. 그렇다면 그 근본적인 해법解法은 무엇일까?

2014년 3월 15일 출간된 우생의 졸저 '무지코: 무지개를 타고 지상으로 내려온 코스미안' 서두에 실린 글 '온 인류에게 드리는 공개편지-코스모스 바다Open Letter-The Sea of Cosmos'를 아래와 같이 옮겨보리라.

2013년 9월 12일자 뉴욕타임스 오피니언 페이지에 실린 블라디미르 푸틴 러시아 대통령의 글 '러시아로부터 미국의 주의注意를 촉구하는 호소문'을 읽고 나는 극히 외람되나마 전 세계 인류 가족에게 드리는 이 편지를 이렇게 쓰게 되었습니다.

푸틴 대통령은 지난 9월 10일 미국 대통령이 전 미국 국민에게 행한 연설문을 신중히 검토해본 결과, 미국 정책의 '예외성'을 강조한 버락 오바마 대통령의 주장에 동의할 수 없다며 "그 동기야 어떻든 사람들로 하여금 스스로를 예외적이라고 생각하도록 독려하는 것은 극히 위험하다"고 했습니다. 그의 적절한 지적에 독자의 한 사람으로 나도 전적으로 동감입니다. 인간뿐만 아니라 자연의 모든 존재물이 동물, 식물, 광물 할 것 없이 다 같은 '하나'님이라는 진리를 나는 굳게 믿습니다. 유사 이래 인류 대부분의 비극은 두 가지 사고방식에서 기인했다는 것이 내 생각입니다.

그 하나는 독선독단적인 '선민사상選民思想'이고 또 하나는 어린 시절부터 세뇌되고 주입되어 온, 백해무익한 '원죄의식原罪意識'이라고 나는 봅니다. 우리 동양 선인들의 지혜로운 말씀대로 '피아일체彼我一體'와 '물아일체物我一體' 곧 너와 내가, 모든 물체와 내가 하나임을 진작부터 깨달았더라면 우리가 사는 세상이 비교도 할 수 없이 훨씬 더 좋아졌을 것입니다. 쉽게 말해서, 내가 너를 해치거나 도우면 나 자신을 해치거나 돕는 것이고, 자연을 파괴하거나 헤아릴 때 이는 나 자신을 파괴하거나 헤아리는 것이 됩니다. 그래서 독일의 신비주의자 야콥 뵈메1575-1624가 말했듯이 "영원이란 우리가 사랑하는 대상 그 자체가 되는 그 일순간"인가 봅니다.

나 자신의 얘기를 예로 들어보겠습니다. 나는 지금은 북한 땅이 되어버린 평안북도 태천에서 태어났습니다. 이차대전 종전으로 36년간의 일제식민지통치가 끝나면서 한반도가 남북으로 분단될 때 나는 남쪽에 있었습니다. 미국과 소련연방 미-소 냉전 긴장의 분출구로 동족상잔의 한국동란이 일어났으며 아직까지도 그 후유증이 계속되고 있는 상황이 아닙니까. 요행과 '죽기 아니면 살기'의 생존본능에 따라 모든 행운을 하나도 놓치지 않고 순간순간 최선을 다해 살아오다 보니, 세상에 버릴 것은 아무것도 없었습니다. 12남매 중 11번째로 태어나 다섯 살 때 아버지를 여의고 한국전쟁 당시 나이 열셋에 집 없는 거리의 소년이 된 나는 어린 나이에 길을 떠났습니다. 삶의 의미와 나 자신의 진정한 자아의식을 찾아서.

동양-서양, 남쪽-북쪽, 어디 출신이든 큰 그림에서 볼 때 우리는 우주라는 큰 바다에 표류하는 일엽편주—葉片舟와도 같은 아주 작은별 지구에 잠시 무지개를 타고 (어레인보우 Arainbow) 머무는 우주적 나그네 '코스미안Cosmian' 입니다.

현재 있는 것 전부, 과거에 있었던 것 전부, 미래에 있을 것 전부인 대우주를 반영하는 소우주가 모래 한 알, 물 한 방울, 풀 한 포기, 그리고 인간입니다. 이런 코스모스 우주가 바로 나 자신임을 깨닫게 되는 순간이 사람이라면 그 어느 누구에게나 다 있을 것입니다. 이러한 순간을 위해 우리 모두 하나같이 인생순례자 '코스미안'이 된 것이 아닐까요. 우리 모두 다 함께 '코스모스 칸타타Cosmos Cantata' 합창을 부르며 하늘하늘 하늘에 피는 코스모스바다가 되기 위해.

15년 전 전립선암 진단을 받고 나는 다섯 딸에게 남겨 줄 유일한 유산으로 아빠가 살아온 삶을 짤막한 동화형식으로 작성하기 시작했습니다. 이 글에서 내가 강조하고 싶었던 것은 아무리 힘들고 슬프고 절망할 일이 많다 해도 이 세상에 태어난 것이 태어나지 않은 것보다 얼마나 다행스러운가. 실연당한다 해도 누군가를 사랑해 본다는 것이 사랑 못 해 보는 것보다 얼마나 아름다운가. 이렇게 사랑하며 사노라면 우리는 비상飛翔하게 되지 않겠느냐는 것이었습니다.

43세가 되도록 제 눈에 드는 남자를 만나지 못해 혼자 살아오던 내 둘째 딸은 한 남자를 만나 사랑하게 되었습니다. 영국 특수부대 비행기 조종사로 의병 제대한 피부암 말기 환자로 암환자 기금 마련을 위해 산티아고 순례길을 걸으며 올린 블로그를 보고 교신 끝에 지난해 2월 16일엔 그의 임박한 장례식 대신 그의 삶을 축하하고 기리는 파티를 스코틀랜드 에든버러 성에서 열었고, 3월 16일엔 에든버러 아카데미에서 결혼식을 올렸습니다. 이 결혼식에서 나는 아래와 같은 시 한 편을 낭송했습니다. 이 시는 2013년 미국에서 출간된 졸저 '코스모스 칸타타: 한 구도자의 우주여행Cosmos Cantata: A Seeker's Cosmic Journey'의 출판사 대표이자 시인 도리스 웬젤이 써준 축시입니다.

내가 알지 못하는 남녀 한 쌍에게

내가 만난 적은 없어도 이 두 젊은 남녀는
이들을 아는 사람들에게 깊은 인상을 주고
이들을 모르는 사람들에게도 큰 감동을 주네.

내가 만난 적은 없어도 이 젊은 연인들은
서로에 대한 헌신으로 똘똘 뭉쳐 오롯이
호젓하게 그리고 다른 사람들과 함께
삶의 축배를 높이 드네.

내가 만난 적은 없어도 이 두 사랑스런 영혼들은
저네들만의 세상을 만들어 전 세계에 여운으로
남는 감미로운 멜로디를 창조하네.

결혼식을 올린 지 5개월 후 8월 24일 46세로 남편이 타계했다는 소식을 듣고 나는 다음과 같은 이메일을 딸에게 보냈습니다.

사랑하는 딸 수아에게

사랑하는 남편 고든이 평화롭게 숨 거두기 전에 네가 하고 싶은 모든 말들을 다 하고 그가 네 말을 다 들었다니 그 영원한 순간이 더할 수 없도록 복되구나. 난 네 삶이 무척 부럽기까지 하다. 너의 사랑 너의 짝을 찾았을 뿐만 아니라 그 삶과 사랑을 그토록 치열하게 시적으로 살 수 있다는 것이.

사람이 장수하여 백 년 이상을 산다 한들 한 번 쉬는 숨, 바닷가에 부서지

> 는 파도의 포말에 불과해 우주라는 큰 바다로 돌아가는 것 아니겠니. 그러니 우리는 우리 내면의 코스모스바다를 떠날 수 없단다.
>
> 사랑하는 아빠가

다음은 딸 아이의 조사弔辭 일부입니다.

그를 만난 것이 얼마나 어처구니없도록 크나큰 행운이었는지. 우리가 같이한 13개월이란 여정에서 아무런 후회도 없고, 나는 내 삶에서 완벽을 기하거나 완전을 도모하지 않았으나 어떻게 우리 자신 속에서 이 완전함을 찾았으며, 우리는 불완전한 대로 완전한 사랑이란 절대균형을 잡았습니다.

(In September 2013, I wrote "An Open Letter: The Sea of Cosmos," which was sent to U.S. President Obama and Russian President Putin.)

The Sept. 12, 2013, Op-Ed article in The New York Times: "A Plea for Caution From Russia" by Vladimir V. Putin, president of Russia, prompted me to write this letter to all my fellow human beings all over the world. In concluding his plea, Mr. Putin says that he carefully studied Mr. Obama's address to the nation on Tuesday (September 10, 2013) and that he disagreed about the case President Obama put forth when he stated that the United States' policy is, "What makes America different. It's what make us (the United States) exceptional."

I, for one, concur with President Putin's apt comment that "it is extremely dangerous to encourage people to see themselves as exceptional, whatever the motivation." From time immemorial, most, if not all, human tragedies have been visited upon us, in my humble opinion, by two major mindsets: One is the self-serving "chosen-species-racist" view, and the other is the harmful concept of "original sin" instilled in childhood.

I firmly believe in the truth that we, not only human beings, but all things in Nature are one and the same. We'd be far better off if we were enlightened early on to realize that we are related-part of each other-as the ancient aphorism goes: '피아일체' "pee-ah-il-che" in Korean phonetic alphabet and '彼我一體' in Chinese characters, meaning that "we (you and I) are one and the same."

Another aphorism goes: '물아일체' "mool-ah-il-che" in Korean phonetic alphabet and '物我一體' in Chinese characters, meaning that "all things and I are one and the same." Simply put, when I hurt or help you, I'm hurting or helping myself; when I destroy or divine Nature, I'm destroying or divining myself.

Perhaps that's why and how it's possible that eternity consists of a flash of a lightning-like moment when we become the very object of our love, as the German mystic Jakob Boehme(1575-1624) believed. Let me further present my case in point. Born in now-North Korea, I happened to be in the south when the country was divided at the end of World War II, which ended the 36-year-old colonial rule of Korea by Japan; hence the Korean War in the heat of the Cold War tension between the two superpowers, U.S.A. and Soviet Union, and its ongoing aftermath.

By virtue of serendipity and survival instinct of "sink or swim," I've always counted every stroke of luck as a blessing and believed nothing was to be discarded. Eleventh of 12 children, I became fatherless at the age of five and homeless when I was thirteen during the Korean War, Consequently, I went on a journey at an early age, in search of the sublime in our human condition, seeking my cosmic identity in the greater scheme of things.

No matter where one is from, if we look at things from the big picture, we all are "cosmians arainbow" passing through as fleeting sojourners on this tiny leaf-boat-like planet earth floating in the sea of cosmos. If each one of us, be it a grain of sand, a drop of water, a blade of grass, or a human being, is indeed a micro-cosmos reflecting a macro-cosmos of all that existed in the past, all that exists in the present, and all that will exist in the future, we're all in it together, all on our separate journeys to realize that we must all sing the Cosmos Cantata together. No one is exceptional and all of us are exceptional.

When I was diagnosed with prostate cancer fifteen years ago, I started to compose a short, true story of my life in the form of a fairy tale for my five daughters as my only legacy. All I wanted to say in my writing was this:

Always changing and impermanent though life is,
Troubled and sorrowful though life is,
What a blessing it is to be born than not be born at all!
What felicity it is to love somebody,
Even if you may be crossed in love and heartbroken!
Isn't it such a beautiful, blissful and wonderful experience?
To live and to love!
By so doing we learn to fly and to soar.

And a small portion of my daughter's recent eulogy to her husband reflects those sentiments:

I spoke of how ridiculously lucky I felt to have met him.
How I had no regrets about anything on our journey.
I told him that I had never sought for perfection in anything in my life.
But that somehow, I had found it.
I had found it in "us."
We were perfect.
Perfect in our imperfections too.
Our imperfectly perfect balance.

And Doris Wenzel, the American poet and publisher of my book Cosmos Cantata, reflected on their exceptional lives in:

To The Couple I Do Not Know

I have never met those two young people,
Impressing those who know them,
Inspiring those who don't.

I have never met those two young lovers,
Wrapped in devotion to one another,
Celebrating life alone and with others.

I have never met those two sweet souls,
Securing a world of their own
While creating a lingering melody for the world.

After I learned of his (Gordon's) passing at the age of 46, I emailed the following short message to my daughter:

Dearest Su-a

It is good to know that Gordon listened and understood what you had to say for an "eternal" hour before he stopped breathing and he was gone so "peacefully."

Su-a, you are such an amazing girl. I'm even envious of you, not only for having found "the love of your life" but more for living it to the best, to the fullest, so intensely, so poetically, very short thought it was only for 13 months. Even if one lives to be over a hundred, still it will be nothing but a breath, a droplet of waves breaking on the shore, returning to the sea of cosmos. Thus we never leave "the sea inside."

Love, DadXX

어떻든 전 세계를 식민지화하고 자연생태계의 질서를 파괴해온 서양 물질문명의 '원죄의식'과 '선민사상'에서 어서 탈피하여 우리나라의 홍익인간과 홍익만물, 다시 말해 인내천 사상을 온 세상에 펼치는 것이 답이 되리라. 자연의 섭리를 따르는 것 말이어라. 자, 우리 아메리카 인디언들이 신앙처럼 받드는 다음과 같은 말을 깊이 되새겨 보리라.

> 강물은 자신의 물을 마시지 않고
> 나무는 자신의 열매를 따 먹지 않는다.
>
> 햇빛은 스스로를 위해 비추지 않고
> 꽃들은 스스로를 위해 향기를 내뿜지 않는다.
>
> 남을 위해 사는 것이 자연이다.
>
> 네가 행복할 때 네 삶은 좋다.
> 하지만 너 때문에 남들이 행복하면
> 그것이 훨씬 더 좋은 삶이다.
>
> 남을 위해 살지 않는 자는
> 삶을 살 자격이 없다.
>
> 우리의 본질은 봉사하는 것이다.
>
> The rivers don't drink their own water,
> The trees don't eat their own fruits.

The sun doesn't shine for itself;
the flowers don't give their fragrance
to themselves.

To live for others is nature's way.

Life is good when you are happy;
but life is much better when others are happy
because of you.

Who doesn't live to serve,
doesn't deserve to live.

Our nature is service.

이것이 바로 우리 모두 우주 나그네 '코스미안'의 참된 소명이고 친인파親人派/波 친지파親地派/波 친천파親天派/波로서 상생相生과 공생共生하는 길이 되는 것이리.

데미안Demian에서
코스미안Cosmian으로

내가 좋아하는 말 세 마디가 있다. 프랑스 작가 귀스타브 플로베르Gustave Flaubert 1921-1880가 남긴 말이다.

> 늘 하늘을 바라보노라면 날개가 달린다고 나는 믿는다. I believe that if one always looked at the skies, one would end up with wings.
>
> 세상에 진리나 진실은 없다. 직감이 있을 뿐이다. There is no truth. There is only perception.
>
> 현실이 이상에 부합되는 게 아니고 '현실現實이 이상理想을' 확인시키는 거다. Reality does not conform to the ideal, but confirms it.

이를 내가 겪은 예로 그 실증을 한두 개 들어보리라. 1946년 노벨문학상을 수상한 독일 태생의 스위스 작가 헤르만 헤세Hermann Hesse 1877-1962가 그의 1919년 작 '데미안Demian'에서 말하듯이 "사람 누구에게나 오직 한 가지 천직과 사명이 있을 뿐이다. 이것은 자신의 운명을 발견하는 것이고, 이 자신의 운명을 완전히 단호하게 자신 속에서 자신의 삶으로 살아버리는 것이다.

이 운명이란 자신이 선택하는 것은 아니지만."

'데미안'에서 데미안의 엄마 에바 부인이 아들 친구 싱클레어에게 어느 한 별을 사랑했던 한 젊은이 이야기를 해준다. 이 젊은이는 하늘의 한 별을 사랑하게 되었다. 자나 깨나 그는 그 별생각뿐이었다. 꿈까지 늘 꾸면서. 그렇지만 아무리 사모해도 인간이 하늘의 별을 자기 품에 안을 수 없다는 것을 그는 알고 있었다. 아니면 알고 있다고 그는 생각했다. 그러나 이루어질 수 없는 이와 같은 사랑을 하는 것이 그의 운명으로 생각하고 이러한 운명이 가져오는 고뇌와 자학을 통해 그는 자신을 정화하고 순화하려 했다. 그러던 어느 날 밤 바닷가 높은 절벽에 서서 별을 바라보며 그리움이 온몸에 사무치는 순간 그는 별을 향해 몸을 던졌다. 그 순간 '이것이 불가능한 일인데'란 생각이 떠오르자 그는 바닷가에 추락하고 말았다.

그는 사랑하는 법을 알지 못했다. 몸을 던지는 순간 그의 사랑이 이루어질 것을 굳게 믿었었다면 그는 하늘 높이 솟아올라 그 별과 결합했을 것이다. 에바 부인은 또 다른 얘기를 해준다. 이번에도 짝사랑하는 젊은이 이야기다. 실연당한 이 젊은이에게는 푸른 하늘도 녹색의 숲도 보이지 않았다. 시냇물 소리도 들리지 않고 좋아하던 음악 소리조차 즐겁지가 않았다. 세상만사 숨 쉬고 사는 것이 다 무의미했다. 부유하고 행복했던 그는 가난하고 비참해졌다. 그런데 타오르는 그의 정열의 불길이 그의 심신을 다 태우고 더욱더 강렬해지면서 이 젊은이를 숯덩이 자석처럼 만들었다. 그러자 그 눈부시도록 아름다운 여인이 그의 자력磁力 같은 매력에 끌려 그에게 다가왔다.

두 팔을 벌려 여인을 끌어안는 순간 잃어버린 모든 것을 그는 되찾게 되었다. 여인이 젊은이 품에 안기자 모든 것이 새롭고 찬란하게 되돌아 왔다. 한 여인을 얻은 것이 아니고 온 천하를 얻은 것이다. 하늘의 모든 별들이 그의 눈 속에서 빛나고 더할 수 없는 기쁨이 그의 몸속으로부터 솟구쳐 샘솟았다. 사랑했고, 사랑함으로써 그는 자신을 찾았다.

"사랑은 애원도 요구도 해서는 안 된다. 사랑은 사랑이 반드시 이루어질 것이라는 확신에 도달할 수 있는 신념과 용기, 열정과 정열이 있어야 가능하다. 이때 비로소 끌리는 동시에 끌어당기기 시작한다. 넌 지금 내게서 매력을 느끼고 있다. 그렇지만 아무리 그래도 네 매력이 나를 끌어당길 때, 나는 너의 여자가 될 것이다. 나 자신을 선물처럼 그냥 줄 수 없고, 네가 먼저 내 마음과 혼을 사로잡아야 한다."

이렇게 에바 부인이 싱클레어를 타이른다. 이런 얘기들이 가공적 허구이든 아니든 간에 사람은 누구나 인생을 살아가면서 수많은 갖가지 고난과 시련을 겪는다. 새 생명을 출산하기 위한 해산의 진통, 이가 나고 날개가 돋기 위한 잇몸 살과 날개 몸살 등등 말이다. 때로는 꿈꾸던 일이 뜻밖에 실현되는가 하면 이따금 꿈도 못 꾸던 '기적' 같은 일까지 경험하게 된다. 군복무 시절 펜팔로 사귀던 아가씨와 제대 후 서울에서 잠시 사귀다 아가씨 어머님의 반대로 헤어진 후 1988년 25년이 지나 뉴욕에서 우리는 다시 만나 드디어 맺어졌던 일이나, 또 내가 대학을 졸업하던 해 1959년에 만난 내 첫사랑 '코스모스 아가씨'와 이루지 못한 사랑이 나의 소우주 '코스모스'를 잃어버리는 바람에 60년 만에 대우주 '코스모스'를 품게 된 것이야말로 더 이상 바랄 수 없는 축복 중의 축복으로 감사할 뿐이다.

'반쪽Demian'이 온전한 하나 '코스미안Cosmian'으로 진화進化 발전發展한 것이어라.

가슴으로 생각하기

얼마 전부터 한국에서 '꼰대, 라떼'라는 말이 유행이라는데 원조(?) 꼰대라 할 수 있을는지 모를 오래된 어느 한 영국 수녀의 기도문이 떠오른다.

"오, 주여, 내가 나이 들어가고 있고 언젠가는 늙어버릴 것을 당신께선 나보다 더 잘 알고 계시지요. 나이 먹고 늙어가면서 내가 때마다 시시콜콜 매사에 꼭 한마디 해야 할 것으로 생각하는 못되고 몹쓸 버릇 들이지 않도록, 모든 사람의 일을 바로잡아주고 싶은 간절한 욕망에서 날 벗어나도록, 생각은 깊되 기분은 울적하지 않도록, 친절하되 나서서 설치지 않도록, 내가 갖고 있는 많은 지혜를 다른 사람들과 나누지 않고 나 혼자만 간직하고 있기는 서운하고 아쉽지만, 오, 주께서는 아시지요. 인생 마지막 날에 몇 사람의 벗이 있기를 내가 바란다는 것을, 오, 주여, 끝없이 하찮은 일에 내가 얽매이지 않도록, 사소한 일들로부터 벗어나 사는 데 정말 무엇이 중요한지 그 뜻과 보람을 찾아 저 푸른 하늘로 날아오를 수 있도록 날개를 달아주십시오.

나이를 먹어 가면서 점점 더 우는 소리를 즐겨 하게 되지만 오, 주여, 살면서 늘어만 가는 내 고민과 고통에 대해서는 내 입을 굳게 다물게 해주십시오. 그렇다고 다른 사람들의 넋두리를 반기지는 못할지언정 이해와 동정으로 감싸 들어줄 수 있도록 날 도와주십시오. 나이 들면서 점점 흐려지고 약해지는 내 기억력을 더 좋게 해달라고 빌고 바라지는 않지만 간구하옵기는 내가 기억하는 게 다른 사람들의 기억보다 정확하다고 자신만만하게 고집부리지 않도록, 때로는 내가 잘못 생각하고 틀릴 수 있음을 깨닫게 해주십시오.

또 간절히 간구하옵기는 내게 약점이 있어 기분 좋고 유쾌하도록 인간미 넘치는 사람으로 날 지켜주십시오. 나는 성인 성자가 되고 싶지는 않으니까요. 어떤 성인 성자들과 가까이 지내기는 아주 힘들고 여간 불편한 일이 아닐 뿐만 아니라 심술 궂은 노인은 악마의 최고걸작품이지요. 끝으로 빌고 바라옵기는 예기치 않았던 곳에서 경이롭고 아름다움을 기대치 않았던 사람에게서 훌륭하고 좋은 점을 내가 발견할 수 있도록 찬사를 아끼지 않도록 내 눈을 밝게 해주시고 내 가슴을 열어주십시오. 아멘"

굳이 이 수녀의 기도문을 빌리지 않더라도 우리 모두 더할 수 없이 황홀하도록 행복했던 원점으로 돌아갈 수 있지 않을까. 열두남매 형제 중에 벌써 다들 세상 떠나고 나 혼자만 아직 남아 이 지구별 땅을 밟고 하늘 숨을 쉬고 있지만, 그가 살아생전 방랑 김삿갓처럼 평생토록 '도道 닦던' 나보다 열 살 위의 둘째 형님의 5남매 중 막내 조카의 다음과 같은 어릴 적 회상에서처럼 말이어라.

"걸음마도 하기 전 아주 어렸을 때 시골집 마루에서 혼자 뒹굴며 온종일 놀던 때가 있었어요. 엄마는 장에 가시고. 햇빛의 색깔과 촉감이 달랐어요. 아침의 햇살과 한낮의 더운 기운 그리고 저녁에 지는 혜의 스며드는 느낌이. 구름과 바람, 하늘과 별과 달, 새와 벌레 소리, 주위의 모든 것이 나 자신과 분리되지 않았던 것 같아요. 그래서였는지 몰라도 난 조금도 무섭다거나 외롭다는 것을 모르고 그냥 즐겁고 편안했어요. 또 좀 컸을 때였어요. 보리밭 옆 풀숲에 깔아 논 포대기에서 일어서다간 넘어지고 몇 걸음 걷다간 넘어지고 하면서 길을 따라 언덕배기까지 아장걸음을 했었나 봐요. 그때 내 키보다 큰 보리 줄기들이 흔들거리는 것이 눈에 띄었어요. 솨, 솨 하는 소리도 들리고요. 지금 와서 생각해 보면 하나의 장엄한 '황금나무숲'이 내 눈앞에서 흔들리고 있었어요. 하늘과 땅, 세상천지가 다 함께 웃음소리를 내며 춤을 추는 듯했어요. 나도 한가지로 어우러져 온 우주와 더불어 흥겨웠던 것 같아요. 이것이 내가 처음으로 듣고 본 아니 체험한 대자연의 음악이며 교향시였어요. 그때 그 황홀했던 기분과 느낌은 그 어떤 말이나 글로도 도저히 표현할 길이 없어요."

마치 어떤 스님의 얘기 같이 말이어라. 산속으로 나 있는 오솔길을 가다가 그 주위의 경관이 너무도 아름다워 지필묵으로 온 정성을 다 기울여 거의 완벽하도록 그대로 그려 놓고 보니 그 그림에는 생명이 없더란다. 산골짜기 시냇물 소리도, 솔내와 풀꽃 향훈도, 그 아무런 정취도. 절망 끝에 스님께서는 그 그림을 찢어버렸다는….

아, 그렇다면 이것이 바로 내 조카가 말하듯이 석가모니가 처음과 마지막으로 하셨다는 말씀, '천상천하유아독존天上天下唯我獨尊'의 그 참뜻이 아니었을까. 우리 모두 우주 나그네 코스미안으로서 돌아가 돌아갈거나 원점으로!

스위스의 정신의학자로 분석심리학의 개척자 칼 융Carl Jung 1875-1961은 선사시대로부터 지금의 미국 뉴멕시코와 애리조나주에서 농사짓고 살아온 토인부락을 뜻하는 푸에플로Pueblo란 아메리칸 인디언촌으로 여행 중 한 추장을 만났다.

"당신은 아시오? 백인들이 우리 눈에 얼마나 잔인하게 보이는지. 입술은

얇고 콧날은 날카로우며 얼굴은 밭고랑 같이 주름지고 뒤집혀 있지 않소. 눈으로는 무엇인가를 노려보며 늘 찾고 있단 말이오. 도대체 무엇을 찾는 것이오? 백인들은 언제나 뭘 원하고 항상 초조하고 불안해하고 있소. 백인들이 무엇을 그토록 탐내는지 우리는 이해할 수 없다오. 우리가 보기에는 백인들이 미친 것 같소."

이 추장 말에 융이 "왜 그렇게 백인들이 미쳤다고 생각하느냐"고 물어보았다. 그러자 추장이 대답하기를 "다들 그러는데, 백인들은 머리로 생각한다고…" 말했다. "거 무슨 말이오. 사람은 물론 머리로 생각하지 당신들은 무엇으로 생각한다는 말이오?" 융이 놀라 되묻자 추장이 말했다. 자기 가슴을 가리키며 "우리는 바로 여기에서 생각한다오."

1990년 나온 '가슴으로 하는 생각 Heart Thoughts: A Treasury of Inner Wisdom'이란 책이 있다. 이 책의 저자 루이스 헤이 Louise Lynn Hay 1926-2017는 책 서두에 이 책을 '당신 가슴에 바치노라'며 이렇게 적었다.

"우리 가슴은 모든 힘의 중심 사랑의 원천이다. 이 가슴에서 우리 생각의 무지개 떠오를 때 우린 쉽게 힘 안 들이고 어떤 기적도 일으키고 뭣이든 창조할 수 있음을 나는 알게 되었다. 빌건대 당신도 이 무궁무진한 힘의 신비로운 샘물을 이제 지금 당장 거침없이 뿜어내고 아낌없이 뽑아 쓰시라."

그리고 이 책에서 저자는 "학생이 배울 준비가 되는 순간 스승이 나타난다. When the student is ready the teacher will appear"라는 노자 老子의 말을 원용 援用, 이렇게 밝히고 있다.

"내가 찾는 것은 이미 다 내 안에 있다. All that I seek is already within me."

"우리가 우리 삶에 긍정적인 변화를 일으킬 준비가 되면 우리는 필요한 모든 도움을 다 얻게 된다. When we are ready to make positive changes in our lives, we attract whatever we need to help us."

"나의 무한한 삶에서 모든 건 다 완전무결하고 삶은 항상 변하고 있다. In the infinity of life where I am, all is perfect, whole, and complete, and yet life is ever changing."

이를 내가 한 문장으로 요약해보자면 이렇게 말할 수 있으리라. "우리 삶의 천지조화天地造化/調和 무궁무진無窮無盡을 믿을 수밖에 없어라." 아, 그래서 나는 열 살 때 우리 모두의 자화상이라고 할 수 있을 '바다'라는 동시를 하나 지어 지난 84여 년을 두고 지금껏 밤낮으로 주문呪文처럼 외어 왔으리라.

바다

영원과 무한과 절대를
상징하는 신의 자비로운
품에 뛰어든 인생이려만
어이 이다지도 고달플까

애수에 찬 갈매기의 꿈은
정녕 출렁이는 파도 속에
있으리라

인간의 마음아
바다가 되어라
내 마음 바다가 되어라

태양의 정열과

창공의 희망을 지닌
바다의 마음이 무척 부럽다

순진무구한 동심과
진정한 모성애 간직한
바다의 품이 마냥 그립다.

비록 한 방울의 물이로되
흘러흘러 바다로 간다.

The Sea

Thou symbolizing eternity
Infinity and the absolute
Art God.

How agonizing a spectacle
Is life in blindness
Tumbled into Thy callous cart
To be such a dreamy sod!

A dreamland of the gull
Of sorrow and loneliness full,
Where would it be?
Beyond mortal reach would it be?

May humanity be
A sea of compassion!

My heart itself be
A sea of communion!

I envy Thy heart
Containing passions of the sun
And fantasies of the sky.

I long for Thy bosom
Nursing childlike enthusiasm
And all-embracing mother nature.

Although a drop of water,
It trickles into the sea.

춤을 추어볼거나,
다 좋으니까

현재 전 세계 온 인류는 인재人災라고 해야 할 기후변화로 인한 폭염, 장마, 홍수 등 자연재해自然災害와 코로나 팬데믹으로 몸살과 '맘살'을 앓고 있는 이 시점時點/視點에서 무슨 수를 쓴다 해도 가망이 없는 절망과 체념의 상태를 일컫는 말로 '만사휴이萬事休矣'란 사자성어四字成語를 떠올리리라. 이럴 때 우리는 성철 스님의 어록 중에서 이 한 마디 음미해보자.

> 다들 너무 걱정하지 마라
> 걱정할 거면 딱
> 두 가지만 걱정해라
>
> 지금 아픈가?
> 안 아픈가?
>
> 안 아프면
> 걱정하지 말고
> 아프면
> 두 가지만 걱정해라

나을 병인가?
안 나을 병인가?
나을 병이면
걱정하지 말고
안 나을 병이면
두 가지만 걱정해라

죽을병인가?
안 죽을병인가?

안 죽을병이면
걱정하지 말고
죽을병이면
두 가지만 걱정해라

천국에 갈 것 같은가?
지옥에 갈 것 같은가?

천국에 갈 것 같으면
걱정하지 말고
지옥에 갈 것 같으면
지옥에 갈 사람이
무슨 걱정이냐

  그렇지만 천당과 지옥이 죽은 다음에 가는 곳이 아니고 우리가 이 세상에 사는 동안 경험하는 것이라면 우리 각자에게 선택의 자유가 있으리라. 그리고 우리 모두 우주에서 태어나 별에서 별로 여행하는 우주 나그네 코스미안으로서 우리의 우주여정旅程의 역정歷程이 모두 다 좋다고 할 수 있지 않으랴.

2021년 8월 15일이면 해방 76주년을 맞아 국내적으로는 또 한바탕 '친일'이다 '반일'이다 '좌파'다 '우파'다 시끄럽겠지만, 우리 냉철히 한번 생각해 봐야 하지 않을까. 우리 조상이 힘이 없어 자의가 아닌 타의에 의해 나라를 잃고 일본의 식민 지배를 받다 한반도가 남북으로 분단되어 6·25란 동족상잔까지 겪었으며 아직도 서로 총을 겨누고 있는 '미친' 상태가 아닌가. 우리 한민족의 비극은 하루빨리 어서 끝내고 남북통일을 평화적으로 이루기 위해 잘사는 남한이 못사는 북한을 끌어안는 통 큰 대북정책이 필요하지 않은가.

청소년 시절 나는 함석헌 선생님의 '뜻으로 본 한국역사'를 너무도 감명 깊게 읽고 분통이 터졌었다. 한국역사의 흐름이 크게 잘못되기 시작한 것이 이성계의 '위화도 회군威化島 回軍'이라 본 것이다. 고려 말기 1388년(우왕 14년) 명나라 홍무제 주원장이 철령鐵嶺 이북의 영토는 원나라 영토였다는 이유로 반환하라는 요구에 맞서 최영 장군은 팔도 도통사, 조민수를 좌군 도통사, 이성계를 우군 도통사로 삼은 요동정벌군이 압록강 하류의 위화도까지 이르렀을 때 이성계가 개경開京으로 회군한 사건 말이다.

몇 년 전 '글씨에서 찾은 한국인의 DNA'란 부제가 붙은 책이 나왔다. 2009년 항일운동가와 친일파의 필적을 비교 분석한 책 '필적은 말한다'를 펴냈던 저자 구본진이 비석과 목간-방패-사리함 등 유물에 남아 있는 글씨체에서 우리 민족성의 본질을 찾아내는 '어린아이 한국인'을 출간한 것이다. "지금 한국인의 발목에는 격식과 체면과 겉치레라는 쇠사슬이 잘가당거리지만, 이는 오랜 중국화의 역사적 산물일 뿐, 원래 한민족은 인류역사상 가장 네오테닉neotenic(유아기의 특징이 성년까지 남아 있는 현상을 말함)한 민족이었다"며 우리 민족은 자유분방하고 활력이 넘치면서 장난기가 가득한 '어린이 기질'을 갖고 있다는 것이 저자의 주장이다.

우리 민족의 이런 '어린이스러움'은 고려시대 이후 중국의 영향으로 경직

되었으나 19세기 이후 중국의 위상이 떨어지면서 부드럽고 자유로운 한민족 고유의 품성과 글씨체가 다시 살아난다는 것이다. 저자는 향후 연구 과제도 제시한다. 중국 만리장성 외곽에서 발견된 '홍산문화'가 우리 민족과 관련된 문화일지 모른다는 주장인데, 그 근거 역시 글씨체다. 황하문명보다 천 년 이상 앞선 홍산문화 유물에 남아 있는 글씨체가 고대 한민족의 글씨체와 유사하다면, 이야말로 세계역사를 바꿔놓을 단서임이 틀림없다. 어떻든 이 '아이스러움'이란 우리 한민족에 국한된 것이 아니고 세계 인류 모든 인종과 민족에게 공통된 특성이 아닐까. 이 순수하고 경이롭고 신비로운 '동심'을 갖고 모두 태어나지만 타락한 어른들의 잘못된 세뇌교육과 악습으로 '아동낙원兒童樂園'을 잃는 실락원失樂園의 비극이 시작되었어라.

아, 그래서 나의 선친 이원규李源圭 1890-1942도 일제 강점기 초기에 손수 지으신 동요, 동시, 아동극본을 엮어 '아동낙원兒童樂園'이란 책을 500부 자비로 출판하셨는데 집에 남아 있던 단 한 권마저 6·25 동란 때 분실되고 말았다. 아, 또 그래서 나도 딸 셋의 이름을 해아海兒(첫 아이로 쌍둥이를 보고 한 아이는 태양 '해' 그리고 한 아이는 바다 '해海'로 작명했으나 조산아들이라 한 아이는 난 지 하루 만에 세상 떠나고), 수아秀兒와 성아星兒라 이름 지었다. 평생토록 젊음과 동심을 갖고 살아주기를 빌고 바라는 뜻에서다. 간절히 빌고 바라건대 바다의 낭만과 하늘의 슬기와 별들의 꿈을 먹고 살라고, 이와 같은 기원과 염원에서 아이 '아兒' 자字 돌림으로 한 것이다.

정녕코 복福이야 명命이야, 우리 모든 어른들도 어서 잃어버린 동심을 되찾아 '복낙원福樂園' 하리라. 그러자면 우선 일본열도의 토착민인 조몬인과 한반도에서 건너간 야요이인이 혼혈을 반복해 현재의 일본인이 됐다는 혼혈설을 뒷받침하는 DNA 분석 결과가 나왔다는 최근의 일본 언론보도가 아니더라도, 우리 고대 가야와 백제의 후손들이라고 할 수 있는 이웃나라 일본에 대해서는 지난 과거지사는 과거지사로 돌리고 미래 지향적으로 좀 더 대국적인 견지에서 선린정책을 펼쳐야 하지 않겠는가. 2015년 말 일본군 위안부 문제에 대한 한일 양국 간 합의에 '최종적이며 비가역적인 해결'이란 단서에 사용된 이 '비가역'이란 단어의 사전적 의미는 '변화를 일으킨 물질이 본디의 상태로 돌아갈 수 없는 일'로 되돌릴 수 없다는 뜻이다.

 2016년 1월 8일 아돌프 히틀러의 저서 '나의 투쟁'이 절판 70년 만에 재출간됐다. 이 책은 1925년 36세의 히틀러가 뮌헨 폭동으로 투옥됐던 당시 나치즘의 사상적 토대를 정리한 자서전이다. 그간의 출간 금지는 반성할 줄 모르는 일본과는 달리 뉘우칠 줄 아는 독일 양심의 상징처럼 묘사돼왔는데, 이 악명 높은 책이 다시 나오게 되자 세계 언론에선 나치즘을 제대로 비판하기 위한 조치라고 합리화하며 미화했다.

 일본군이 우리 윤동주 시인을 비롯해 수많은 한국인과 중국인을 생체실험했다지만 독일도 1904년 식민지인 아프리카 나미비아에서 땅을 뺏기 위해 헤레로, 나마족을 무참히 살해하고 생존자 2,000여 명을 강제수용소에 처넣고는 생체실험을 한 후 시체는 연구용으로 썼다지 않나. 그런데도 독일은 거듭되는 나미비아 정부의 사과 요구에도 100년이 지난 2004년에야 학살 사실을 인정했지만 그것도 총리가 아닌 경제개발 장관이 연설을 통해 한마디 한 게 전부고, 경제적 배상은 계속 거부하고 있다. 그런데 독일은 왜 유대인에게만 고개를 숙이나. 말할 것도 없이 미국 내 유대인의 영향력은 크고 강하지만 나미비아인은 미약하고 무시할 만하기 때문일 것이다. 이와 같은 불편한 진실은 국제사회 인간세계에서뿐만 아니라 자연계에서도 항상 통용되고 있는 약육강식과 적자생존의 자연법칙이 아닌가.

 우리 인간이 가축을 사육해서 잡아먹고, 의료 약품이나 미용에 필요한 화장품 개발을 위해 동물생체실험을 하고 있는 것이 다 그런 것 아니냐. 어디 그뿐인가. 자본주의 물질문명의 개발로 자연생태계를 파괴하면서 기후변화를 초래해 지상 모든 생물의 멸종 현상을 재촉하고 있지 않은가. 그렇다면 뭣보다 인간이 먼저 멸종돼야만 한단 말인가?

그 해답의 열쇠는 우리 자신에게 주어진 게 아닐까. 그야말로 반신반수半神半獸라 할 수 있는 인간이 부가역적 짐승으로 전락해버릴 것인가 아니면 가역적 '신격神格'으로 우리 인격人格을 높여볼 것인가. 영어로 개를 'dog'이라 하지만 이 단어를 거꾸로 보면 신神 'god'이 되듯이, 실존實存과 당위當爲를 뜻하는, 독일어로는 '자인sein'과 '졸랜sollen' 영어로는 '투 비to be'와 '옷트 투 비ought to be'란 기본동사가 있는데, 주어진 본능대로만 살아야 하는 짐승의 삶이 전자라면 본능을 사랑으로 승화시켜야 하는 인간의 삶은 후자이리라.

우리가 가역, 불가역 할 때 '역逆'이란 한자 거스를 '역逆'을 바꿀 '역易'으로 대치해서 생각해 보도록 하자. 동물처럼 바꿀 수 없는 불가역不可易의 삶을 살지 않고, 창조적 가역可易의 자유라는 엄청난 특전을 받은 우리 인간이라면, 이보다 더한 특혜와 축복이 있을 수 있을까. 이야말로 인간에게 부여된 권리이자 의무가 아니겠는가. 이렇게 선택받은 인간으로서 우리 '실존What we are'이 조물주가 우리에게 준 선물이라면, 우리의 '당위What we become'는 우리가 조물주에게 바치는 우리의 선물이 돼야 하리라.

동서고금 인류역사는 약육강식의 자연법칙을 따라 세계 방방곡곡에서 아직도 수많은 사람이 역사의 제물이 되고 가해자 역시 피해자가 되고 있지만 모든 악순환의 고리를 끊고, 우리 동양 고유의 물아일체物我一體와 피아일체彼我一體, 단군의 홍익인간弘益人間과 홍익만물弘益萬物 그리고 천도교天道敎의 인내천人乃天, 곧 코스미안 사상으로, 우리 한민족이 정신적이고 영적靈的인 지도력을 발휘, 지구촌을 지상낙원으로 만드는 코스미안시대를 열어가야 하리라.

> 어느 화창한 날에 바람이 재스민 향기로 내게 말했다.
> 재스민 향에 대한 보답으로 장미꽃 향을 줄 수 있느냐고

> 내 정원의 꽃들이 다 시들어 내겐 장미꽃이 없다고 답하자
> 그럼 시든 꽃잎과 노랑 잎과 샘물이면 된다며 바람은 가고

맡겨진 정원을 어찌 가꿨느냐 자신에게 물으며 나는 흐느꼈다.

스페인 시인 안토니오 마차도 Antonio Machado 1875-1939 의 시 한 편이다.

이미 너무 늦었다고 할 때는 그 정반대로 아직 시작조차 아니 했다는 뜻이 아닐까. 미국의 시인 로버트 블라이 Robert Bly, 1926 - 는 "내가 사랑하는 보트가 해안에 닿지 않아도 좋아. It's all right if the boat I love never reaches the shore."라고 했는데 내가 탄 배를 사랑한다면 그 배가 목적지에 도착하든 안 하든 상관없다는 뜻이리라.

우주에서 가장 작으며 가장 가벼운 소립자인 중성미자의 존재가 요즘 각광을 받고 있다. '작은 중성자'라는 뜻의 중성미자가 워낙 작고 전기적으로도 중성인데다 무게도 있는지 없는지가 불분명할 정도로 가벼워 존재 확인이 극히 어렵지만, 현재 확인된 중성미자의 무게는 양성자의 1/1836인 전자의 100만분의 1에 불과하며 1광년 길이의 납을 통과하면서도 다른 소립자와 충돌하지 않을 정도로 작다고 한다.

이 중성미자는 태양에서 만들어져 날아온 것인데 관측된 수치가 이론적으로 예측된 수치의 1/3에 불과했던 것을 중성미자가 날아오는 동안 계속 '형태 flavor'를 바꾼다는 사실을 알아낸 사람이 바로 일본의 가지타 다카아키 Takaak Kajita, 1959 - 와 캐나다의 아써 맥도널드 Arthur B. McDonald, 1948 - 이다. 이 공로로 두 사람은 2015년 노벨 물리학상 수상자가 됐다. 이 중성미자의 변형은 우주 탄생의 비밀과 직결돼 있다는 점에서 새로운 주목을 받고 있다. 138억 년 전 '빅뱅'과 함께 우주가 태어났을 때 물질과 반물질의 비중은 거의 같아, 이 둘이 서로 만나면 폭발해 없어지기 때문에 아무것도 남지 않게 된

단다. 이런 상황에서 어떻게 지금과 같은 우주가 생겼는지는 지금까지 미스터리로 남아 왔는데, 중성미자의 변환 과정에서 물질이 반물질보다 조금 더 남았다는 설이 최근 발표되었다.

뉴론neurons이란 정보를 전송하는 두뇌 속 세포들의 작용으로 우리는 보고 듣고 생각하고 행동하기 등 모든 행위가 이루어진다고 한다. 이 뉴론들 사이의 연결점들은 시냅시즈synapses라고 불리는데 여기에 기억들memories이 저장된다고 한다. 그리고 이 시냅시즈들은 물론 뉴론들도 한없이 복잡 미묘한 영원한 수수께끼들이란다. 그뿐인가. 시냅시즈와 뉴론들 숫자는 하늘의 별처럼 또한 부지기수라 하지 않나. 다시 말해 한 사람의 두뇌 속에만도 광대무변廣大無邊의 무한한 우주가 있다는 얘기다.

갓 태어났을 때부터 내가 나를 관찰할 수는 없었지만 내 손자와 손녀만 보더라도 참으로 경이롭기 이를 데 없다. 외형의 외모만 보더라도 날이면 날마다 시시각각으로 그 모습이 달라지고 변해가고 있음을 여실히 목격한다. 어느 한순간의 모습과 표정도 두 번 다시 반복되지 않고 영원무궁토록 한 번뿐이라는 사실을 가슴 시리고 저리도록 아프게 절감한다. 너 나 할 것 없이 우리 모두 각자의 순간순간의 삶이 그렇지 않은가. 이 얼마나 한없이 슬프도록 소중하고 아름다운 순간들이고 모습들인가. 영세무궁토록 다시는 볼 수 없는 사람들이고, 처음이자 마지막인 만남들이요 장면들이 아닌가. 그러할진대, 아무리 좋아하고 아무리 사랑해도 한없이 끝없이 너무너무 부족하기만 한데, 우리가 어찌 한시인들 그 아무라도 무시하거나 미워하고 해칠 수 있으랴.

우리는 다 각자 순간에서 영원을 사는 것이 틀림없어라. 그런데도 우리는 이 엄연한 사실을 종종 잊고 사는 것 같다. 누가 되었든 지금 내가 마주 보고 있는 사람과 조만간 헤어질 수밖에 없다는 걸 생각할 때 슬프지 않을 수 없다. 특히 어린 손자와 손녀를 보면서 이 아이들이 다 크는 걸 못 보고 이 세상을 떠날 생각을 하면 너무도 슬퍼진다.

독일 작가 하인리히 폰 클라이스트Heinrich von Kleist 1777-1811는 '인형극장에 관하여On the Marionette Theater'란 에세이에서 이렇게 말한다.

"이 인형들은 요정들처럼 지상地上을 오로지 출발점으로 사용할 뿐이다. 잠시 쉬었다가 그들의 팔다리로 새롭게 비상하기 위해 지상으로 돌아올 뿐이다. 그렇지만 우리는 지구가 필요하다. 지상에서 춤을 추다 휴식을 취하기 위해서지만 이 휴식 자체는 춤이 아니다. 휴식하는 이 순간들을 휴식이 아니라고 할 수 있을 만큼 가장하는 것 이상 없다. These marionettes, like fairies, use the earth only as a point of departure; they return to it only to renew the flight of their limbs with a momentary pause. We, on the other hand, need the earth: for rest, for repose from the effort of the dance; but this rest of our is, in itself, obviously not dance; we can do no better than disguise our moments of rest as much as possible."

인형극에 나오는 인형이나 만화 속의 인물처럼 픽션 속의 인물도 시간의 흐름을 초월해 인과관계를 뒤집는다. 픽션에서는 현실과 달리 시간도 사랑도 오직 그 의미만으로 존재하기 때문이다. 그래서 사랑이 견딜 수 없는 잠시의 슬픔이지만 동시에 영원한 기쁨이리. 그러니 우리 모두 희랍인 조르바ZORBA THE GREEK처럼 춤을 추어볼거나.

지리地理-천리天理-우리宇理를 따르리

"카오스는 자연의 법칙이고, 코스모스는 인간의 꿈이다. Chaos was the law of nature; Order was the dream of man."

이렇게 미국의 역사학자 헨리 애덤스Henry Adams1838-1918는 그의 자서전 '헨리 애덤스가 받은 교육The Education of Henry Adams, 1918'에서 말했는데 필시必是 그의 반어법이었으리라. 왜냐하면, 보스턴에서 태어나 하버드 대학에서 교육받고 역사를 가르친 그는 이 책의 머리말에서 그가 받은 정식 학교 교육의 결점을 지적하면서 그러한 교육은 쓸데없을 뿐만 아니라 해로운 것이었다고 했으니까 말이다.

미국의 소설가 존 취버John Cheever 1912-1982는 누가 한 번 왜 글을 쓰느냐고 묻자 "내 삶의 의미를 파악하고 그 용도用途 쓰임새 쓸모를 발견하기 위해서 The need to write comes from the need to make sense of one's life and discover one's usefulness"라고 대답하더란다.

젊은 날 도산島山 안창호安昌浩 1878-1938 선생이 옥중에서 자기 가족에게 쓴 편지를 읽고 나는 '수신제가 치국평천하 修身齊家 治國平天下'란 말의 뜻을 되새겨 보았다. 그는 자기가 국가와 민족을 위한다는 대의명분大義名分을 갖고 살아왔지만 한 사람의 남편으로서 또 아빠로서는 실패한 인간 실격자人間失格者요 인생낙오자란 자책감과 자괴지심自愧之心에서 쓴 글이었다.

1534년에 스페인의 성聖 이냐시오 로욜라St. Ignatius Loyola가 창설한 예수회the Society of Jesus의 수사修士 발타사르 그라시안Baltasar Gracian 1601-1658은 그의 '세속적인 비망록The Art of Worldly Wisdom, 1647'에서 이렇게 말한다.

"가장 지혜로운 사람이 제일 잘 속는다. 평범하지 않고 비범한 것들에 대해 많이 알고 있을지는 몰라도 세상살이 일상생활의 필수요건들에 대해서 그는 아는 바 전혀 없다. 고상 숭고한 것에 대해 숙고 명상하느라고 비천 비속한 세상일들로부터 멀리해왔기 때문이다. 모든 사람들이 다 잘 아는 상식 중의 상식조차 모르는 까닭에 세상 사람들은 그를 바보 천치로 본다. 그러니 현인賢人도 현실적인 감각이 있어야 한다. 최소한 속거나 조롱당하지 않을 만큼, 그리고 먹고 산다는 것이 인생의 지고至高한 목표가 못 된다고 하더라도 무엇보다 먼저 가장 필요한 일이니까. 실질적인 실용성 없는 지식이 무슨 소용 있으랴. 오늘날 참된 진짜 지식은 어떻게 살아가야 할지를 아는 것이다."

옛날 1960년대 서울 약수동에 있는 아파트에 살 때 이 아파트에 관리인 한 분이 있었다. 이 아파트에 2년 남짓 사는 동안 그는 결근 한번 하지 않고 아침 6시부터 밤 9시까지 거의 잠시도 쉬지 않고 복도며 층계를 비로 쓸고 물걸레로 닦았다. 하루는 신혼 초의 새색시가 그 아저씨보고 하던 일 잠시 쉬고 우리 집에 들어와 차 한 잔 드시라고 해도 사양하는 것을 계속 권해 그는 마지 못해 집사람과 얘기를 좀 나눴다고 한다. 그날 저녁 아내한테서 들으니 그 관리인 아저씨는 우리보다 몇 배나 부자라고 했다. 그 당시 천만 원이 넘는 큰 집을 갖고 있고 그 집 일부는 세를 주고 있으며 아들 셋을 다 대학에 보내고 있다는 것이었다. 자수성가한 이 아저씨는 그가 젖먹이 때 아버지를 여의고 일곱 살 때 엄마까지 잃어 시골 이웃집에 얹혀 머슴살이하다가 그의 나이 열여섯에 서울에 올라왔단다. 처음에는 지게를 지고 부지런히 짐을 나르다가 손수레를 끌면서 3년 안에 돈 백만 원을 모아 그는 나이 열아홉 살 때 결혼하고 군에 갔다 제대한 후 도배와 미장이 목수 일까지 하면서 헌집을 사 수리해 팔기 시작, 점점 집을 늘려갔다는 것이다.

이 아저씨는 글 한 줄 제대로 못 배우고 문학이나 예술, 학문이나 사상에는 무식할지 몰라도 인생살이 세상살이에서는 그 어떤 학자나 박사보다 더 유식하고 박식하며 대통령이나 장관 보다, 그 어떤 신부나 목사나 스님보다 더 성실하고 진실하게 살아가는 훌륭한 남편, 훌륭한 아빠, 훌륭한 사람이 아닐까 하는 생각을 나는 했었다. 뉴욕타임스에 보도된 기사 하나 간추려 옮겨보리라.

최근 향년享年 104세로 타계한 마빈 크리머Marvin Creamer씨 이야기다. 그는 나침반Compass도 없이 세계를 향해 일주한 학자로 미국 뉴저지주 글라스보로Glassboro에 있는 로완 대학교Rowan University에서 여러 해 동안 지리학을 가르쳤다. 그는 뉴저지 남단 항구 케이프 메이Cape May를 출발해 남아프리카의 케이프타운Capetown, 오스트랄리아의 시드니Sydney, 뉴질랜드의 완가라Whangara, 아르헨티나의 포크랜드 섬Falkland Island 등을 경유 36피트 배로 30,000마일 오디세이 항해를 마치고 1984년 5월 17일 513일 만에 케이프 메이로 회항했다.

"사람들은 나보고 미쳤다며, 출발할 때 내가 살아 돌아오리라고 믿은 사람은 둘밖에 없었다. 한 사람은 내 아내였고 또 한 사람은 나 자신이었다. I was considered to be crazy or stupid or just out of it… When I took off there were only two people who believed I would come back. One was his wife and the other was himself."

 그는 나침반은 물론 라디오나 시계도 갖지 않고, 전적으로 낮에는 바람과 파도와 태양, 그리고 밤에는 달과 별을 보고 항해했다고 한다. 구름이 잔뜩 낀 날에는 자신의 위치를 물의 색깔과 온도 그리고 어떤 특정의 새들과 벌레들로 가늠할 수 있었다고 한다. 옛날에 바다를 항해했던 사람들이 그랬듯이 자신도 목숨을 건 항해에 겁먹지도 불안해하지도 않았다며, 아주 어렸을 때부터 하늘의 별들을 보면서 옛날 뱃사람들이 별만 보고 항해할 수 있었다는 사실에 자신감을 갖게 되었다고 그는 술회한다. 자, 이제 코스모스바다를 항해한 우주 항해사 코스미안 칼릴 지브란 Kahlil Gibran 1883-1931 이 그의 잠언집 '모래와 거품 Sand and Foam, 1926 에서 하는 말 좀 음미해보리라.

> 어제만 해도
> 나 자신이 삶의 원형 속에서
> 리듬도 없이 떨리는
> 한 점의 티끌이라 생각했었는데,
>
> 난 이제 알게 되었어라.
> 내가 바로 그 삶의 원형이고,
> 내 안에서 모든 삶이 리듬 있게 움직이는
> 티끌들이란 것을
>
> It was but yesterday
> I thought myself a fragment
> quivering without rhythm
> in the sphere of life.
>
> Now I know that
> I am the sphere,
> and all life

in rhythmic fragments
moves within me.

사람들은 잠 깬 생시에 내게 말하지요.

"당신과 당신이 살고 있는 세상은 무한한 바다의
무한한 바닷가 모래사장에 있는 모래 한 알이라고."

하지만 나는 꿈속에서 그들에게 말하지요.

"내가 바로 무한한 바다이고, 모든 세상이
내 바닷가 모래사장의 모래알들일 뿐이라고."

They say to me in their awakening,

"You and the world you live in are
but a grain of sand
upon the infinite shore
of an infinite sea."

And in my dream I say to them,

"I am the infinite sea,
and all worlds are
but grains of sand
upon my shore."

우린 같은 하나다

지난해 미국 대선 민주당 전당대회 셋째 날 부통령 후보로 공식 지명된 카말라 해리스 상원의원은 수락 연설에서 "인종주의에는 백신이 없다. 우리가 나서야 한다. 모두가 원하는 미래를 얻기 위해서는 흑인과 백인, 라틴계와 아시안, 원주민까지 우리를 하나로 모으는 대통령을 뽑아야 한다"고 말했다. 영어로 "소원이 말이라면 거지도 탈 텐데"란 속담이 있다. 그런가 하면 우리말로는 꿈 밖이라느니, 꿈에도 없었다느니, 꿈꾼 셈이라 한다. 이 말대로 그 누가 백마가 아닌 흑마를 타고 세계의 모든 약소국 약소민족의 인권 챔피언으로 착취당하고 억압받는 사람들의 투사가 된다면 오죽 좋으랴.

커크 더글러스 주연의 영화로도 만들어진, 로마에 반란을 일으킨 트레이스Thrace 태생의 검투사 출신 스파르타쿠스Spartacus BC 111-71, 멕시코의 농지개혁가 에밀리아노 사바타Emiliano Zapata 1879-1919, 아르헨티나 출생의 쿠바 혁명가 에르네스토 '체' 게바라Ernesto 'Che' Guevara 1928-1967, 그리고 1960년대에 흑백 인종의 통합이 아닌 분리주의를 주창하며 흑인의 자존자립을 위해서는 자기 자신의 자기방어 자위책으로 정당방위의 폭력도 불사하자고 흑인의 자존자긍심을 고무, 선양한 흑인 인권 투사 말콤_{X Malcolm X 1925-1965} (그의 본래 성씨 Little이 다른 흑인들과 마찬가지로 백인들의 노예 시절 백인들이 지어준 것이라며 버리고 'X'로 개명했음)같이 말이다.

그럴 경우, 그가 할 일은 무엇보다 먼저 지배계급이 독선 독단적으로 저희들만을 위해 설정해 놓고, 강압적인 수단과 방법으로 집행하고 있는 갖가지 부당한 법률과 규칙과 관습에 도전하는 일일 것이다. 법이나 상식보다 힘, 수단보다 목적, 진실보다 거짓, 다수보다 소수, 빈자보다 부자, 약자보다 강자, 여자보다 남자, 자유주의나 진보주의보다 보수주의나 복고주의를 옹호하는 법규와 관습에. 그래서 그동안 소수 특권층만이 즐기던 '살만한 삶'을 우리 모두 다 같이 누릴 수 있도록 말이다. 그런데 이럴 경우, 다시 말해 그 누가 성공했을 경우, 세상이 뒤집혔다고 열광한 나머지 복수심을 불러일으켜서는 도로아미타불徒勞阿彌陀佛이다. 그렇게 되면 "하늘에 계신 우리 하늘님 아버지"하는 대신 "땅속에 계신 우리 땅님 어머니" 부르면서 남성 백인 지배체제에서 여성 유색인종 지배체제로 바뀌는 것밖에 없을 것이다.

이럴 때 우리가 조심하고 피해야 할 함정이 흑백 논리다. 마치 세상 한쪽에는 악인만 있고, 또 한쪽에는 선인만 있는 것처럼 생각하고 행동하는 우愚를 범해서는 안 된다. 형편과 상황에 따라 모든 비백색 유색인종, 비선민인 이방인, 비기독교인인 모든 미신자 이교도, 그러다가는 너와 나, 그리고 마지막에 가서는 오로지 나 혼자만 옳다는 유아독선唯我獨善 유아독존唯我獨尊이 되고 말 테니까. 이와 같은 유아독선과 유아독존적 가치관이 유사 이래 인류 역사를 통해 온갖 잔악무도殘惡無道하고 파렴치한 천하만행天下蠻行을 여호와 하나님, 기독교, 민주주의, 자유세계 또는 공산주의, 노동자, 농민, 아니면 그 어떤 왕실과 귀족 양반이나, 그 어떤 제국 제왕 천황폐하, 위대한 그 누구 그 무엇의 이름으로 정당화하고 미화시켜 오지 않았는가.

십자군을 비롯해 사람사냥 아니면 황금 사냥에 나선 서양의 해적들이 반항하는 아메리카 대륙의 원주민들은 대량 학살, 거의 다 멸종시키고, 복종하는 아프리카 대륙의 흑인들은 노예로 삼아 백인들의 식민지와 제국을 건설해 왔다. 이와 같은 가치관이 최근엔 한국의 분단, 캄보디아의 초토화, 니카라과의 붕괴 작전, 포크랜드 섬, 그라나다, 이라크와 아프가니스탄 침공과 한국전과 월남전을 정당화하거나 합리화 미화시켜왔다. 한편 이렇게 전횡적인 가치관이 잘못된 것이라고 믿고 반대하는 반항의 정신을 가진 이상理想 아니 이상異想주의자들은 언제 어디에서나 역적, 반도, 반동분자, 이단자, 광인狂人, 악인, 죄인, 깜둥이, 빨갱이, 노랭이로 몰려 박해받고 희생된다.

그러니 세상의 모든 폭군을 몰아내기 전에 우리 각자 가슴과 머릿속에 있는 폭군부터 몰아내야 하리라.

2021년 3월 29일자 코스미안뉴스에서 내가 애독하는 두 작가 선생님의 글 [김희봉 칼럼] '악어의 눈물'과 [신연강의 인문으로 바라보는 세상] '여심을 훔치다'를 읽자니 너무도 아릿하게 아련한 애상哀想/哀傷의 노스탈지아가 봄 아지랑이처럼 피어오르면서 1953년 대구 유니버설 레코드사에서 가수 백설희가 발표한 대중가요 '봄날은 간다'가 귓속에 아니 가슴 속 깊이 메아리로 울려 온다. 이 노래는 손로원이 작사하고 박시춘이 작곡했으며, 한국전쟁 시절 너무 환해서 더욱 슬픈 봄날의 역설이 전쟁에 시달린 사람들의 한 맺힌 내면 풍경을 보여줬기에 이내 크게 공감을 샀던 노래로 평가받았고, 그 이후로 이미자, 배호, 조용필, 나훈아, 장사익, 한영애 등 여러 가수가 리메이크했지만 장사익이 부른 버전이 나를 포함해 많은 사람들에게 큰 울림을 주고 있다.

김희봉 선생님의 '악어의 눈물'은 칼릴 지브란Kahlil Gibran 1883~1931의 우화집 寓話集[THE WANDERER: His Parables and Sayings]에 나오는 '눈물과 웃

음TEARS AND LAUGHTER'을 상기想起시킨다. 땅거미 질 무렵 이집트 나일강 강가에서 승냥이 비슷한 들개 하이에나와 악어가 만나 서로 인사人事가 아닌 수사獸事 말을 나누었다.

"요즘, 어떠하오이까. 악어 씨?" 하이에나가 묻자 악어가 대답했다. "좋지 아니하오이다. 때때로 고통과 슬픔이 복받쳐 내가 울기라도 하면 (사람들을 비롯한 다른) 피조물들이 '저건 악어가 거짓으로 흘리는 위선僞善의 눈물일 뿐'이라고 하니 내 기분이 여간 상傷하는 게 아니라오." 그러자 하이에나가 말했다. "그대는 그대의 고통과 슬픔을 말하지만 잠시 내 말도 좀 들어 보오. 세상의 온갖 아름다움을 바라보며 그 경이로운 기적奇蹟에 감탄, 마치 화창한 봄날이 활짝 웃듯이 기쁨에 넘쳐 환희歡喜의 탄성歎聲을 내지르며 내가 온 자연과 함께 크게 소리 내어 웃기라도 하면 (인간 빌딩) 정글 숲속에 사는 사람들은 '저건 실컷 배부르게 먹이 많이 잡아먹고 좋아서 웃는 하이에나의 잔악殘惡한 웃음일 뿐'이라 한다오."

TEARS AND LAUGHTER

Upon the bank of the Nile at eventide, a hyena met a crocodile and they stopped and greeted one another.

The hyena spoke and said, "How goes the day with you, Sir?" And the crocodile answered saying, "It goes badly with me. Sometimes in my pain and sorrow I weep, and then the creatures always say, 'They are but crocodile tears.' And this wounds me beyond all telling." Then the hyena said, "You speak of your pain and your sorrow, but think of me also, for a moment. I gaze at the beauty of the world, its wonders and its miracles, and out of sheer joy I laugh even as the day laughs. And then the people of the jungle say, 'It is but the laughter of a hyena.'"

젊은 날 서울에서 잠시 신문 기자 생활할 때 내가 직접 취재, 보도한 사건이 있었다. 당시 영문으로 써 1966년 4월 27일자 영자신문 코리아 타임스THE KOREA TIMES에 실린 짤막한 기사를 우리말로 옮겨보면 다음과 같은 것이었다.

'악어의 눈물'이 술 취한 한 젊은이를 철창 속에 집어넣었다. "지난 일요일 인천시 숭의동 255번지에 사는 27세의 안종일 씨가 서울 창경원 동물원에 놀러 갔다가 술에 취해 장난으로 동물원에 있는 악어에게 벽돌을 한 장 집어 던지려 하자, 이 필리핀 태생으로 신장 6피트, 나이 70세의 악어 포로수스crocodile Porosus 씨는 그 전설적傳說的인 '악어의 눈물'을 흘렸다. 그러자 안 씨는 경찰에 연행되었다가 서울 즉결 심판에 회부되었고, 즉심의 최만항 판사는 형법 366조 '정부재산손괴죄'를 적용, 벌금형을 내렸다. 그러나 안 씨는 그 당시 벌금 1,000원을 물 돈이 없어 벌금 대신 닷새 동안 감옥살이를 할 수밖에 없었다. 안 씨가 집어 던진 벽돌을 맞아 악어의 머리가 다쳤다고 경찰 조서에 쓰여 있었으나 창경원 동물원 당국자 말로는 안 씨가 벽돌을 집어 던지려는 순간 경비원의 제지로 실제로 악어를 해치지는 않았다고 한다. 한편 이 씨는 술에 취해 있었기 때문에 자기가 한 행동에 대해 기억조차 안 난다고 한다.

문제의 포로수스 씨는 1958년 4월 14일 필리핀의 한 실업가가 기증한 것으로 현재 창경원 동물원에 있는 유일한 악어이다. 동둘원 가족 총 646식구는, 50종의 134마리의 포유동물과 63종의 508마리의 조류 그리고 3종의 4마리의 열대산 비단뱀으로 구성되어 있다. 이 가운데서 대표적인 미식가美食家, 식통食通인 포로수스 씨는 토끼와 닭고기를 상식常食하는데 한국에 온 후로 지난 8년 동안 먹어 온 늘 같은 메뉴에 식상食傷한 나머지 오래 비장秘藏해 온 그의 비법秘法을 발동發動 발휘發揮 '악어의 눈물'을 흘려 식단食單

메뉴를 좀 바꿔보려 했음이 틀림없다.

　이상과 같은 기사를 쓰기 위한 취재 과정에서 안 씨의 무고함이 밝혀져 당시 동대문 경찰서장의 사과를 받고 즉심의 오심誤審 판결이 무효화되어 안 씨는 즉시 석방되어 귀가했다. 극히 상식적인 얘기지만 한 사람의 웃음은 때론 다른 사람의 눈물이고, 또 한 사람의 눈물은 또 다른 사람의 웃음이다. 비근한 예로 우산 장사와 양산 장사가 그렇고, 의사와 환자, 유가족과 장의사의 경우가 그렇지 않은가. 부처님 앞에 공양드리거나 어떤 귀신한테 굿이라도 해서 대학 입시, 취직 시험, 사법 고시 등에 운 좋게 합격한 자식 부모의 파안대소破顏大笑 웃음꽃은 낙방거자落榜擧子 부모의 울상이 아니겠나.

　부처님이나 예수님 또는 어떤 귀신이 사람에게 길흉화복吉凶禍福을 정말 주는지 또 신神이 참으로 존재하는지, 그 누구도 절대적으로 확실히 알 수 없겠지만, 설혹設或 만일 신이 실제로 존재한다 해도 신이 신다운 신이라면 약육강식弱肉强食의 자연계와 인간 사회에서 무조건 강자强者편을 들거나 어떤 특정 '선민選民'만을 편애偏愛하고 어느 특정 개개인의 이기적인 기도나 기구를 편파적으로 들어주는 그런 신은 결코 아닐 것이다. 그렇다고 할 것 같으면 즐겁고 기쁜 일이 있을 때 이것이 다 내가 잘나고 이뻐서 하느님이 내게만 내리시는 축복이라고 생각하기보다는 차라리 나만큼 축복받지 못한 사람들에게 느끼는 미안 지심未安之心에서 악어같이 '거짓으로라도' 눈물을 좀 흘리는 편이 좀 더 양심적良心的/兩心的/養心的이 아닐까. 아니면 다른 사람의 불행에 함께 울고 마음 아파하기 전에 당장 잠시 나타난 그야말로 뜬구름같이 덧없는 내 행복부터 먼저 챙겨 만끽하며 하이에나처럼 웃어보는 편이 좀 더 인간적이고 솔직하지 않을까.

　어느 날 미녀美女와 추녀醜女가 어느 바닷가에서 만나 "우리 같이 바다에 들어가 목욕하자" 하고 그들은 옷을 벗고 물속에 들어가 한동안 헤엄치며

놀았다. 그러다 추녀가 먼저 물 밖으로 나와 미녀가 벗어놓은 옷을 입고 가버렸다. 그런 후에 바다에서 나온 미녀는 제 옷이 안 보이자 하는 수 없이 추녀가 벗어놓고 간 옷을 입고 가버렸다. 그 후로 오늘까지 많은 사람들이 미녀를 추녀로, 추녀를 미녀로 잘못 보게 되었다. 그러나 사람들 가운데는 미녀와 추녀의 얼굴을 아는 이들이 있어 어떤 옷을 입고 있든 미녀는 미녀로, 추녀는 추녀로 바로 알아보더라. 이렇게 칼릴 지브란이 그의 [방랑자]에 나오는 다른 우화 '옷GARMENTS'에서 말하듯이.

GARMENTS

Upon a day Beauty and Ugliness met on the shore of a sea. And they said to one another, "Let us bathe in the sea."

Then they disrobed and swam in the waters. And after a while Ugliness came back to shore and garmented him(her)self and with the garments of Beauty and walked his(her) way.

And Beauty too came out of the sea, and found not her raiment, and she was too shy to be naked, therefore she dressed herself with the raiment of Ugliness. And Beauty walked her way. And to this day men and women mistake the one for the other.

Yet some there are who have beheld the face of Beauty, and they know her notwithstanding her garments. And some there be who know the face of Ugliness, and the cloth conceals him(her) not from their eyes.

세상에는 악어탈을 쓴 심약한 토끼나 늑대탈을 쓴 천진난만한 병아리가 있을 수 있나 보다.

동풍에 바치는 송시 :
코스모스 같은 아이들아

 방탄소년단(BTS 지민-RM-제이홉-진-슈가-뷔-정국) 세계관과 성장을 담은 드라마 '푸른 하늘'이 제작된다는 보도다. '푸른 하늘' 하면 대번 동요 '반달'이 떠오른다.

> **반달**
>
> 푸른 하늘 은하수 하얀 쪽배엔
> 계수나무 한 나무 토끼 한 마리
> 돛대도 아니 달고 삿대도 없이
> 가기도 잘도 간다 서쪽 나라로.
>
> 은하수를 건너서 구름나라로
> 구름나라 지나선 어디로 가나
> 멀리서 반짝반짝 비치이는 건
> 샛별이 등대란다 길을 찾아라.

 1924년에 우리나라 최초의 창작동요로 발표된 윤극영 작사 작곡의 노래이다. 지은이 윤극영 선생은 1923년에 모임을 시작한 색동회의 회원이 되어서 일제 치하의 우리 어린이들에게 희망과 용기를 주기 위하여 노래를 만들기 시작하였으며 '설', '고드름' 등의 노래도 같은 시기에 발표하였다. 이 동요 '반달'의 가사는 1927년 朝鮮童謠硏究會 발행 李源圭(1890-1942)著 '兒童樂園'에 수록되어 있었다. 이 '兒童樂園'은 3대 독자에다 유복자遺腹子로 태어나 자식을 열다섯이나 보신 나의 선친先親께서 자식들뿐만 아니라 모든 어린이들을 극진히 사랑하는 마음으로 손수 지으신 동시, 동요, 아동극본집을 자비로 500부 출판하셨는데 단 한 권 집에 남아 있던 것마저 6·25동란 때 분실되고 말았다가 2024년에 우여곡절 끝에 찾아서 재 출판했다. 서너 살 때였을까 내가 글을 처음 배우면서 읽은 '兒童樂園' 속의 '금붕어'란 동시 한 편의 글귀는 정확히 기억을 못 해도 그 내용만은 잊히지 않았다. 어느 비 오는 날, 어항 속 금붕어를 들여다보면서 어린아이가 혼잣말하는 것이었다.

> 헤엄치고 늘 잘 놀던 금붕어 네가
> 웬일인지 오늘은 꼼짝 않고 가만있으니
> 너의 엄마 아빠 형제들 그리고 친구들
> 모두 보고 싶고 그리워 슬퍼하나 보다.
> 저 물나라 네 고향 생각에 젖어
> 밖에 내리는 빗소리 들으며….
>
> 난 네가 한없이 좋고
> 날마다 널 보면서
> 이렇게 너와 같이
> 언제나 언제까지나
> 우리 한집에 살고 싶지만,
> 난 너를 잃고 싶지 않고
> 너와 헤어지기 싫지만,
> 난 너와 떨어지기가

너무 너무나 슬프지만
정말 정말로 아깝지만
난 너를 놓아주어야겠다.
정말 정말로 아깝지만
난 너를 놓아주어야겠다.
너의 고향 물나라 저 한강물에.

Goldfish

Always happy at play
Swimming
Around and around
Gaily and merrily
You were.
My dear goldfish.
Why then are you so still today,
Not in motion at all?
What's the matter with you?

Maybe you're homesick,
Missing your Mom and Dad,
Your sisters and brothers,
All your dear friends,
Soaked with memories
and thoughts of your home
In the water-land.
Far away, over yonder, of yore.

I do like you so very much.
I do want to live with you
Forever and ever in this house.

I don't want to lose you.
I don't want to part company from you.
I'll be very sad to be separated from you.
I'll be missing you so very much.

And yet I'll have to set you free.
Yes, my dearest goldfish,
I'll let go back to your water-land
In the Han River.
It breaks my heart
to see you looking so sad.

It hurts so very much.
I love you much too much
To keep you away from your folks.
I can't be happy
If you are not happy.
I just want you to be happy.
That's all I wish.

아일랜드의 노벨문학상 수상 시인 윌리엄 버틀러 예이츠_{William Butler Yeats, 1865-1939}의 아래와 같은 시구_{詩句}에서처럼

잎은 여럿이나
뿌리는 하나
내 청춘의 속절없이
환상적인 나날에
나는 자랑스럽게
내 잎을 내흔들고
내 꽃을 피웠었지
찬란한 햇빛 속에

나 이제 그만
진실 속으로
시들어 버리리

Though leaves are many,
the root is one;
Through all the lying days of my youth,
I swayed my leaves and flowers in the sun;
Now I may wither into the truth.

— W. B. Yeats

현재에 있는 것 전부, 과거에 있었던 것 전부, 미래에 있을 것 전부인 대우주大宇宙를 반영하는 소우주小宇宙가 인간이라면, 이런 코스모스가 바로 나 자신임을 깨닫게 되는 순간이 사람이면 그 어느 누구에게나 다 있으리라. 이러한 순간을 위해 너도나도 우리 모두 하나같이 우주 순례자 코스미안이 된 것이리라. If each one of us is indeed a micro-cosmos reflecting a macro-cosmos, all that existed in the past, all that exists at present and all that will exist in the future, we're all in it together, all on our separate journeys as cosmians to realize this.

영국 시인 퍼시 비시 셸리 Percy Bysshe Shelley 1792-1822는 '서풍西風에 바치는 송시頌詩 Ode to the West Wind'라는 기도祈禱를 탄식歎息처럼 발發했다. (그 일부만 축약해 옮겨 본다. 그 영문 전문과 함께)

오, 날 좀
불어 올려 주게
저 파도같이
저 나뭇잎같이
저 구름같이!

삶의 가시덤불에
넘어져 쓰러진 채로
나는 피 흘리고 있다네.

한때는 나도
그대처럼
이성적이고
민첩하고
당당했었는데
세월의 무거운 사슬이

나를 이렇게 묶어 놓고
하늘로 향하던
내 고개를
땅으로 떨궈 놓았네.

날 그대의 악기로
만들어 주게
그러면
저 숲에서
나는 소리처럼
내 잎들 떨어질 때
그대의 음악이
깊은 애상哀傷의
애조哀調를 띨 것이네

사나운 그대 정기精氣가
내 정기가 되게
그대가
나 되어 주게

Ode to the West Wind
Percy Bysshe Shelley - 1792-1822

I
O wild West Wind, thou breath of Autumn's being,

Thou, from whose unseen presence the leaves dead
Are driven, like ghosts from an enchanter fleeing,

Yellow, and black, and pale, and hectic red,
Pestilence-stricken multitudes: O thou,
Who chariotest to their dark wintry bed

The wingèd seeds, where they lie cold and low,
Each like a corpse within its grave, until
Thine azure sister of the Spring shall blow

Her clarion o'er the dreaming earth, and fill
(Driving sweet buds like flocks to feed in air)
With living hues and odours plain and hill:

Wild Spirit, which art moving everywhere;
Destroyer and Preserver; hear, O hear!

II
Thou on whose stream, 'mid the steep sky's commotion,
Loose clouds like Earth's decaying leaves are shed,
Shook from the tangled boughs of Heaven and Ocean,

Angels of rain and lightning: there are spread
On the blue surface of thine airy surge,

Like the bright hair uplifted from the head

Of some fierce Maenad, even from the dim verge
Of the horizon to the zenith's height,
The locks of the approaching storm. Thou dirge

Of the dying year, to which this closing night
Will be the dome of a vast sepulchre
Vaulted with all thy congregated might

Of vapours, from whose solid atmosphere
Black rain, and fire, and hail will burst: O hear!

III
Thou who didst waken from his summer dreams
The blue Mediterranean, where he lay,
Lulled by the coil of his crystalline streams,

Beside a pumice isle in Baiae's bay,
And saw in sleep old palaces and towers
Quivering within the wave's intenser day,

All overgrown with azure moss and flowers
So sweet, the sense faints picturing them! Thou
For whose path the Atlantic's level powers

Cleave themselves into chasms, while far below
The sea-blooms and the oozy woods which wear
The sapless foliage of the ocean, know
Thy voice, and suddenly grow grey with fear,
And tremble and despoil themselves: O hear!

IV

If I were a dead leaf thou mightest bear;
If I were a swift cloud to fly with thee;
A wave to pant beneath thy power, and share

The impulse of thy strength, only less free
Than thou, O Uncontrollable! If even
I were as in my boyhood, and could be

The comrade of thy wanderings over Heaven,
As then, when to outstrip thy skiey speed
Scarce seemed a vision; I would ne'er have striven

As thus with thee in prayer in my sore need.
Oh! lift me as a wave, a leaf, a cloud!
I fall upon the thorns of life! I bleed!

A heavy weight of hours has chained and bowed
One too like thee: tameless, and swift, and proud.

V

Make me thy lyre, even as the forest is:
What if my leaves are falling like its own!
The tumult of thy mighty harmonies

Will take from both a deep, autumnal tone,
Sweet though in sadness. Be thou, Spirit fierce,
My spirit! Be thou me, impetuous one!

Drive my dead thoughts over the universe
Like withered leaves to quicken a new birth!

And, by the incantation of this verse,

Scatter, as from an unextinguished hearth
Ashes and sparks, my words among mankind!
Be through my lips to unawakened Earth

The trumpet of a prophecy! O Wind,
If Winter comes, can Spring be far behind?

(This poem is in the public domain.)

이러한 우리의 바람이 꽃피는 바람꽃, 아니 우리의 꿈나무 열매가 우리의 아이들 아니랴. 셸리의 '서풍西風에 바치는 송시頌詩'에 대구법對句法으로 나는 '동풍東風에 바치는 송시頌詩'를 하나 읊어보리라.

코스모스 같은
아이들아
하늘하늘
하늘에 피는
코스모스 같은
아이들아
하늘하늘
하늘의 소리를
피리 불듯
바람처럼 불어다오
늙은 나무뿌리
썩는 것은
새나무 새순
돋게 하기 위한
것이리니

그코

눈을 떠야 별을 보지
별을 봐야 꿈을 꾸지
꿈을 꿔야 님을 보지
임을 봐야 별을 따지
별을 따야 눈을 감지
눈 감아야 잠을 자지
잠을 자야 일어나지
일어나야 춤을 추지
'동해물과 백두산이'
'마르고 또 닳도록'
하늘하늘이 돌도록
땅 땅이 울리도록
어울렁더울렁
우리 사랑하는
가슴이 숨차게
뛰고 달리다가
쓰러져 줄어든
말 '사슴' 아니
뛰노는 노루가
되어보리라
어울렁더울렁
하늘춤을 추듯
어울렁더울렁
파도춤을 추듯
어울렁더울렁
코스모스하늘
코스모스바다
푸른 하늘로
날아보리라
은하수 바다
노 저어 보리

코스모스 같은 아이들에게 주는 편지

삶과 사랑과 섹스가 그렇듯이 교육도 가정교육, 학교 교육, 사회 교육, 삼위일체가 되어야 하리라. 요즘 전 세계적으로 코로나19로 학교 교육이 많이 비대면 원격 수업으로 이루어지고 있는데, 지금으로부터 40여 년 전 내 세딸들이 일곱, 여덟, 열 살 때 영국 맨체스터에 있는 음악기숙학교에 가는 바람에 나는 할 수 없이 비대면 원격 가정교육을 할 수밖에 없었다. 1979년 가을 나는 딸들을 기숙학교에 데려다주고 집에 와서 다음과 같은 편지를 썼다. 돌이켜 보면 이 편지는 어린 딸들에게 썼다기보다 나 자신에게 다짐하는 글이었던 것 같다.

사랑하는 해아海兒, 수아秀兒, 성아星兒에게

집 떠나 낯선 환경에서 어떻게 지내는지 조금은 걱정된다. 그렇지만 곧 새로운 환경에 익숙해지고 너희들이 마음먹는 만큼 즐거운 생활을 하리라 아빠는 믿는다. 모든 것이 새롭고 서툴다고 겁먹지 말고 용감하게 부딪혀 보기 바란다. 날리는 연鳶은 바람을 탈 때보다 거스를 때 더 하늘 높이 오르지 않니? 하늘이 깜깜할수록 별이 빛나듯이. 우리나라 옛시조에 있는 말처럼 '태산이 높다 하되 하늘 아래 뫼이로다. 오르고 또 오르면 못 오를 리 없건마는 사람이 제아니 오르고 뫼만 높다 하더라'를 명심하거라. 많은 사람들이 너무 높다고 올라 볼 생각조차 안 하는 만큼 그만큼 더 올라볼 만한 것이다. 다른 사람들에게 좋은 길잡이가 되기 위해서도 말이다. 아빠가 언젠가 누구한테서 들은 얘기가 있다.

어느 신발 장사꾼 두 사람이 신발 팔러 아프리카 대륙 어느 나라에 처음으로 도착해 보니 그 나라 사람들은 죄다 신발 없이 맨발로 살고 있더란다. 그래서 한 사람은 그 나라에 신발 팔기는 다 틀렸다 생각하고 그냥 돌아갔는데 또 한 사람은 "야, 이거 정말 굉장히 큰 신발 시장 찾았구나!" 좋아하며 당장 자기 회사에 전보 치기를 그 나라 인구수만큼의 신발을 어서 만들어 보내라고 했다는 것이다. 이처럼 똑같은 상황에서 실망할 수도 있나 하면, 그 반대로 무한한 가능성을 찾아볼 수 있다는 좋은 얘기인 것 같다. 우리말에 '시작이 반半'이다 하지만 '반이 아니고 전부全部'라고 아빠는 생각한다. 어떻게 시작하느냐에 따라 전혀 다르게 일이 진행되고 끝나게 될 테니까.

반신반의半信半疑가 아닌 전신만신全信滿信과 전심치지全心致志로 전심전력全心全力/專心專力할 때 말이다. 일이 꼭 성공적으로 성사되리라는 굳은 신념과 꼭 그렇게 되도록 하리라는 강한 의지 그리고 역경이나 난관에 봉착할수록 결코 절망絶望하기는커녕 그 더욱 간절히 바라고 절절히 희망하는 절망切望이 있으면 안 될 일도 결국 되고야 말 것이다. 더할 수 없이 긍정적인 자세와 초적극적인 태도로 일을 시작하고 물불 가리지 않고 능동적으로 또 독창적으로 일을 추진시키면 꿈이 꿈으로 끝나지 않고 현실로 이루어지는 걸 나는 여러 번 경험했다. 안 될 것을 걱정하는 사람에게는 안 될 가능성만 보이지만 꼭 될 것을 절대적으로 믿고 미친 듯 노력하는 사람에게는 될 가능성만 보이고 따라서 그는 되는 방향으로 되는 방법과 길만 찾고 만들 뿐이지.

너희들이 꼭 염두에 둘 것은 그 누군가가 했다는 말처럼 '얼마나 멀리 가느냐보다 무엇을 얼마나 보느냐가, 무엇을 얼마나 보느냐 보다 본 것에서 무엇을 얼마나 배우느냐가, 무엇을 얼마나 배우냐보다 배운 대로 얼마나 실천 실행하고 사느냐가 더 중요하다. 하루하루 새날을 맞아 순간순간 너희들의 최선을 다하면 된다. 무엇을 하든 하려면 잘해보도록 해라. 노력을 아끼지 말고 잘해볼 수 있는 만큼 말이다. 어느 운동선수가 후배들에게 했다는 다음과 같은 충고에 아빠도 동감이다. 남보다 뒤지거든 낙담하지 말고 도리어 용기백배해서 더욱 정신을 집중, 혼신의 힘을 다 써보라. 마지막

순간에 앞서 달리던 다른 선수들을 다 제치고 승리의 테이프를 끊는 것만큼 신나는 일이 또 어디 있겠니? 너희들의 생각이 모든 것을 지배한다. 그러니 무엇보다도 생각을 잘하고 마음을 잘 먹어야 한다.

수업 시간 아니면 개인레슨을 받거나 연습실에서 개인 연습을 시작하기 전에 잠시 눈을 감고 생각 좀 해 보아라. 너희들이 이처럼 좋은 학교에 와서 좋은 선생님들에게서 잘 배울 수 있게 된 것이 얼마나 다행한 일이고, 너희들의 오늘이 있도록 도와주신 선생님들께 얼마나 감사한 일이며, 우수한 다른 학생들과 어울려 너희들의 기량을 겨루어 볼 수 있게 된 것이 얼마나 좋은 자극과 기회인지를. 최근 신문에서 보니 다른 어느 영국 여자보다 높이 등산한 진 러트란드는 높이 2만6천5백 피트의 안나푸르나 제1봉을 오르기 위해 일곱 번째 히말라야 등정에 오를 예정이란다.

"난 기록 같은 것엔 관심 없어요. 산에서는 자신과 경쟁할 뿐이지요."

이렇게 린은 말한다. 남자들에게는 성공이냐 실패냐, 산꼭대기 정상까지 오르느냐가 문제이지만 자기에게는 산을 오르는 기쁨과 즐거움, 그 경험 자체가 중요하단다. 이 얼마나 더 성숙하고 철든 경지이냐! '도토리 키재기'에 바쁜 사람들보다. 린과 남편 론은 그들의 집과 자동차 등 전 재산을 다 팔아가면서까지 산을 탄다. 영국 산악회와 에베레스트 재단으로부터 보조를 좀 받지만 자기 이름과 남편 이름의 첫 자_字를 따서 이름 지은 '엘 앤 알 모험_{L & R Adventure}'이란 기업을 경영한다. 영국 북부 호수 지역으로 휴가오는 여행자들을 안내해 카누 타기, 동굴 탐사_{探査}, 산과 골짜기 오르내리기 등을 탐상_{探賞}하는 일이다. 무섭고 춥고 어려움에 부닥쳤을 때 어린애들에게서도 사람의 타고 난 가장 좋은 자질이 창출 개발되어 발휘된다고, 다시 말해 최악의 상황에서 인간의 최선이 나타난다고 린은 말한다. 한겨울 꽁꽁 얼어붙었든 지각_{地殼}을 뚫고 솟아나는 풀잎의 경이로운 생명력을 노래하듯 하늘로 치솟는 신바람을 타고 뜨거운 가슴 힘차게 뛰는 싱그러운 숨결 따라 린은 사나운 바람과 눈사태도 무서워하지 않고 높이 산을 오른다.

　이와 같은 삶의 열정과 신바람을 노래하는 가수가 있다. 하늘 높이 솟아오르는 종달새 같은 목소리로 삶의 제자, 삶을 노래하는 가수, 사람들이 먹을 곡식을 기르는 농부, 세상의 잘못된 것을 바로잡는, 사람을 노래하는 미국의 가수 홀리 니어 Holly Near, 1949‒ 의 노래가 끝난 다음의 침묵을 통해서도 그 노랫말이 계속 울린다. 비록 한 방울의 물이로되 흘러 흘러 바다로 가는 물방울의 노래처럼….

　1974년 자신이 작사 작곡하고 노래 부른 이 노랫말같이 '행동하는 가수'로서 사회정의와 세계평화를 위해 헌신해온 홀리는 참으로 의미 있고 산 예술은 '행동하는 것'이라는 신념으로 살고 있다. 너희들이 꼭 알아야 할 것은 남들과 경쟁하는 것이 아니고 너희들 각자 자기 자신, 다시 말해 자신의 가능성과 경쟁한다는 것이다. 그리고 또 알아야 할 것은 매사에 성공이냐 실패냐의 결과보다 과정이 중요하다는 것이다. 왜냐하면 결과가 어떻든 네가 할 수 있는 최선을 다했다는 데 너 스스로 만족할 수 있기 때문이다. 진정으로 너의 최선을 다한 뒤에는 후회 없이 기쁨을 맛볼 수 있다. 이것이 바로 참된 행복 아니겠니?

　해아, 수아, 성아야, 너희들이 무엇을 하든, 이왕 할 바에는 하는 둥 마는 둥 하지 말고, 너희들의 심혈心血을 쏟고 혼魂을 불어넣을 수 없겠거든, 차라리 안 하느니만 못하다. 무엇이든 일단 하기로 마음먹은 일이거든 너희들 각자 스스로에게 더 이상 만족할 수 없을 정도로 아주 썩 잘해볼 일이다. 할 수 있는 한 철저하고 완벽하게. 일찍이 아빠가 들은 말 중에 이런 말이 있다. 참 좋은 말인 것 같다. 지금 네가 어떤 사람이고 누구인가는 네게 주신 하느님의 선물이고, 앞으로 네가 어떤 사람, 누가 되는가는 하느님께 드리는 네 선물이다. 이 말 중에 '하느님'이란 너희들이 있도록 도와주신 부모 형제, 선생님들, 그리고 친구들과 모든 이웃까지 다 포함한 것이다. 이 말을 아빠가 좀 달리 풀이해 보자면 이렇게 말할 수 있을는지 모르겠다.

옛날 그리스의 철인 소크라테스Socrates 469?-399BC가 '너 자신을 알라'고 했다지만 그보다는 "너 자신을 창조하라"고 해야 했지 않았을까. 사람은 누구나 다 각자 자기가 되고 싶은 사람이 될 수 있고, 또 각자 자기가 살고 싶은 삶을 살 수 있을 테니까. 그렇게 마음먹고 노력하면 말이다. 지금의 너희들이, 너희들 각자에게 선물로 주어진 '악기樂器'라면 이 '악기'를 통해 너희들 재주껏 너희들이 낼 수 있는 가장 아름다운 소리로 너희들 자신과 너희들의 청중, 모든 사람에게 즐거움을 선사할 일만 남은 것이다. 너희들 각자가 자기에게 주어진 기회를 얼마나 잘 활용하고 선용해서 어떠한 삶을 살 것인지는 너희들 각자 자신에게 달렸다. 자기 자신에게는 물론 너희들을 사랑하는 모든 사람들에게 축복이 되고 기쁨을 주는 삶을 살 수 있나 하면, 그 반대로 슬픔과 고통을 주는 저주스러운 짐이 될 수 있다는 말이다.

해아, 수아, 성아야, 너희들은 제일 먼저 너희들 각자 제 몸과 마음과 혼을 소중히 여길 줄 알아야 한다. 스스로를 돕지 못하는 사람은 남을 도울 수 없다. 스스로를 아끼고 사랑하며 존중할 수 있는 사람만이 참으로 남도 돕고 사랑하며 존중할 수 있다. 제 앞가림도 못 하는 사람이 어떻게 남을 보살필 수 있겠니? '자유'란 '책임감'을 뜻하고 '성장한다'는 것은 '순발력瞬發力을 기르는 것'이라고 아빠는 본다. 다시 말해 선택의 자유가 있는 만큼 자신의 선택에 합당한 책임을 질 줄 알아야 하고, 어떠한 상황에서도 모든 여건을, 심지어 역경逆境과 불행不幸까지 잘 이용利用할 줄 알아야 한다는 뜻이다.

한국의 소나무들 기억하니? 우리가 1972년 초 아빠의 직장 때문에 너희들이 태어난 지 석 달, 한 살 반, 세 살 때, 한국을 떠나 영국으로 이주해 살다가 1978년 6년 만에 한국을 방문, 두 달 동안 여러 곳으로 여행하면서 본 한국의 소나무들 말이다. 사나운 눈, 비, 바람맞으며 땅속 깊이 뿌리 내린 소나무는 어떤 날씨에도 끄떡없지만, 너희들이 하와이에서 본 야자수는 온실의 화초처럼 뿌리가 깊지 못해 폭풍이 불면 쉽게 쓰러진다. 아빠가 지어준 너희들 이름 해아海兒, 수아秀兒, 성아星兒가 말해 주듯 너희들은 바다와 하늘과 별 아이로서 바다와 하늘과 별을 노래하는 아이들이 되어 주었으면 하는 것이 간절한 아빠의 바람이다. 사람은 밥이나 빵도 먹지만 그보다는 꿈을 먹고 산다. 너희들의 오늘이 바로 너희들의 내일이다. 농부들처럼 너희들이 오늘 뿌리는 대로 내일 거두게 될 테니까. 그러니 기회보다 준비가 더 중요하지 않겠니?

너희들은 운명의 노예도, 개척자도 될 수 있다. 너희들의 생각을 바꾸고 마음을 고쳐먹기에 따라 너희들의 운명이 달라진다. 내적인 변화가 외적으로 일으킨 기적 같은 예를 역사나 문학작품에서도 우리는 얼마든지 볼 수 있다. 너희들이 아주 어렸을 때 아빠가 해준 옛날얘기 중에 페르시아의 꼽추 공주 이야기 기억하니? 꼽추가 아닌 자기 동상銅像 앞에 매일같이 서서 등허리를 똑바로 펴보다가 제 동상처럼 허리가 펴진 몸이 되었다는 이야기 말이다. 너희들이 음악 공부를 계속하든 앞으로 다른 공부를 하든 아무리 노력해도 더 노력하고 더 발전할 여지가 있어 그 더욱 노력하는 보람이 있게 마련이다. 하늘이 끝도 한도 없이 높은 것처럼 좋아하고 싶이 날수록 저절로 하게 되는 노력이 또한 끝도 한도 없지 않겠니? 그래서 영어에 'Sky js the limit'이란 말과 The Notorious B.I.G.의 노래 'Sky's the Limit'도 있나 보다.

과녁을 못 맞힌 궁수弓手가 과녁을 나무랄 수는 없지. 잘못 겨냥하고 솜씨가 부족한 자신을 탓할 수밖에. 과녁에 명중命中시키기 위해서는 너희들 각자 자신을 연마硏磨/練磨/鍊摩해야 한다. 하지만 일단 너희들의 최선을 다한 다음에는 결과가 어찌 되든 걱정할 것 없다. 자기 자신의 최선을 다하는 것만으로 아주 족하고 보람 있는 일이지. 사람이 할 일을 다 한 후에는 그 결과는 하늘에 맡긴다는 뜻으로 '진인사대천명盡人事待天命이라고, 이것이 순간을 통해 영원을 사는 것이 되지 않겠니?

해아, 수아, 성아야, 우리는 지금 몸으로는 멀리 떨어져 있어도 마음으로는 언제나 늘 같이 있다. 우리가 늘 기억해야 할 것은 쓴맛을 본 다음에야 단맛을 알수 있듯 멀리 떨어져 봐야 그리움을 키워 만남의 기쁨을 맛볼 수 있다는 것이다. 고독이 있는 곳에 사랑이 있고, 슬픔과 고통이 있는 곳에 기쁨이 있다는 것이다. 사랑으로 한몸 한마음이 된 우리 모두는 서로 서로의 분신심分身心임을 발견하게 되고, 숨조차 서로를 위해 숨 쉬고 있음을 깨닫게 되지 않겠니? 사람은 공기로 숨 쉰다기보다 사랑으로 숨 쉰다고 해야 할 것 같다.

우린 모두 사랑이란 무지개 타고 이 지구별에 잠시 놀러 온 우주인 코스미안으로서 우리의 공통된 언어가 음악임을 잊지 말아라.

> 하늘하늘
> 하늘에 피는
> 코스모스 같은
> 아이들아
> 하늘하늘
> 하늘의 소리를
> 피리 불듯
> 바람 같이
> 불어 다오.
>
> 사랑하는 아빠가

(해아, 수아, 성아야, 실은 이상과 같은 편지를 40여 년 전에 너희들에게 썼다기보다 아빠 자신을 스스로 위로하고 다짐하기 위해 아빠 자신에게

쓴 것이라 할 수 있겠다. 이제 너희들이 다시 읽어 보고 조금이라도 공감해 줄 수 있으면 좋겠다.)

Doing One's Best

(Originally published in THE KOREA TIMES, 'Thoughts of The Times,' Thursday, November 8, 1979)

When I came home after leaving my young daughters aged seven to ten at a boarding school, Chetham's School of Music, in Manchester, England, I wrote to them as follows:

My Dearest Hae-a, Su-a and Song-a,

You might not be so happy for the moment and I am worried a bit. But I am quite sure that you will be well settled in the new environment and will soon be as happy as you make your minds to be. Don't let all the challenges frighten you away. Be brave and meet the challenges with courage and confidence. I know you will.

Remember that "kites rise highest against the wind, not with it; that the eternal stars shine out as soon as it is dark enough; that in everything bitter, there is buried something sweet; and that the journey of a thousand miles begins with one pace." So laugh your fears away and you will certainly have the last laugh. It is not so much how you start as how you end; it is not so much how far you go as what you see; it is not so much how much you see as what you learn from what you see; it is not so much how much you learn as what you do with what you learn from what you see as you go wherever you plan to go, as a teacher's saying goes.

Just simply try to do what seems best for you each day, as each day comes.

Give yourselves completely now to what you are doing. Don't baby yourselves. Set up for your- selves a goal of excellence and set a high standard for yourselves. If you get behind, concentrate totally and completely because one of the great thrills is to come from behind and win. Don't be a quitter. If you get beat, try all the harder next time. But don't ever quit when you are behind.

How you think determines what you achieve. Try to get your thinking right before every practice or lesson, For a moment, close your eyes. Your prayers should be that of thanks to those who made it possible for you to be there at Chetham's School of Music. Think of how lucky and fortunate you are and make sure that you don't waste the wonderful opportunities given to you.

Then, end with a prayer of joy for competition. For, competition is the very substance of life. It is the molding and testing process where you have your chance to express the very best that is in you. Mind you, you are not competing with anybody but with yourselves, that is, to reach and realize your full potential.

The evergreen pines you saw in Korea in 1978 are born to wind and sleet, and live a long, long time, thanks to their tough core and clinging root. The stately royal palms you saw in Hawaii are nurtured in warm sun and tropic breezes. Their pith is soft. Their roots are shallow. They can't survive the hurricane. Durable are the children who have been taught to love the storm. Always remember and never forget that you are children of the Sea, the Sky and the Star, and that you are to swim in the sea of love, to sail in the sky of hope and to grow into three brilliant stars of celestial music.

You know how to make your dream come true. Don't you? Make the best of what you have. Don't waste time, above all. Time is the most precious thing, for it passes quickly, as you know. Once the moments, the hours and days pass, they are gone forever. Never the same moments, hours and days do return, like a running brook that sings its melody with no repeat to eternity. You alone can build your own future. Your tomorrows depend on what you do with your todays. Your future will be what you build at present. Like the farmer, as you sow, so you shall reap. You can get only what you put in. Nothing will be gained from outside, unless and until you get ready and prepared within.

You alone can change your own pattern. By changing the inner attitudes of your minds, you can change the outer aspects of your lives. You can change either for the better or for the worse. History and literature are full of examples of the miracle of inner change. I wonder if you remember the Persian story of the hunchback princess who became straight and tall, by standing each day before a statue of herself made straight. Let go of lower thins and reach for the higher. Surround yourselves with the very best in friends, books, music and art. Try to improve yourselves all the time.

Whatever you do, try to do it as well as you can, as excellently as you can. The hard fact that we can never be perfect leaves limitless room for improvement. There is no limit to your progress. Like the phrase, literally, 'The sky is the limit!' (No wonder, as a Hollywood Studio Musician/ Violinist and a helicopter pilot, Song-a, you are flying to your gigs, almost like in fairy tale, ha- ha-.)

When you play the game of darts, or of archery, if you miss the mark, you turn and look for the fault within yourself. Failure to hit 'the bull's eye,' is never the fault of the target. To improve you aim, you have to improve yourself. Once you've done your best, however, nothing should bother you, nothing should worry you, neither failure nor success, neither fortune nor misfortune. You can content yourselves with doing your very best, be the outcome what it may. Just try to live every moment to the fullest and to live a full life every second. By doing so, you will be able to fulfill yourselves to the utmost.

We are being apart with hundreds of miles between us, missing each other. But let us remember that where there is loneliness, there also is love, and where there is suffering, there also is joy. For being lonely can bring us together more closely and enable us to find ourselves as other-selves of each other, living in each other as part of the whole of us. Through loneliness, we come to realize that we even breathe for each other, radiating love and touching what is most important in each of us. Let us believe that to live is to grow in love and to love is to grow in loneliness, for loneliness keeps open the doors to an expanding life, a greater and happier self, related to the whole of the universe.

My heavenly children of the Cosmos, enjoy the very best of your-selves, doing your very at all times to make as beauti-ful sound of music as you can out of your hearts and souls, not from your instruments but through them, until you come home in a few weeks' time.

Please keep in mind that we all are 'cosmians' born 'arainbow' of love on this planet earth as brief sojourners, enjoying the blessedness of cosmic communion with the Cosmos through our common language, that is music.

Love from Daddy

(As I wrote this letter, I wondered aloud if what I wrote rings true to myself, let alone to the children.)

꽃과 무지개의 화신

미국 시사 주간지 타임TIME 2020년 10월 5일/10월 12일 자 합본Double Issue '가장 영향력 있는 인물 100인THE 100 MOST INFLUENTIAL PEOPLE' 특집은 최근 타계한 미국 연방대법원 판사 루스 베이더 긴즈버그RUTH PADER GINSUBURG 1933-2020를 표지 인물로, 정은경 대한민국의 초대 질병관리청장을 문재인 대통령의 소개의 글과 함께 실었다.

그리고 미국의 댄서, 가수, 배우, 유투버 조조 시와 joelle Joanie"JoJo" Siwa, 2003 - 도 '진짜 낙천주의자Genuine Optimist'로 미국의 셀러브리티 방송인 킴 카다시인 웨스트Kim Kardashian West가 소개하는 글과 함께 100인 중에 포함됐다. 가령 나에게 기회가 주어졌더라면 나는 서슴지 않고 앞서간 코스모폴리탄, 아니 우주 순례자 코스미안 한 사람을 추천, 선별, 소개했으리라. 마땅히 모름지기 우리 모든 사람 속에 살아있을 어린애 코스미안을 옛 소련의 천재 소녀 시인 니카 투르비나Nika Turbina 1974-2002가 이렇게 대변하였으리라.

> 날 무섭게 하는 것은
> 사람들의 무관심이에요.

> 우리의 냉담한 무관심이
> 세상을 삼킬 것만 같아요.
> 작은 이 지구를.
> 우주 한가운데서 뛰는
> 코스모스 이 작은 심장을.

또 이 심장의 대변아代辯兒는 '점치기Telling Fortunes'라는 시에서 이렇게 탄식한다.

> 내가 점쟁이라면
> 그 얼마나 좋을까
> 난 꽃으로 점치고
> 무지개로 세상의
> 모든 상처들을 다
> 아물게 할 텐데
>
> What a shame that
> I'm not a fortune teller.
> I would tell fortunes
> only with flowers
> and I would heal
> the earth's wounds
> with a rainbow.

모두 다 '하나님'이어라

"사람을 이루는 구성요소는 물과 무기질일까 아니면 사랑—긍정—용기—희망—위로—감사—믿음—겸손—배려일까."

카피라이터 정철의 말이다. 이탈리아의 조각가 미켈란젤로 Michelangelo 1475-1564가 남겼다는 말 열 마디 우리 함께 깊이 음미해보리라.

시간을 허비하는 것보다 더 큰 손해損害는 없다. There is no greater harm than that of time wasted.

화가는 그의 손으로가 아니고 머리로 그린다. A man paints with his brains and not with his hands.

나는 아직 배우고 있다. (우리 식으로 표현하자면) 구도求道 중이다. I am still learning.

아직 깎지 않은 대리석 돌 속엔 가장 위대한 예술가의 모든 생각이 들어 있다. The marble not yet carved can hold the form of every thought the greatest artist has.

진정한 예술작품은 완전무결한 신성神性의 그림자일 뿐이다. The true work of art is but a shadow of the divine perfection.

천재天才란 무궁무진無窮無盡한 인내심忍耐心이다. Genius is eternal patience.

만일 사람들이 내가 내 작품을 완성하려고 얼마나 열심히 노력했는가를 안다면 내 작품이 전혀 놀랍고 경이롭게 보이지 않을 것이다. If people knew how hard I worked to get my mastery, it wouldn't seem so wonderful at all.

돌덩어리마다 그 속에 하나의 조각상이 있다. 그 조각상을 찾아 발견하는 것이 조각가가 할 일이다. Every block of stone has a statue inside it and it is the task of the sculptor to discover it.

이 대리석 돌 속에(갇혀) 있는 천사를 보고 이 천사를 자유롭게 풀어줄 때까지 나는 돌을 깎아 냈다. I saw the angel in the marble and carved until I set him free.

거의 모든 사람들이 겪게 되는 더 큰 위험은 우리의 목표를 너무 높게 잡았다가 이 목표를 달성하지 못하는 것이 아니고 그 반대로 너무 낮게 잡아 성취하는 것이다. The greater danger for most of us lies not in setting our aim too high and falling short, but in setting our aim too low, and achieving our mark.

이상의 열 마디를 내가 한 마디로 줄여 보자면 우리 모든 사람 각자 속에 있는 신성神性을 일깨우자는 것이리라.

그럼 이 '신성'이란 어떤 것일까. 카릴 지브란Kahlil Gibran 1883-1931이 그의 우화집 '광인狂人 The Madman: His Parables and Poems, 1918'에서 하는 말 좀 들어보리라.

신神

옛날 옛적 내 입술에 처음으로 말이 떨리며 떠올랐을 때 나는 성스럽고 거룩한 산에 올라 신에게 말했다.

"(만물의) 주인님이시여, 나는 당신의 종이옵니다. 숨겨져 있는 당신의 뜻이 나의 법률이고 나는 당신께 영원토록 복종하겠나이다."

그러나 신은 아무런 대답도 하지 않고, 엄청난 폭풍이 불듯 지나가 버렸다. 천 년이 지나 나는 다시 그 성산에 올라 신에게 말했다.

"(만물의) 창조주이시여, 나는 당신의 피조물이옵니다. 당신께서 진흙으로 나를 빚어주셨으니, 나의 존재 전부가 다 당신의 것이옵니다."

그래도 신은 아무런 대답 없이 천 개의 날개 달린 바람처럼 빨리 지나나 버렸다. 그리고 또 천 년이 지나 나는 그 성산에 올라 신에게 다시 말했다.

"(하늘) 아버지이시여, (땅에 있는) 나는 당신의 아들이옵니다. 긍휼과 사랑으로 당신께서 나를 탄생케 해주셨으니, 경배와 사랑으로 당신의 왕국을 물려받겠나이다."

그래도 신은 아무런 대답 없이 저 먼 언덕들을 감싸는 안개처럼 스쳐 지나가 버렸다. 또 천 년이 지나 나는 성산에 올라 신에게 다시 말했다.

"내 (삶의) 목적이며 달성이신 나의 신이시여, 나는 당신의 어제이고 당신께선 나의 미래이옵니다. 나는 땅속에 박힌 당신의 뿌리, 당신은 하늘에 피는 나의 꽃이옵고, 우리 함께 해를 마주 보며 자라고 있나이다."

그러자 신이 나를 굽어보시며 내 귀에 달콤하게 속삭여 주셨고, 흘러드는 냇물을 바다가 받아주듯 나를 품어주셨다. 그리고 나서 내가(성산에서) 내려오자 신은 산골짜기와 들판에도 계셨다.

God

In the ancient days, when the first quiver of speech came to my lips, I ascended the holy mountain and spoke unto God, saying,

"Master, I am thy slave. Thy hidden will is my law and I shall obey thee for ever more."

But God made no answer, and like a mighty tempest passed away.

After a thousand years I ascended the holy mountain and again spoke unto God, saying,

"Creator, I am thy creation. Out of clay hast thou fashioned me and to thee I owe mine all."

And God made no answer, but like a thousand swift wings passed away.

And after a thousand years I climbed the holy mountain and spoke unto God again, saying,

"Father, I am thy son. In pity and love thou hast given me birth, and through love and worship I shall inherit thy kingdom."

And God made no answer, and like the mist that veils the distant hills he passed away.

And after a thousand years I climbed the sacred mountain and again spoke unto God, saying,

"My God, my aim and my fulfilment; I am thy yesterday and thou art my tomorrow. I am thy root in the earth and thou art my flower in the sky, and together we grow before the face of the sun."

Then God leaned over me, and in my ears whispered words of sweetness, and even as the sea that enfoldeth a brook that runneth down to her, he enfolded me.

And when I descended to the valleys and the plains God was there also.

이 말을 내가 또 한 마디로 줄여 보자면 이렇게 말할 수도 있으리라. 일찍부터 우리 동양의 선인仙人/先人들이 말한 대로 우주만물이 물아일체物我一體이고 너와 나 따로 없이 피아일체彼我一體이며, 우주와 내가, 조물주造物主와 피조물被造物, 신神과 내가 같은 하나 '우아일체宇我一體'요 '신아일체神我一體'다. 하늘과 땅이, 낮과 밤이, 백과 흑이, 선과 악이, 산과 바다가, 남자와 여자가, 높고 낮은 귀貴과 천賤이, 옳고 그름이, 미美와 추醜가, 같은 하나, 곧 모두가 다 '하나님'이란 말이어라.

내가 나의 벗이 되리라

미국의 2020년 첫 대선후보 토론은 인신공격과 거짓말이 난무하는 진흙탕 싸움이었다. '최악의 토론'으로 "미국을 겁주는 호로 쇼"라는 USA 투데이의 표현을 비롯해 "수치disgrace"니 "X 쇼shit show"라는 미 언론들의 혹평이 이어졌다.

10월 7일 저녁에는 미국 대선 공화당 부통령 후보인 마이크 펜스 부통령과 민주당 부통령 후보인 카멀라 해리스 상원의원이 한 차례 TV 토론을 가졌는데 '토론'이란 어찌해야 좋을지 참고로 레이디 가가Lady Gaga의 멘토a spiritual adviser이고 달라이 라마Dalai Lama의 친구이며 아유트베다와 영성에 관해 집필한 인도계 미국인 작가인 디팩 초프라Deepak Chopra, 1946- 의 조언을 들어보자.

그는 10월 4일 자 뉴욕타임스 일요판 스타일스Sunday Styles 섹션 페이지에 보도된 기사에서 '의견의 차이 논쟁a disagreement'은 "에고의 충돌a clash of egos"이라고 정의하면서 그 해소 방안 아홉 개를 제시한다.

우선 당신이 토론 자체를 할지 말지를 선택하라. Choose if you even want to engage.

당신이 토론하기로 결정한다면 먼저 상대방의 말을 경청하라. If you decide to engage, listen first.

상대방의 가치관을 파악하라. Learn about the other person's values.

먼저 '감感'을 잡고 숨을 고르라. Try awareness and a pause. 이는 상대방의 공격에 반격이나 방어 대신에 "통찰력, 직감, 영감, 창의성, 비전, 고품격의 의도성, 아니면 진정성, 그리고 성실성"으로 대응하는 것이란다. to tackle a disagreement with "insight, intuition, inspiration, creativity, vision, higher purpose or authenticity, integrity."

흑黑과 백白 이분법二分法 논쟁에 말려들지 말라. Don't engage in black-and-white thinking. 상대방이 강공强攻으로 나올 때, 잠시 멈춰 숨을 깊이 들이 쉬고 (여유 있게) 미소 지으며 어떻게 대응할지를 결정하라. When confronted, stop, take a deep breath, smile and then make a choice.

"자신에게 자문自問해 보라. '고약한 상대방의 말에 (똑같이) 반응할 것인가? 아니면 (더 좀 차원 높게) 창조적인 대응법對應法이 없을까?'" "Ask yourself, 'Am I going to be nasty? Am I going to be reactive? Or is there a creative solution to this?'"

누가 틀렸다고 입증하려 들지 말라. Don't try to prove someone wrong.

용서할 수 있는 마음을 지녀라. Be prepared to forgive.

멋지고 의젓한 농담을 건네라. Make a (gentle) joke.

이상의 아홉 마디 조언을 내가 단 한 마디로 줄여 보자면 '내 밖의 우주를 보지 말고 내 안의 우주를 보라'가 될 수 있지 않을까. 외면의 우주란 내면의 우주를 반영 반사해주는 거울일 테니까. 요즘 '노모포비아nomophobia'란 말이 유행이다. 다들 잘 알다시피 휴대전화가 없으면, 불안감과 공포감에 휩싸이게 되는 공포증을 일컫는다. 인터넷 전문 보안업체 시쿠어엔보이SecurEnvoy가 최근 영국인 1,000명을 대상으로 한 설문조사 결과를 보면, 응답자의 66%가 노모포비아를 겪고 있다는데, 인터넷 보급률이 세계에서 제일 높다는 한국인의 경우는 그 정도가 더 심하지 않을까.

우리의 선각자 칼릴 지브란Kahlil Gibran 1883-1931이 그의 우화집 '광인狂人 The Madman, 1918'에서 하는 말 좀 들어보리라.

나의 벗

나의 벗이여, 보이는 내가 내가 아니라네. 보인다는 것은 내가 걸치는 옷일 뿐, 자네의 추궁으로부터 나를, 나의 태만으로부터 자네를 보호해 막아 줄 방패막이 걱정으로 짠 옷이라네.

벗이여, 내 안에 있는 "나"는 말 없는 침묵의 집에 산다네. 그 집에 언제토록 나는 감지되지도 접근되지도 않은 상태로 머물 것이라네.

나는 자네가 내가 말하는 것을 믿지도 내가 하는 일을 신뢰하지도 않기를 바란다네. 왜냐하면, 내가 하는 말들이란 자네 자신의 생각들에 소리를 내주는 것이고 나의 행동이란 자네 자신의 희망을 행동으로 보여주는 것이기 때문이지.

자네가 "바람이 동쪽으로 분다."고 말할 때면 나는 말하지. "그래, 바람이 동쪽으로 부네." 내 생각은 바람에 있지 않고 바다에 있음을 자네가 아는 것을 나는 원치 않는 까닭이지.

자네가 바다로 항해하는 내 생각들을 이해할 수 없을 뿐만 아니라 자네가 이해할 것을 내가 바라지도 않는다네. 나는 바다에 나 혼자 있을 것이니까.

나의 벗이여, 자네에게는 낮이지만 나에게는 밤이라네. 그래도 나는 언덕에서 춤추는 밝은 낮과 산골짜기 넘어가는 보라빛을 말하지. 자네는 나의 어둠의 노래를 들을 수도 밤하늘 별들을 향해 날아가는 나의 날갯짓을 볼 수 없기 때문이지. 그리고 나는 자네가 이를 듣거나 보지 않았으면 한다네. 나는 밤을 나 혼자 지내고 싶기 때문이지.

자네가 자네의 '천국'에 오를 때면 나는 나의 '지옥'으로 내려간다네. 그럴 때도 자네는 건널 수 없는 물굽이만 너머로 나를 부르지, "나의 동반자여, 나의 동무여" 그러면 나도 자네에게 대답하지, "나의 동반자여, 나의 동무여" 왜냐하면 나는 자네가 나의 '지옥'을 보지 않았으면 해서라네. 불길이 내 눈길을 태우고 연기가 내 코를 메게 한다네. 나는 나의 '지옥'을 너무 사랑하기 때문에 자네가 방문하지 않았으면 한다네. 그 지옥에 나 혼자 있고 싶으니까.

자네는 진실과 아름다움과 정의로움을 사랑하지. 그래서 나도 자네를 봐서 이런 것들이 다 좋다고 말하지. 그러나 속으로는 자네의 사랑에 대해 나는 비웃고 있다네. 하지만 자네가 내 비웃음을 보지 않았으면 한다네. 나 혼자 웃고 싶으니까.

나의 벗이여, 자네는 착하고, 조심스러우며 현명하지, 아니 자네는 완벽해. 나도 자네와 말할 때면 현명하고 조심스럽지만, 나는 미쳤다네. 그러나 나는 내가 미친 걸 마스크로 가린다네. 나 혼자 미쳐야 하니까.

나의 벗이여, 자네는 나의 벗이 아니라네. 이를 내가 어찌 자네에게 이해시킬 수 있겠나? 내가 가는 길은 자네가 갈 길이 아닌데도 우리는 손에 손을 잡고 같이 걷는다네.

My Friend

My friend, I am not what I seem. Seeming is but a garment I wear a care-woven garment that protects me from thy questionings and thee from my negligence.

The "I" in me, my friend, dwells in the house of silence, and therein it shall remain for ever more, unperceived, unapproachable.

I would not have thee believe in what I say nor trust in what I do—for my words are naught but thy own thoughts in sound and my deeds thy own hopes in action.

When thou sayest, "The wind bloweth eastward," I say, "Aye it doth blow eastward"; for I would not have thee know that my mind doth not dwell upon the wind but upon the sea.

Thou canst not understand my seafaring thoughts, nor would I have thee understand. I would be at sea alone.

When it is day with thee, my friend, it is night with me; yet even then I speak of the noontide that dances upon the hills and of the purple shadow that steals its way across the valley; for thou canst not hear the songs of my darkness nor see my wings beating against the stars-and I fain would not have thee hear or see. I would be with night alone.

When thou ascendest to thy Heaven I descend to my Hell-even then thou callest to me across the unbridgeable gulf, "My companion, my comrade," and I call back to thee "My comrade, my companion"-for I would not have thee see my Hell. The flame would burn thy eyesight and the smoke would crowd thy nostrils. And I love my Hell too well to have thee visit it. I would be in Hell alone.

Thou lovest Truth and Beauty and Righteousness; and I for thy sake say it is well and seemly to love these things. But in my heart

I laugh at thy love. Yet I would not have thee see my laughter. I would laugh alone.

My friend, thou art good and cautious and wise; nay, thou art perfect-and I, too, speak with thee wisely and cautiously. And yet I am mad. But I mask my madness. I would be mad alone.

My friend, thou art not my friend, but how shall I make thee understand? My path is not thy path, yet together we walk, hand in hand.

'시인詩人'도 아닌 내가 이 '시詩'를 나대로 이해하기로는, 우리는 모두 각자 각자 대로 자신의 숨을 혼자 쉬듯 자신의 삶과 사랑도 혼자 하는 것으로 자기 자신을 자신의 '벗'으로 삼아야 한다는, 다시 말해 자기 자신이 자신의 벗이 될 때 언제 어디서나 우리 각자는 심심하거나 외롭지 않고, 우주나그네 코스미안으로서 자유롭게 그리고 자족자급自給自足스럽고 행복하게 아니 황홀하게 코스모스바다로 항해하고 코스모스하늘로 비상할 수 있다는 우주적 메시지Cosmic Message를 전하는 것이리라.

동시는 코스미안 찬가

"An die Freude"
"Ode to Joy"

Freude, schöner Götterfunken,
Tochter aus Elysium,
Wir betreten feuertrunken,
Himmlische, dein Heiligtum!
Deine Zauber binden wieder
Was die Mode streng geteilt
Alle Menschen werden Brüder
Wo dein sanfter Flügel weilt.

Wem der große Wurf gelungen
Eines Freundes Freund zu sein;
Wer ein holdes Weib errungen
Mische seinen Jubel ein!
Ja, wer auch nur eine Seele
Sein nennt auf dem Erdenrund!

Und wer's nie gekonnt, der stehle
Weinend sich aus diesem Bund!

Freude trinken alle Wesen
An den Brüsten der Natur;
Alle Guten, alle Bösen
Folgen ihrer Rosenspur.
Küsse gab sie uns und Reben,
Einen Freund, geprüft im Tod;
Wollust ward dem Wurm gegeben
und der Cherub steht vor Gott.

Froh, wie seine Sonnen fliegen
Durch des Himmels prächt'gen Plan
Laufet, Brüder, eure Bahn,
Freudig, wie ein Held zum siegen.

Seid umschlungen, Millionen!
Diesen Kuß der ganzen Welt!
Brüder, über'm Sternenzelt
Muß ein lieber Vater wohnen.
Ihr stürzt nieder, Millionen?
Ahnest du den Schöpfer, Welt?
Such' ihn über'm Sternenzelt!
Über Sternen muß er wohnen.

Joy, beautiful spark of Divinity [or: of gods],
Daughter of Elysium,
We enter, drunk with fire,
Heavenly one, thy sanctuary!
Thy magic binds again

What custom strictly divided
All people become brothers,
Where thy gentle wing abides.

Whoever has succeeded in the great attempt,
To be a friend's friend,
Whoever has won a lovely woman,
Add his to the jubilation!
Yes, and also whoever has just one soul
To call his own in this world!
And he who never managed it should slink
Weeping from this union!

All creatures drink of joy
At nature's breasts.
All the Just, all the Evil
Follow her trail of roses.
Kisses she gave us and grapevines,
A friend, proven in death.
Salaciousness was given to the worm
And the cherub stands before God.

Gladly, as His suns fly
through the heavens' grand plan
Go on, brothers, your way,
Joyful, like a hero to victory.

Be embraced, Millions!
This kiss to all the world!
Brothers, above the starry canopy
There must dwell a loving Father.

> Are you collapsing, millions?
> Do you sense the creator, world?
> Seek him above the starry canopy!
> Above stars must He dwell.

2020년 12월 16일은 루트비히 판 베토벤의 250회 생일이었다. 그의 교향곡 9번 4악장에 나오는 합창의 가사는 독일 시인 프리드리히 실러Friedrich Schiller 1759-1805가 1785년에 지은 시 '환희歡喜의 송가頌歌' (독일어로는 'An die Freude' 영어로는 'Ode to Joy')로 화합和合의 이상理想과 모든 인류의 우애友愛 인류애人類愛를 찬양하는 내용을 담고 있다.

이제 며칠만 지나면 우리 모두 나이를 한 살 더 먹게 된다. 나이는 먹는 것이 아니라 익어가는 것이라고 한다. "어떻게 나이 들어가야 하는지 아는 게 슬기의 결정체이고, 삶이라는 위대한 인생예술작품을 완성하는 데 있어 가장 힘든 과정이다. To know how to grow old Is the masterwork of wisdom and one of the most difficult chapters in the great art of living."

스위스 철학자 앙리 프레데릭 아미엘Henri-Fre'de'ric Amiel 1821-1881의 말이다. 이 말에서 지혜의 결정체라는 데는 동의하지만 가장 힘든 과정이라는 데는 아래와 같이 반론을 제기해보고 싶다. 우리가 나이를 먹는다는 것은 먹는 만큼 '싼다'는 뜻이 아니냐. 그러니 힘들기는커녕 아주 쉽다 해야 하지 않을까. 힘들이는 대신 힘 빼는 일일 테니까. 수영초보자들은 힘을 많이 들이지만 힘을 빼기 시작하면서 수영이 늘듯이 말이다. 삶이라는 산을 오르면서 이제 인생 80대 고개를 오르고 보니 시야도 점점 넓어지고 마음도 여유로워지는 것 같다. 젊어서는 뭣이든 얻고 받느라고 숨을 들이쉬기에 바빴는데 이제는 내게 있는 것 하나도 남김없이 죄다 주고 베풀면서 숨을 내쉴 일만 남았기 때문이리라. 있는 정 없는 정 다 쏟으면서 손에 쥔 것 다 놓아버리고 몸과 맘 깃털처럼 가볍게 저 푸른 코스모스 하늘로 날아오를 준비만 하면 되는 까닭에서이리.

서양에 "지옥으로 가는 길은 좋은 의도로 포장되어 있다. The road to hell is paved with good intentions."는 말이 있다. 이는 천국으로 가는 길은 시늉이나 선의가 아닌 선행으로 닦아진다는 뜻이리라. 영어로 "네가 먹는 것이 너다. You are what you eat."라고 하고 우리 한국말로는 나이를 먹는다고 하는데, 이는 우리가 무엇을 어떻게 먹느냐에 따라 우리 나이와 삶이 결정된다는 뜻이 아니랴.

> 우리가 사랑을 먹을 때, 사랑을 낳게 되고
> 우리가 미움을 먹을 때, 미움을 낳게 되며
> 우리가 희망을 먹을 때, 희망을 낳게 되고
> 우리가 절망을 먹을 때, 절망을 낳게 되며
> 따라서 우리 삶이, 아니 순간순간의 우리 숨이
> 코스모스의 축복이나 카오스의 저주가 되는 것이리.

> In Korean, we say we "eat age."
> The implication seems to me that
> how and what you "eat" decides your age.
> We're used to the popular saying in English
> that "you are what you eat."
> Wouldn't this mean that
> when you eat love, you beget love;
> when you eat hatred, you beget hatred;
> when you eat hope, you beget hope;
> when you eat despair, you beget despair;
> thus your life, or rather each breath
> of yours is destined to become either
> a blessing of the Cosmos or a curse of the Chaos?

30년 전 '담다디'로 강변가요제 대상을 수상한 가수 이상은은 어느 기사에서 "아티스트 이상은의 인생을 관통하는 삶의 도道가 있다면 뭘까요?"라는 질문에 이렇게 답했다고 한다.

"동심童心을 잃지 않는 게 중요해요. 동심이 없어지는 순간, 감수성도 소통 능력도 함께 사라질 테니까요."

이야말로 만고의 진리를 밝히는 너무도 생생한 증언이다. '동심童心'이야말로 우리 모두의 인생을 관통하는 삶의 도道라고 할 수 있다. 안데르센 동화 '황제의 새옷'에 등장하는 어린애와 생텍쥐페리의 어른들을 위한 동화 '어린 왕자' 같은 동심 말이다.

나는 아주 어릴 때부터 어른들의 독선독단적인 위선을 싫어하여, 아무리 나이를 많이 먹더라도 결코 동심을 잃지 않겠노라고 굳게 다짐했었다. 아빠가 되고 나서는 세 딸들 이름에 다 어린애 '아兒' 자를 넣어 해아海兒, 수아秀兒, 성아星兒라 이름을 지었다. 하늘에 하늘님이 계시고 땅속에 땅님이 계신다면, 하늘에서 내려오신 하늘님과 땅속에서 솟아오르신 땅님이 바로 어린아이들이 아닐까. 어린이들이 사는 곳이 바로 천국인데, 공중에 무슨 천국이 있으며 지하에 무슨 지옥이 있겠는가. 어른이 어린 애처럼 되려면 필요한 것이 종교다. 그래서 어린이는 종교의 교주라고 할 수 있다. 그런데 누가 누구에게 전도를 하고 설교를 한다는 것인가?

나는 어린이가 곧 '하나님'이라고 믿는다. 예수도 우리가 어린아이같이 되지 않으면 천국에 들어갈 수 없다고 했다. 어린이에게는 참도 거짓도, 선도 악도, 아름다운 것도 추한 것도, 옳고 그른 것도, 남자도 여자도, 너와 나도 따로 없다. 동물, 식물, 광물도 어린아이와 같은 하나가 아닌가. 하나님이 '하나님'이라면, 어린이도 어린 공주/어린 왕자 같은 어린 코스미안이라 해야 하리라.

Asked in an interview with The Entertainment/Sports of The Korea Times, December 13, 2018 "If there is a tao running through your life as an artist, what that would be?"

Korean singer songwriter Lee Sang Eun a.k.a. Lee-Tzsche answered:

"Not to lose the childlike innocence. The moment I lose it, I lose everything, all my perceptions, means of empathy."

Wow, what a convincing, ever-lasting and universal testimony! Shouldn't this be the tao for every human being? That is to say like the child in Hans Christian Andersen's The Emperor's New Clothes and Antoine de Saint Exupery's fairy tale for grownups The Little Prince/(Princess).

'Do Children Need Religion?' by Martha Fay was published in 1994. The author, an ex-Catholic, of this book with its quizzical title doesn't give clear-cut answers. She tells how she responds to the questions of her young (then only ten-year-old) daughter, Anna, about a She or a He God, a black or a white God, death, Heaven, the meaning of right and wrong, and the like.

Ever since my youngest days, I was disgusted by all the self-righteous dogmatism full of hypocrisy constantly exhibited by grownups. I kept telling myself that I would never grow up to be like that. When I became a father, I named my three daughters, Hae-a (Child of the Sea), Su-a (Child of the Sky) and Song-a (Child of the Star) with the common letter '아' in Korean and '兒' in Chinese character, meaning 'child', praying that they would never lose their childlike curiosity, enthusiasm, innocence and sense of wonder.

I, for one, believe that the child in us is the most divine 'god-ling.' Didn't Jesus say we couldn't enter heaven unless we were childlike? To a child, nothing is true or false, good or bad, beautiful or ugly, right or wrong, high or low, male or female; you and I are not separate, not separate from animals, plants or rocks. For, literally, all things in Nature are one and the same.

If the God of the sky is up there and the God of the earth is down here in the ground, children are those very Gods that descended down and ascended up. If anywhere children are, there is the very Heaven, if so, what Heaven up there in the sky or what Hell down in the underground could there be? If children are founders of religions, how could then anyone dare to preach to the godlings! If God is oneness, so are the children as Little Cosmians like The Little Princess/ The Little Prince.

우리 황미선의 동시 '코스모스'를 같이 읊어보리라.

> 흔들흔들 바람 따라
> 춤을 추는 코스모스
> 싱글벙글 노래 따라
> 인사하는 코스모스
> 방긋 웃는 햇님 따라
> 활짝 웃는 코스모스

그리고 아울러 강소천 1915-1963의 '닭'도 함께 읊어보리.

> 물 한 모금 입에 물고
> 하늘 한번 쳐다보고
> 또 한 모금 입에 물고
> 구름 한번 쳐다보고

이런 동시야말로 우리 모든 어린 공주, 어린 왕자, 어린 코스미안 찬가 Ode to Little Princess, Little Prince, Little Cosmian 이어라.

우린 모두 사랑의 구도자
코스미안이어라

1970년대 내가 젊은 시절 읽고 기억에 남는 글 하나가 떠오른다. 한국어로도 번역 소개되어 잘 알려진 영국의 철학자 버트랜드 러셀Bertrand Arthur William Russell 1872-1970의 자서전 서문 "뭘 위해 내가 살아왔나 What I Have Lived For"에 나오는 말이다.

"세 가지 단순하나 압도적으로 강렬한 열정이 내 삶을 지배해 왔다. 사랑과 지식과 인류가 겪는 고통에 대해 견디기 힘든 연민의 정情이다. Three passions, simple but over- whelmingly strong, have governed my life: the longing for love, the search for knowledge, and unbearable pity for the suffering of mankind."

여기서 그가 말하는 '사랑'은 남녀 간의 로맨틱 사랑romantic love이고, '지식智識/知識'이란 진리탐구眞理探究이며, '연민憐憫/憐愍'이란 인류애人類愛를 뜻한다. 이는 우리 모든 코스미안의 가장 중요한 일 아니랴. 그의 영문 서문 전문을 인용해보리라.

Description: This is the prologue to the Autobiography of Bertrand Russell, written on 25 July 1956 in his own hand. The text follows:

PROLOGUE. WHAT I HAVE LIVED FOR.

Three passions, simple but overwhelmingly strong, have governed my life: the longing for love, the search for knowledge, and unbearable pity for the suffering of mankind.

These passions, like great winds, have blown me hither and thither, in a wayward course, over a deep ocean of anguish, reaching to the very verge of despair.

I have sought love, first, because it brings ecstasy-ecstasy so great that I would often have sacrificed all the rest of life for a few hours of this joy. I have sought it, next, because it relieves loneliness-that terrible loneliness in which one shivering consciousness looks over the rim of the world into the cold unfathomable lifeless abyss. I have sought it, finally, because in the union of love I have seen, in a mystic miniature, the prefiguring vision of the heaven that saints and poets have imagined. This is what I sought, and though it might seem too good for human life, this is what-at last-I have found.

With equal passion I have sought knowledge. I have wished to understand the hearts of men. I have wished to know why the stars shine. And I have tried to apprehend the Pythagorean power by which number holds sway above the flux. A little of this, but not much, I have achieved.

Love and knowledge, so far as they were possible, led upward toward the heavens. But always pity brought me back to earth. Echoes of cries of pain reverberate in my heart. Children in famine, victims tortured by oppressors, helpless old people a hated burden to their sons, and the whole world of loneliness, poverty, and pain make a mockery of what human life should be. I long to alleviate the evil, but I cannot, and I too suffer.

This has been my life. I have found it worth living, and would gladly live it again if the chance were offered me.

Bertrand Russell won the Nobel prize for literature for literature for 'A History of Western Philosophy, 1945)' and was the co-author (with Alfred North Whitehead 1861-1947 of 'Principia Mathematics, 1910)

그러니 생전에 그는 이런 말도 했으리라.

"그 어떤 신중함보다 참된 행복에 가장 치명적인 것은 어쩌면 사랑에 신중함이다. Of all forms of caution, caution in love is perhaps the most fatal to true happiness."

우리 미국의 제16대 대통령 에이브러햄 링컨Abraham Lincoln 1809-1865이 남녀 간의 사랑에 대해 한 말도 음미해보리라.

"어떤 여인이 나와 운명을 같이 하기로 결정한다면 나는 전력을 다해 그 여인을 행복하고 만족하게 해주리라. 이렇게 하는데 실패한다면 이보다 더 나를 불행하고 비참하게 아는 일은 없으리라. Whatever woman may cast her lot with mine, should any ever do so, it is my intention to do all in my power to make her happy and contended; there is nothing I can imagine that would make me more unhappy than to fail in the effort."

우리 김구金九 1876-1949 선생님의 말씀도 되새겨보리라.

'대붕역풍비 생어역수영大鵬逆風飛 生魚逆水泳'

'커다란 새는 바람을 거슬러 날고, 살아있는 물고기는 물을 거슬러 헤엄친다.'

"사랑의 문화와 평화의 문화로 우리 스스로 잘 살고 더불어 인류 전체가 의좋고 즐겁게 살도록 하자. 네 인생의 발전을 원하거든 너 자신의 과거를 엄하게 스스로 비판하고, 한마음 한뜻으로 덕을 쌓고 네 앞날을 개척할지어다. 마음속의 삼팔선이 무너져야 땅 위의 삼팔선도 무너질 수 있다. 인류 전체로 보면 현재의 자연과학만으로도 충분히 편안하게 살아갈 수 있다. 인류가 불행해지는 근본 이유는 인의仁義가 부족하고, 자비慈悲가 부족하며, 사랑이 부족한 까닭이다. 개인의 자유를 주창하되, 그것은 저 짐승들과 마찬가지로 저마다 자기의 배를 채우기에 급급한 그런 자유가 아니라 제 가족을 제 이웃을 제 국민을 잘살게 하는 자유이어야 한다.

또한 공원의 꽃을 꺾을 자유가 아니라, 공원에 꽃을 심는 자유여야 한다. 우리는 남의 것을 빼앗거나 남의 덕을 입으려는 사람이 아니라, 가족에게, 이웃에게, 동포에게 나눠주는 것을 보람으로 삼는 사람들이다. 이른바 선비요, 점잖은 사람들인 것이다. 사랑하는 처자를 가진 가장은 부지런할 수밖에 없다. 한없이 주기 위함이다. 힘든 일은 제가 앞서 행하니 그것은 사랑하는 동포를 아낌이요, 즐거운 것은 남에게 권하니 이는 사랑하는 자가 잘되길 바라기 때문이다. 우리 조상이 추구했던 인후지덕仁厚之德이란 것이 그런 것이다."

앞에 인용한 러셀의 '뭘 위해 내가 살아왔나'를 우리 모두 스스로에게 물어볼 일 아닌가. 우리 모두 하나같이 사랑의 구도자求道者 코스미안이라면 말이어라.